Cornelia Scott (Hrsg.)

Due Diligence in der Praxis

Cornelia Scott (Hrsg.)

Due Diligence in der Praxis

Risiken minimieren
bei Unternehmenstransaktionen

Mit Beispielen und Checklisten

Die Deutsche Bibliothek – CIP-Einheitsaufnahme
Ein Titeldatensatz für diese Publikation ist bei
Der Deutschen Bibliothek erhältlich

1. Auflage Februar 2002
1. Nachdruck April 2002

Lektorat: Ulrike M. Vetter/Susanne Kramer

Der Gabler Verlag ist ein Unternehmen der Fachverlagsgruppe BertelsmannSpringer.
www.gabler.de

Umschlaggestaltung: Nina Faber de.sign, Wiesbaden
Satz: ITS Text und Satz Anne Fuchs, Pfofeld-Langlau
Druck und buchbinderische Verarbeitung: Wilhelm & Adam, Heusenstamm
Gedruckt auf säurefreiem und chlorfrei gebleichtem Papier
Printed in Germany

ISBN 3-409-18881-9

Vorwort

Aus rechtlicher Perspektive ist der aus dem US-amerikanischen übernommene Begriff „Due Diligence“ vergleichbar mit dem im deutschen Recht verankerten Institut der „im Verkehr erforderlichen Sorgfalt“. Er hat im US-amerikanischen Recht eine weitergehende Bedeutung im Zusammenhang mit Gewährleistungsansprüchen bei Unternehmenskäufen. In Europa hat die Due Diligence vor allem aus kaufmännischen Gesichtspunkten und auf Grund der zunehmenden Globalisierung international tätiger Unternehmen Bedeutung erlangt. Das Globalisierungsstreben hat bisher zu einer beträchtlichen Zunahme der Anzahl der Unternehmenskäufe und -zusammenschlüsse geführt; immer häufiger werden damit auch Fragen nach den Risiken von Unternehmenstransaktionen gestellt. Hier setzt der Due-Diligence-Prozess an. Zur Minimierung der Risiken bei Unternehmensaktionen sind eine sorgfältige Analyse, Prüfung und Bewertung des betreffenden Unternehmens durch Experten erforderlich. Ziel dieser Aktivitäten ist dabei das Aufdecken von Chancen und Risiken im Rahmen der Geschäftstätigkeit des Unternehmens. Ferner soll die Qualität der Transaktionsentscheidung und der Wertermittlung auf Grund des verbesserten Informationsstandes sichergestellt werden.

Trotz der zunehmenden Relevanz von Unternehmensakquisitionen und -kooperationen auch in der deutschen Unternehmenslandschaft fehlt es auf dem Themengebiet Due Diligence in Wissenschaft und Praxis noch weitgehend an einer anwendungsorientierten und interdisziplinären Auseinandersetzung. Diese Lücke zu schließen ist Ziel dieses Buches. Es soll ein gewinnbringender Begleiter für Praktiker und Einsteiger sein. Dafür konnte die Herausgeberin Autoren für die einzelnen Beiträge gewinnen, die sowohl über praktische als auch wissenschaftliche Erfahrungen verfügen. Die Autoren behandeln folgende Themenbereiche:

- *Den organisatorischen Ablauf der Due Diligence:* Die Due-Diligence-Untersuchung erfolgt häufig unter zeitlichem Druck und erfordert daher einen optimalen organisatorischen Ablauf. Zunächst werden die verschiedenen Anlässe der Due Diligence, die sich wiederum im Auftragsinhalt wiederfinden sollten, erläutert. Weitere organisatorische Aspekte, die entscheidend zum Erfolg der Due Diligence beitragen, werden ausführlich behandelt, wie z. B. Zeitmanagement, die Zusammensetzung des Due-Diligence-Teams und die Informationsbeschaffung.
- *Due Diligence und Unternehmensbewertung im Akquisitionsprozess:* Dieser Beitrag vermittelt einen Überblick über die in der Praxis zu findenden verschiedenen Arten der Due Diligence und legt die Problemkreise der sich im Rahmen des Akquisitionsprozesses anschließenden Unternehmensbewertung dar. Dabei werden die Phasen des Akquisitionsprozesses erläutert; es wird gezeigt, dass mit steigender Informationssicherheit auf Grund detaillierter Analysen die Chancen und Risiken sowie Stärken und Schwächen des Transaktionsobjektes immer deutlich greifbar gemacht werden können. Auf diese Weise quantifiziert, liefern sie essen-

zielle Informationen für die Unternehmensbewertung. So kann die Due Diligence, im Kern eine Unternehmensbewertung, als Verhandlungs-, Argumentations- und Entscheidungsgrundlage für einen Anteilserwerb oder -verkauf genutzt werden. Die Informationsbasis wird verbessert und es lassen sich je nach Auftraggeber verhandelbare Grenzpreise ermitteln.

- *Financial Due Diligence bei Unternehmenstransaktionen:* Bei der Financial Due Diligence werden Informationen beschafft, die dem Auftraggeber als Grundlage zu einem besseren Verständnis der finanziellen Situation und zur Bewertung des Unternehmens dienen. Wesentlicher Bestandteil der Financial Due Diligence ist die detaillierte Darstellung der bisherigen sowie der zu erwartenden Vermögens-, Finanz- und Ertragslage.

- *Die steuerliche Due Diligence:* Das Ziel der steuerlichen Due Diligence ist eine für die Disposition des Erwerbers erforderliche gründliche Analyse von Schwachstellen und möglichen Steuerrisiken, die künftige Erträge belasten und Mittel entziehen. Im Rahmen dieses Beitrags werden die wesentlichen Bestandteile der steuerlichen Due Diligence ausführlich erläutert. Zunächst werden die Steuererklärungen, Steuerbescheide und offenen Veranlagungen behandelt. Des Weiteren sind die Ergebnisse der vorangegangenen Betriebsprüfungen, die Haftungstatbestände und die speziellen steuerlichen Problemstrukturen, insbesondere zwischen Gesellschaft und Gesellschaftern, Gegenstand der steuerlichen Due Diligence.

- *Due-Diligence-Untersuchungen im Rahmen von Privatisierungsmaßnahmen der öffentlichen Hand:* Angesichts der stetig wachsenden Ausgaben der öffentlichen Hand und des geringen zur Verfügung stehenden Etats wurden Maßnahmenbündel zur Steigerung der Effizienz und Effektivität von staatlichen Aktivitäten geplant und zum Teil schon umgesetzt. Eine dieser Verschlankungsmaßnahmen ist die Übertragung von Aufgaben auf die Privatwirtschaft. Ist eine solche Privatisierung beabsichtigt, muss zunächst ein Preis für das öffentliche Unternehmen ermittelt werden. Als Instrument der Unternehmensbewertung dient die Due Diligence. Die besonderen Aufgaben der öffentlichen Hand, die ausführlich im Rahmen des Beitrags erläutert werden, werfen für die Durchführung einer Due Diligence Probleme auf. Diese speziellen Schwierigkeiten während einer Privatisierung werden zum ersten Mal in der deutschen Literatur genauer untersucht.

- *Umwelt-Due-Diligence bei Unternehmenstransaktionen:* Traditionell war die Due Diligence auf die kaufmännischen, steuerlichen und rechtlichen Aspekte gerichtet. Mit der zunehmenden Bedeutung des Umweltschutzes entwickelte sich zunächst aus Risikobetrachtungen bei der Sanierung von Untergrundverunreinigungen (Boden, Bodenluft, Grundwasser) die Umwelt-Due-Diligence. Sie wurde aber bald auf weitere relevante Umweltgesichtspunkte (Betriebsgenehmigungen, Umgebungsbedinungen und Gesundheit sowie Arbeitssicherheit) erweitert. Die Ziele der Umwelt-Due-Diligence, alle aus der Perspektive Umwelt resultierenden Haftungsrisiken und Kosten offen zu legen, sodass der Erwerber eines Unternehmens seine wirtschaftliche Zukunft mit größtmöglicher Sicherheit planen kann, werden dargestellt: Zahlreiche Fallbeispiele aus der Praxis verdeutlichen die Problematik.

- *Due Diligence bei der Akquisition von Immobiliengesellschaften:* Die inhaltliche Qualität eines Unternehmens muss im interdisziplinär zusammengesetzten Due-Diligence-Team, das durch Sachverständige, die über die jeweilige Branchenkenntnis verfügen, verstärkt wird, im Zuge der Analyse herausgearbeitet werden. Dieser Beitrag stellt die Aufgaben dar, die die baufachlichen Sachverständigen übernehmen, die ein Due-Diligence-Team, das die Bereiche Recht, Steuern und Finanzen im Rahmen einer Exklusivverhandlung prüft, unterstützen. Auf der Basis des Wesentlichkeitsgrundsatzes, der den Prüfungsumfang festlegt, werden Chancen und Risiken aufgezeigt, die sich bei der Prüfung des Grundstücks- und Immobilienbestands in Bezug auf den Ist-Zustand und im Hinblick auf die strategischen Ziele des Käufers herausarbeiten lassen.
- *Die kulturelle Due Diligence, insbesondere bei internationalen Unternehmensakquisitionen:* Die hohe Misserfolgsquote bei internationalen Unternehmensakquisitionen ist oftmals auf die Probleme bei der Integration unterschiedlicher Unternehmenskulturen zurückzuführen. Dieser Beitrag soll die Praxis auf die Bedeutung der kulturellen Due Diligence, die bislang zu wenig erkannt wird, aufmerksam machen. Insbesondere die Beziehung zwischen der Unternehmens- und der Landeskultur, die bei internationalen Unternehmensakquisitionen eine wichtige Rolle spielt, wird ausführlich behandelt. Nach einer kurzen Darstellung der Zielsetzung und der Untersuchungsmethoden werden wichtige Elemente der kulturellen Due Diligence vorgestellt.

Den Autoren danke ich für ihre Bereitschaft, trotz ihres starken beruflichen Engagements an diesem Buch mitzuarbeiten. Ferner danke ich für die kritische Durchsicht des Manuskriptes, verbunden mit wertvollen Anregungen und Hinweisen, Herrn Dr. B. Biella und Frau H. Ritter.

Hannover, im Januar 2001 *Cornelia Scott*

Inhaltsverzeichnis

Organisatorische Aspekte der Due Diligence

Cornelia Scott

1. Definition und Untersuchungsziel der Due Diligence

Für den Begriff „Due Diligence" gibt es keine fest stehende Definition. Sinngemäß lässt sie sich als „erforderliche, angemessene, gebührende Sorgfalt" übersetzen.[1] Allgemein wird in der Betriebswirtschaft unter Due Diligence die sorgfältige Analyse und Bewertung eines Objekts im Hinblick auf eine beabsichtigte geschäftliche Transaktion verstanden mit dem Ziel Chancen und Risiken frühzeitig zu erkennen. Bei der Transaktion handelt es sich meistens um einen Kauf, gegebenenfalls auch um eine Kreditgewährung.[2] Die Due Diligence führt eine Reihe spezieller Untersuchungen durch, um die maßgeblichen Entscheidungskriterien im Hinblick auf die Transaktion aufzuführen und hierdurch festzulegen, ob und zu welchen Bedingungen die Transaktion durchgeführt werden soll.[3] Die speziellen Untersuchungen der Due Diligence orientieren sich an dem Informationsbedarf und den jeweiligen Fragestellungen der Auftraggeber. In der Praxis unterscheidet man zwischen verschiedenen Formen der Due Diligence: Es gibt die finanzielle, steuerliche, rechtliche, die Umwelt-, die öffentlich-rechtliche und die kulturelle Due Diligence.[4] Werden alle genannten Bereiche in die Untersuchung mit einbezogen, so spricht man von einer Full Scope Due Diligence. Sie versucht, im Rahmen des Due Diligence Reports alle für eine Akquisition bedeutenden Fragen zu beantworten (im Gegensatz hierzu steht die Limited Scope Due Diligence).

2. Gründe für die Durchführung einer Due Diligence

Die Due Diligence wird entweder auf Grund gesetzlicher Bestimmungen oder auf freiwilliger Basis durchgeführt.

Gesetzliche Bestimmungen können Anlass sein, wenn:

- der Gesellschafter einer Firma ausscheidet,
- die Höhe einer Abfindungssumme festzulegen ist,
- eine Fusion oder Umwandlung geplant wird,
- steuerliche Erhebungen anfallen,
- Erbstreitigkeiten, Kapitalentnahmen oder Scheidungsverfahren Ausgleichszahlungen nach sich ziehen,
- eine Enteignung bevorsteht.

Scheidet ein Gesellschafter aus einer Personengesellschaft aus, muss angesichts seines Abfindungsanspruchs eine Unternehmensbewertung vorgenommen werden, sofern der Gesellschaftsvertrag keine Klausel für eine pauschale Abfindung enthält. Der Gutachter wird im Falle einer Due-Diligence-Untersuchung zunächst prüfen, inwieweit der Gesellschaftsvertrag Abfindungsansprüche regelt. So können aufwendige Untersuchungen gegebenenfalls unterbleiben.

Wird auf Grund eines Gewinnabführungs- oder Beherrschungsvertrages eine Abfindung gemäß §§ 304, 305 AktG an Aktionäre fällig, ist die Höhe eines festen oder variierenden Abfindungsbetrages zu ermitteln. Der Gutachter wird die Schwerpunkte der Analyse hier auf die Ermittlung der wertbestimmenden Chancen und Risiken, z.B. der Vertragslaufzeit und der künftigen Ertragslage legen.

Steht eine Verschmelzung, Vermögensübertragung oder die Umwandlung einer Personengesellschaft in eine Kapitalgesellschaft bevor, ist es Aufgabe des Gutachters, den Wert beider Gesellschaften zu ermitteln und das neue Anteilverhältnis zu bestimmen.

Sind steuerliche Erhebungen in Bezug auf Erbschafts- oder Schenkungssteuern vorzunehmen, erfolgt eine Due-Diligence-Untersuchung, wenn das übliche Stuttgarter Verfahren einen zu hohen Unternehmenswert ansetzt.

Muss Kapital auf Grund von Erbstreitigkeiten aus der Firmensubstanz entnommen werden, wird geprüft, ob die testamentarische Aufteilung die einheitliche, kontinuierliche und erfolgreiche Fortführung des Unternehmens gewährleistet.

Ein ähnlicher Fall tritt auf, wenn nach Scheidungsverfahren Ausgleichszahlungen zu leisten sind. Auch hier muss eine faire Wertanalyse vorgenommen werden; andererseits soll die Auszahlung den Bestand des Unternehmens jedoch nicht gefährden.

Im Falle eines Enteignungsverfahrens kommt es meist zu Unternehmensbewertungen seitens der Behörde und des enteigneten Unternehmers. Die Behörde wird in ihrer Bewertung primär die entzogenen Vermögenswerte als Bewertungsgrundlage, der Unternehmer die prognostizierten Erträge als Basiswerte heranziehen. Eine Due-Diligence-Untersuchung hat hier die Aufgabe, Chancen und Risiken abzuwägen und eine möglichst realistische Ertragsbewertung vorzunehmen.

Auch eine auf freiwilliger Basis veranlasste Due Diligence kann durch Umstände verschiedener Art ausgelöst werden:

- Kauf oder Verkauf eines Unternehmens
- Börsengang eines Unternehmens
- Eigenkapitalaufnahme bei Dritten
- Fremdkapitalaufnahme bei Banken
- Management-Buy-Out
- Sanierung
- Umstrukturierung
- Privatisierung

Der häufigste Grund für die Durchführung einer Due Diligence ist der Kauf oder Verkauf eines Unternehmens oder von Unternehmensteilen zwecks Fusionierung, Preisermittlung oder Kaufpreisbeeinflussung. Aufgabe des Gutachters ist die sorgfältige Prüfung der Chancen und Risiken. Hauptanliegen des Käufers ist es, kaufpreismindernde Argumente vortragen zu können, während der Verkäufer die kaufpreissteigernden Potenziale herausstellen will. Auch die Risikopotenziale sind für ihn zur Beseitigung eventueller kaufpreismindernder Mängel im Unternehmen wichtig.

Soll ein Unternehmen an der Börse eingeführt werden, überprüft die konsortialführende Bank die Ausschüttungsfähigkeit des Unternehmens auf Grund des Chancen-

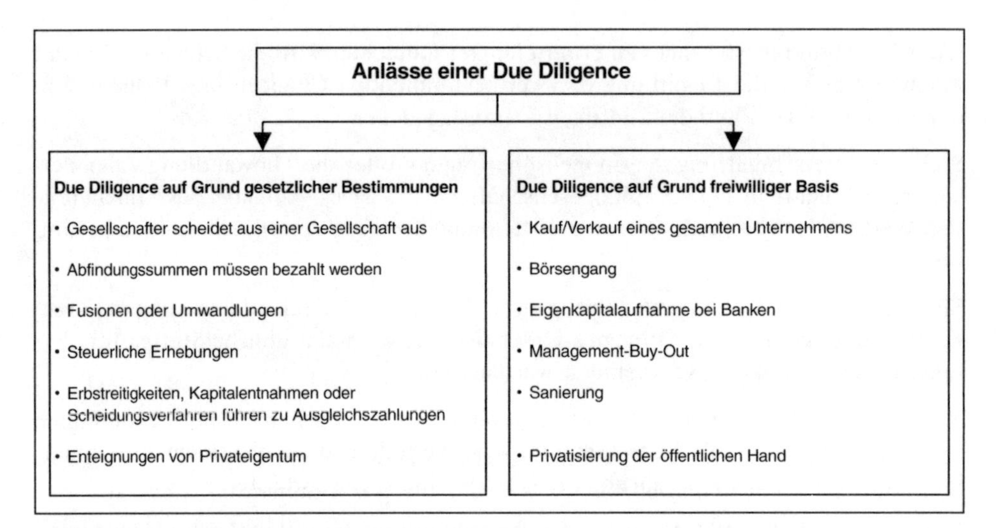

Abbildung 1: Anlässe einer Due Diligence

und Risikopotenzials. Die Analyseschwerpunkte der Due Diligence liegen hier zur Festsetzung des Emissionspreises in einer ausführlichen Auswertung der Planungsrechnung sowie in der Markt- und Wettbewerbsüberprüfung.

Zwecks Umsetzung von Investitionsplänen kommt es im Rahmen einer Eigenkapitalaufnahme bei Dritten, z.B. bei Unternehmensbeteiligungsgesellschaften, zur Due-Diligence-Untersuchung. Die Chancen- und Risikoermittlung sowie die Planungsrechnung stehen hier im Vordergrund. Besondere Aufmerksamkeit muss der Gutachter dem Planungszeithorizont widmen, da die Beteiligung zeitlichen Beschränkungen unterliegt.

Aus Anlass einer Fremdkapitalaufnahme bei Banken, verbunden mit einer Kreditwürdigkeitsprüfung, wird die Sicherheit der Rückzahlung bewertet. Bei drohenden Kreditausfällen während der Kreditlaufzeit ist eine Folge-Due-Diligence angebracht.

Im Falle eines Management-Buy-Out, also einer Übernahme von Unternehmensteilen oder des gesamten Unternehmens durch das Management, liegt die Schwierigkeit für den Gutachter darin, das Unternehmen nach objektiven Maßstäben zu bewerten; denn das Management besitzt genaueste Kenntnisse der Stärken und Schwächen des Unternehmens, will aber einen möglichst niedrigen Kaufpreis erzielen.

Die Durchführung einer Due Diligence auf Grund einer geplanten Unternehmenssanierung findet unter großem Zeitdruck statt und entscheidet über die Fortsetzung oder Auflösung des Unternehmens. Die Analyse richtet sich schwerpunktmäßig auf seinen Ist-Zustand sowie den Umfang der finanziellen und wirtschaftlichen Krise.

Die Umstrukturierung eines Unternehmens oder die Spaltung in verschiedene, rechtlich unabhängige Gesellschaften erfordert die Ermittlung einer angemessenen Ausgleichszahlung zwischen den Parteien.

Bei der Privatisierung eines staatlichen Unternehmens wird die Due Diligence hauptsächlich zur Dokumentation der Verwendung des öffentlichen Eigentums eingesetzt.

3. Auswahl und Aufgaben des Gutachters

Das Due-Diligence-Verfahren kann erst beginnen, wenn der Auftraggeber einen geeigneten Gutachter gefunden hat. In diesem Bereich sind hauptsächlich Wirtschaftsprüfer und Unternehmensberater tätig; weitere Spezialisten wie Rechtsanwälte, Sachverständige und EDV-Fachleute können zur fachlichen Unterstützung des Teams herangezogen werden.

Der Gutachter ist verantwortlich für Ablauf und Erfolg der Prüfung. Seine Aufgaben umfassen die zeitliche und personelle Koordination der Untersuchung. Des Weiteren soll er gewährleisten, dass das Due-Diligence-Verfahren ordnungsgemäß dokumentiert wird und die Dokumente die Untersuchungsergebnisse belegen.

Parallel dazu führt er das Gespräch zwischen der Gesellschaft und dem Auftraggeber. Bedeutung und Vielfältigkeit seiner Aufgaben zeigen, welch weit reichenden Einfluss der Gutachter auf den gesamten Entscheidungsprozess ausüben kann. Es ist daher empfehlenswert, einen Gutachter zu wählen, der bereits Erfahrung in dieser Form der Unternehmensbewertung gesammelt hat und somit über die notwendigen Fachkenntnisse und Führungsqualitäten verfügt. Den Jahresabschlussprüfer als Gutachter zu beauftragen ist zwar eine mögliche Alternative, jedoch verfügt er selten über die erforderlichen Erfahrungen, und seine Unabhängigkeit und Unbefangenheit könnten seitens Dritter in Frage gestellt werden.[5]

4. Auftragsinhalt und Bestätigung

Hat der Auftraggeber sich von der fachlichen Kompetenz und der Unabhängigkeit des potenziellen Auftragnehmers überzeugt, kann im nächsten Schritt der Auftrag erteilt werden.

Die inhaltliche Gestaltung des Auftragsschreibens ist von den individuellen Rahmenbedingungen der Due-Diligence-Untersuchung abhängig. Es empfiehlt sich jedoch, folgende Sachverhalte im Auftragsinhalt zu verankern: den konkreten Anlass und die sich daraus ergebenden Analyseschwerpunkte;[6] die Höhe des Honorars und die Zahlungsmodalitäten. Bei der Aushandlung des Honorars kann entweder ein Pauschalhonorar vereinbart werden, oder eine Zeit- und Aufwandsschätzung für die im Rahmen der Due Diligence veranschlagten Arbeiten durch eine zwei- bis dreitägige Vorprüfung. Dazu muss die Due Diligence langfristig planbar sein. Die Vorprüfungsphase wird unabhängig von der Beauftragung in Rechnung gestellt. Wird der Auftrag erteilt, werden die Kosten der Vorprüfungsphase in die Gesamtkosten miteingerechnet. Da die Due Diligence häufig nur kurzfristig planbar ist, entfällt eine Vorprüfung in der Regel. Meistens muss der Gutachter auf der Grundlage von wenigen Unterlagen die Kosten schätzen. Eine so genannte Sprechklausel wird vereinbart, wenn abzusehen ist, dass sich die Aufgabenbereiche so ausweiten können, dass der Gutachter mit dem ursprünglich vorgesehenen Zeitaufwand nicht auskommt. Eine Sprechklausel lässt sich als einfache Ergänzung mit in das Auftragsschreiben aufnehmen, etwa: „Sollte sich während der Durchführung der Due Diligence herausstellen, dass der kalkulierte Zeitaufwand nicht ausreichend ist, wird der Gutachter nach sofortiger Rücksprache mit dem Auftraggeber ein zusätzliches Angebot machen.“[7]

Da die Due-Diligence-Untersuchung häufig unter Zeitdruck durchgeführt wird, sollte der zeitliche Rahmen Bestandteil des Auftragsinhalts sein. Mögliche Konsequenzen wie Konventionalstrafen bei einer Überschreitung dieses Zeitrahmens sollten im Vorfeld mit dem Auftraggeber abgesprochen und vertraglich festgehalten werden. Des Weiteren sollten relevante Haftungsfragen in den Auftragsinhalt eingehen, so dass der Beginn der Verletzung von Vertragspflichten, der Verschuldungsgrad (Vorsatz oder Fahrlässigkeit), das Verschulden durch Erfüllungsgehilfen, Haftungsbeschränkungen, Art und Umfang des Schadensersatzes sowie sonstige Rechtsfolgen vertraglich fixiert sind. So können Rechtsstreitigkeiten vermieden werden. Ist der Auftragsinhalt einmal vertraglich festgelegt, müssen alle späteren Änderungen oder Ergänzungen des Vertrages schriftlich erfolgen und von beiden Parteien gegengezeichnet werden.

5. Letter of Intent

Basis für die Durchführung der Due Diligence ist neben der Beauftragung des Gutachters der Abschluss eines Letter of Intent, einer „Kaufabsichts- und Vertraulichkeitserklärung“ zwischen den potenziellen Vertragsparteien. Der Letter of Intent ist ein Vorvertrag und bindet die Parteien somit nicht im Hinblick auf einen späteren Unternehmenskauf. Im Wesentlichen behandelt der Vorvertrag folgende Sachverhalte: Der Auftraggeber der Due Diligence benötigt das Einverständnis des zu prüfenden Unternehmens, um vertrauliche Informationen zu erhalten. Zugleich ist das Unternehmen bestrebt, die Firmeninterna zu sichern, insbesondere wenn es zu keiner geschäftlichen Transaktion kommt, da Betriebsgeheimnisse dann möglicherweise nach außen gelangen könnten. Der Letter of Intent beinhaltet daher die Verpflichtung zur Geheimhaltung und Nichtverwendung von Unternehmensgeheimnissen sowie die Vereinbarung einer Vertragsstrafe im Falle der Zuwiderhandlung. Für einen Letter of Intent gibt es kein Formblatt; sein Inhalt kann neben der eigentlichen Absichts- und Vertraulichkeitserklärung flexibel gestaltet werden. Im Wesentlichen sollte er die Vertragsparteien nennen und das Objekt in groben Zügen beschreiben. Einzelheiten der Gestaltung, des Umfangs und Inhalts sowie des zeitlichen Ablaufs der Due Diligence können fixiert und Kaufpreisvorstellungen, Zahlungsmodalitäten sowie die Rahmenbedingungen einer Exklusivverhandlung festgelegt werden.

Aus Gründen der Geheimhaltung kann im Letter of Intent vereinbart werden, dass ein unabhängiger, unparteiischer Gutachter die Prüfung des Unternehmens vornimmt, nur er Einsicht in ausgewählte Firmeninterna erhält und er lediglich die Bewertung, aber keine Details wie Kundenlisten, Firmenstrategien oder Forschungsergebnisse weitergibt.

Stellt das zu untersuchende Unternehmen einem unabhängigen Gutachter auch nicht alle wichtigen Dokumente und Informationen zur Verfügung, wird in den Kauf- bzw. Fusionsvertrag doch die entsprechende Übernahme von Gewährleistungen aufgenommen, die es dem Auftraggeber der Due Diligence ermöglichen sollen, trotz Informationsdefizits eine Entscheidung zu treffen.

- Vertragsparteien
- Vertragsobjekt
- Geheimhaltungsverpflichtung
- Gestaltung der Due Diligence
- Umfang der Due Diligence
- Inhalt der Due Diligence
- zeitlicher Ablauf der Due Diligence
- Kaufpreisvorstellungen
- Vereinbarung einer Vertragsstrafe bei Verstoß gegen den Vertrag
- Zahlungsmodalitäten
- Rahmenbedingungen einer Exklusivverhandlung

Abbildung 2: Wesentliche Punkte eines Letter of Intent

6. Zeitmanagement

Der Gutachter sollte dem Zeitmanagement in zweifacher Hinsicht besondere Aufmerksamkeit schenken. Es ist nicht ausreichend, lediglich einen gut durchdachten Zeitplan aufzustellen. Vielmehr muss dieser Plan ständigen Kontrollen unterzogen werden; unvorhergesehene Ereignisse können die Umsetzung der ursprünglichen Planung verhindern.

Im Rahmen des Zeitmanagements muss zunächst die Gesamtzeit der Auftragsabwicklung eingeschätzt und vertraglich fixiert werden. Es ist empfehlenswert, ein Zeit-, Prüf- und Verantwortlichkeitsschema aufzustellen. Dieses Schema legt zum einen die Untersuchung der zu prüfenden Unternehmensbereiche zeitlich fest, zum anderen teilt es die Fachkräfte ein. Innerhalb des Schemas sollten die Prioritäten für den Fall eines zeitlichen Engpasses erkennbar sein. Dazu sollte das Zeitschema ein Notizfeld enthalten, das Fortschritte und Probleme erfasst. Wird das Schema vom Gutachter und von den Teammitgliedern kontinuierlich genutzt, um den zeitlichen Verlauf der Arbeiten festzuhalten, und regelmäßig an alle ausgehändigt, lassen sich kostspielige Verzögerungen oftmals vermeiden.

Im Verlauf der Due Diligence zeigt sich, dass das ursprüngliche Zeitmanagement auf Grund von Veränderungen der angenommenen Ausgangsdaten eine Korrektur erfordert. Solche Zeitverluste entstehen beispielsweise auf Grund einer verspäteten oder zögerlichen Bereitstellung der Unterlagen seitens des zu prüfenden Unternehmens, durch den Ausfall einer eingeplanten Fachkraft, die Notwendigkeit einer intensiveren Prüfung einzelner Sachgebiete oder unvorhergesehener Probleme. Ein erfahrener Gutachter wird bereits im Vorfeld des Zeitmanagement Zeitreserven für nicht absehbare Änderungen des Prüfungsablaufes einplanen. Notwendige Umstrukturierungen innerhalb der Due-Diligence-Untersuchung sind auf Grund ihrer jeweiligen individuellen Auftragsbindung die Regel, nicht die Ausnahmen.

Besteht die Möglichkeit einer Vorprüfung, sollte geklärt werden, in welchem Umfang sie durchgeführt werden kann, z.B. beschränkt auf die allgemeinen Basisdaten des Unternehmens.

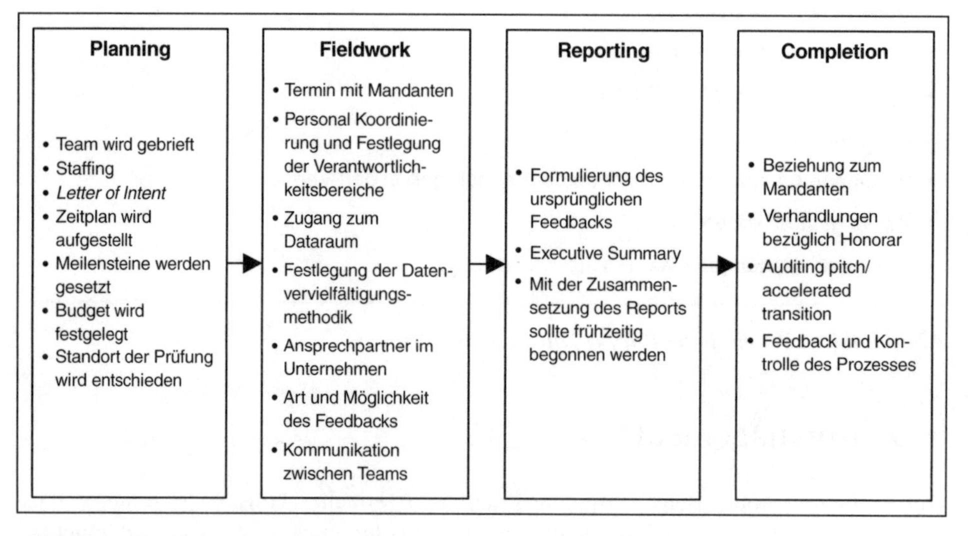

Abbildung 3: Zeitmanagement – Das Vier-Phasen-Modell

7. Das Due-Diligence-Team

Der Gutachter ist für die Zusammensetzung, Leitung und Koordinierung des Teams verantwortlich. Der Einsatz des Personals richtet sich nach den Bedürfnissen der Auftraggeber und den Möglichkeiten der Gutachter. Daher empfiehlt es sich, frühzeitig die Ziele gemeinsam zu definieren, um eine effiziente und erfolgreiche Untersuchung zu gewährleisten.

Erfolgreich kann die Untersuchung jedoch nur sein, wenn das Team bestmöglich zusammengesetzt ist. Der Gutachter muss darauf achten, dass die Teammitglieder über die notwendigen Qualifikation und Erfahrungen verfügen und teamfähig sind. Handelt es sich bei der Untersuchung um eine internationale geschäftliche Transaktion, sollten auch die Sprachkenntnisse bei der Auswahl der einzelnen Mitglieder berücksichtigt werden. Insbesondere der *Teamleiter* und seine direkte Vertretung sollten die Landessprache gut beherrschen, da die Kommunikation mit der zu prüfenden Gesellschaft funktionieren muss. Im nächsten Schritt ist die zeitliche Verfügbarkeit zu prüfen, da nicht alle Mitglieder für den gesamten Prüfungsablauf zur Verfügung stehen können oder müssen. Hier ist die Koordinationsfähigkeit des Gutachters gefordert, da er einen realistischen Zeitplan aufstellen muss, in dem festgelegt wird, wann gewisse Vorbereitungen abgeschlossen sein müssen und von wem sie durchzuführen sind. Ein wirklichkeitsnaher Zeitplan ist insbesondere dann notwendig, wenn ein enger zeitlicher Rahmen einzuhalten und überdies noch die Meinung von externen Experten einzuholen ist. Die Komplexität mancher Sachverhalte macht häufig den Einsatz von Spezialisten (z.B. Experten aus den juristischen, steuerlichen und technischen Bereichen) erforderlich. Ihren Einsatz muss der Gutachter frühzeitig planen und ihn mit den betreffenden Personen abstimmen.

8. Kommunikative Aspekte

Bei der Due-Diligence-Untersuchung ist der Gutachter auf die Informationsfreigabe seitens des zu prüfenden Unternehmens angewiesen, und zwar sowohl im Rahmen der Bereitstellung der Dokumente im Dataraum als auch in der direkten Kommunikation mit dem Unternehmen. Andererseits sind viele wichtige Informationen in den schriftlich vorliegenden Dokumenten nicht enthalten; dem Gutachter werden sie nur durch den direkten Kontakt zum Unternehmen und zu dessen Mitarbeitern zugänglich. Daher ist die Kommunikation bei der Due Diligence von besonderer Bedeutung.

Möglichst zu Beginn der Untersuchung legt der Gutachter eine Person als Hauptansprechpartner innerhalb der Geschäftsleitung fest, die ihm wichtige Informationen vermittelt oder ihn an weitere kompetente Gesprächspartner (etwa Abteilungsleiter, Produktionsleiter, Leiter des Rechnungswesens oder Vertriebsleiter) verweisen kann. Der Hauptansprechpartner sollte sich seiner interaktiven Funktion im Rahmen der Due Diligence bewusst sein.

Wichtig ist, dass der Gutachter versucht, das Vertrauen des Gesprächspartners zu gewinnen, um auch an sensible Informationen zu gelangen. Der Gutachter muss den Eindruck vermitteln, dass er eine neutrale Analyse durchführen möchte, auf deren Grundlage positive Aspekte weiter ausgebaut sowie Schwächen aufgedeckt und beseitigt werden können. Er muss herausfinden, wann ein Gesprächspartner versucht, mögliche Risikofaktoren und Schwachstellen des zu untersuchenden Unternehmens zu verbergen.

Eine Betriebsbesichtigung durch den Gutachter kann die Aussagen seines Gesprächspartners ergänzen, relativieren oder deren Subjektivität aufdecken. Die Recherche vor Ort vermittelt dem Gutachter einen unmittelbaren Einblick in die Firmenabläufe, Betriebsanlagen und die Mentalität der Belegschaft in Bezug auf Motivation, Verantwortung sowie Zusammenarbeit.[8]

Neben der Kommunikation mit dem zu prüfenden Unternehmen muss der Gutachter den Dialog mit dem Mandanten pflegen; er ist, in schriftlicher oder mündlicher Form, sichtbares Zeichen der erbrachten Leistung der Due-Diligence-Untersuchung.

Folgende Phasen der Kommunikation mit dem Mandanten sollten durchlaufen werden:

A. Organisation der Due Diligence:

- Beschreibung des Anlasses und des Umfangs der Due Diligence durch den Mandanten
- Erkennen der Bedürfnisse und der Erwartungen des Mandanten durch den Gutachter
- Verschaffung möglichst umfassender Kenntnisse über das zu prüfende Unternehmen
- Erarbeitung der Analyseschwerpunkte
- Abstimmung des Prüfungsvorgehens zur Sicherstellung eines reibungslosen Prüfungsablaufes
- Gemeinsame Festsetzung des Zeit-, des Kosten- und Honorarrahmens (soweit möglich)

B. Due-Diligence-Untersuchung:

- Regelmäßige Mitteilung der Zwischenergebnisse durch den Gutachter
- Rücksprache mit dem Mandanten bei Änderungen des Prüfungsablaufes, bei Verlagerung der Analyseschwerpunkte, bei zeitlichem oder personellem Engpass oder unvorhersehbaren Kosten
- Eventuell Vorschläge zur Verbesserung der Prüfungsqualität oder der Zielrichtung der Untersuchung
- Kommunikation über beiderseitige Wünsche und Vorstellungen.

C. Abschluss des Due Diligence

- Mitteilung der Abschlussergebnisse (Due-Diligence-Kompendium)
- Ausarbeitung der Risiken und Unterbreitung von Lösungsvorschlägen
- Chancenbeschreibung durch den Gutachter
- Äußerung positiver und negativer Kritik über die Qualität der Untersuchung von Seiten des Mandanten

9. Der Dataraum und die Verwaltung der Dokumente

Nachdem die Grundlage für ein erfolgreiches Due-Diligence-Verfahren geschaffen wurde, sollte eine Dokumentenliste erstellt werden. Sie erfasst alle zentralen Dokumente, die im Verfahren benötigt werden und während der Untersuchung zur Verfügung stehen müssen. Sämtliche für die verschiedenen Prüfungsgebiete erforderlichen Materialien, wie allgemeine Informationen zum Unternehmen sowie finanzielle, steuerliche, rechtliche und umweltrelevante Dokumente, sollen in der Dokumentenliste zusammengestellt sein und im Dataraum zur Einsicht bereitgehalten werden. Es handelt sich bei diesen Dokumenten sowohl um interne, nicht öffentlich zugängliche Informationen wie Geschäftsberichte, Verträge und firmeninterne Dokumente als auch um externes Material wie Bracheninformationen, Vergleichspreislisten von Konkurrenzunternehmen und Marktforschungsdaten. Die externen Daten dienen der Bestätigung und Ergänzung der Informationen und können von Banken, Wirtschaftsprüfungsgesellschaften, Lieferanten, Kunden und Wettbewerbsfirmen stammen.[9]

Jegliche Dokumentation, die während der Untersuchung benötigt oder verfasst wird, befindet sich während der Due Diligence im Dataraum. Als Dataraum wird der Ort verstanden, an dem alle Daten (bzw. Dokumente) gesammelt werden und zur Einsicht bereitliegen. Der Gutachter und sein Team verwalten hier alle Informationen, vom Jahresabschluss und von den Steuererklärungen über Unternehmensverträge bis hin zu Daten zu Sozial- und Personalleistungen.

Die Dokumentenliste, die als Bibliographie für den Dataraum fungiert, sollte eine Kennzeichnung der Dokumente beinhalten, um eine schnelle Auffindbarkeit zu gewährleisten.

Der Großteil der Dokumente befindet sich im Regelfall im zu untersuchenden Unternehmen und wird von dessen Mitarbeitern verwaltet. Für die Zusammenstellung der Liste, sprich der Dokumente ist die Hilfe der Angestellten unabdingbar; die zusätzlich entstehende Arbeit setzt sie unter zeitlichen Druck. Sensibilität des Due-Diligence-Teams gegenüber den Mitarbeitern des Unternehmens ist notwendig, damit sie die Untersuchung nicht als hinderlich und belastend oder sogar als Gefährdung ihres Arbeitsplatzes verstehen. Daher ist es empfehlenswert, für Routinearbeiten wie Kopier- und Sortiertätigkeiten, die Beschriftung von Dokumenten sowie deren Zuordnung fremde Hilfskräfte einzusetzen oder einige Untersuchungen außerhalb der normalen

Arbeitszeit zu absolvieren, um die Beeinflussung des normalen Geschäftsbetriebes zu minimieren und die Mitarbeiter zu entlasten.[10]

Der Dataraum wird zumeist im zu untersuchenden Unternehmen eingerichtet, da die meisten Dokumente ohnehin hier untergebracht sind. Nur im Falle strenger Vertraulichkeit, insbesondere wenn die Mitarbeiter des Unternehmens über einen potenziellen Verkauf nicht informiert sind, sollte der Dataraum sich nicht im Unternehmen selbst befinden. Zudem können „im Rahmen einer Vertraulichkeitserklärung bzw. im Letter of Intent Vorkehrungen getroffen werden, die die Geheimhaltung der bereitgestellten Unterlagen sicherstellen sollen."[11]

10. Allgemeine Informationsbeschaffung und Auswertung

Die Untersuchung der Prüfgebiete der Due Diligence beginnt mit der Sichtung und Auswertung des allgemeinen Informationsmaterials. Die dabei gewonnenen Erkenntnisse sollten allen Teammitgliedern bekannt sein, da sie bereits Basisinformationen für die weiteren Prüfgebiete beinhalten und auf Chancen und Risiken hinweisen.

So gibt die Unternehmensgeschichte Auskunft über die Gesellschaftsform und die Entwicklung zur Unternehmensstruktur – wichtige Daten für die finanzielle und rechtliche Untersuchung.

Imagebroschüren und Prospektmaterial vermitteln Hinweise zur Firmenphilosophie und somit zur kulturellen Due-Diligence-Untersuchung.

In Gesprächen mit der Geschäftsführung, mit Partner- und Wettbewerbsunternehmen werden Stärken, Schwächen, Chancen und Risiken der Branchen-, Produkt-, Wettbewerbs- und Vertriebsstruktur ermittelt; Standort und Logistik werden in Augenschein genommen. Hier vermittelt beispielsweise die kulturelle Due Diligence Vor- und Nachteile durch Fusion einer erweiterten Vertriebsstruktur: ob sie größere Absatzmöglichkeiten und bessere Serviceleistungen verspricht oder sich durch einen ungünstigen Standort logistische Probleme ergeben.

Eine Untersuchung im Bereich von Einkauf, Produktion und Entwicklung weist auf umweltpolitische oder finanzielle Gefahren hin, da die natürlichen Ressourcen möglicherweise beschränkt sind oder ein bislang zugelassenes chemisches Produkt zukünftig einem Produktionsverbot oder hohen Auflagen unterliegen könnte – für die Prüfung der Kreditwürdigkeit durch eine Bank wichtige Bewertungsgrundlagen.

Die Analyse des allgemeinen Informationsmaterials bietet den Teammitgliedern also nicht nur einen ersten Einblick in die Struktur des Unternehmens, sondern gibt bereits erste Hinweise in Bezug auf die Auswertung der spezifischen Prüfgebiete und eine erste Einschätzung des Zeitbedarfs und der anfallenden Kosten. Folgende Auswertungen (Abbildung 4) dienen der allgemeinen Informationsbeschaffung:

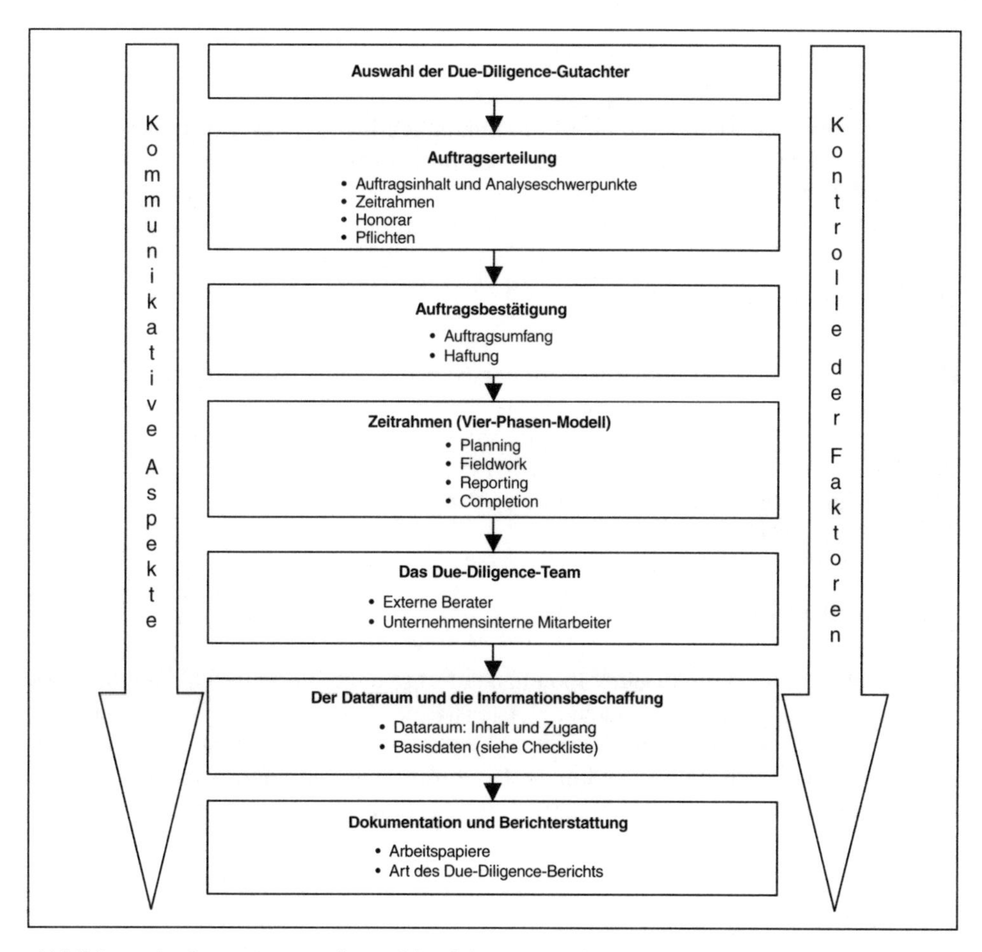

Abbildung 4: Organisatorischer Ablauf der Due Diligence

10.1 Die Berichterstattung

Die Form der Berichterstattung gibt der Auftraggeber vor und sollte im Auftragsinhalt festgelegt werden. Häufig ist ein detailliertes Due-Diligence-Gutachten gar nicht erforderlich, etwa wenn der Wert des Unternehmens oder die vertraglichen Grundlagen für die Entscheidungsträger nicht wichtig sind. In der Praxis haben sich die folgenden Berichterstattungsarten entwickelt:

10.2 Due Diligence Memorandum

Das Due Diligence Memorandum ist ein kurzer schriftlicher Aktenvermerk, der Ergebnisse der Prüfung und mündliche Informationen festhält sowie den Prüfungsfortschritt dokumentiert.

10.3 Comment Letter

Der Comment Letter ist eine kurze (in der Regel maximal zwei Seiten) umfassende Stellungnahme, die vollständig auf finanziellen und qualitativen Informationen beruht. Der Gutachter hat jedoch diese Informationen noch nicht auf Güte und Vollständigkeit hin überprüft. Der Comment Letter basiert auf groben Einschätzungen des Gutachters, die noch durch Daten zu bestätigen sind.

10.4 Opinion Letter

Der Opinion Letter enthält eine abschließende Meinungsäußerung die auf subjektiven Einschätzungen des Untersuchungsgegenstandes beruht; sie setzt eine gründliche und umfassende Analyse aller relevanten Aspekte, die zur Herleitung der Schlussfolgerung dienen, voraus. In diesem kurzen Brief werden die Methoden und Berechnungen, die zur abschließenden Meinungsäußerung geführt haben, dargestellt.

10.5 Minireport

Der Minireport ist eine schriftliche Meinungsäußerung in Form eines Kurzgutachtens. Sie stellt die tatsächlich verwendeten Untersuchungsmethoden und die entscheidenden Untersuchungsgrundlagen dar.

10.6 Due Diligence Report

Der Due Diligence Report umfasst alle sachdienlichen und einschlägigen quantitativen wie qualitativen Sachverhaltsbeschreibungen und Analysen sowie Schlussfolgerungen in für Dritte nachvollziehbarer Weise. Der Report könnte sich wie folgt gliedern:

I. Basisdaten

- Benennung des Auftraggebers, des Auftrages, des Anlasses und der Analyseschwerpunkte

- Vorgehensweise bezüglich des Bewertungsverfahrens
- Funktion des Gutachters
- Verfügbarkeit und Qualität der Ausgangsdaten

II. Berichte der Untersuchungsergebnisse für die Teilbereiche der Due Diligence

- Allgemeine Informationen (Performance Branche, Markt)
- Finanzielle Due Diligence
- Steuerliche Due Diligence
- Rechtliche Due Diligence
- Umwelt-Due-Diligence
- Kulturelle Due Diligence

III. Zusammenfassende Bewertungen und Empfehlungen

- Ergebnisse und Schlussfolgerungen
- Chancen- und Risikopotenziale
- Rechnerische Wertermittlung und Kaufpreisermittlung
- Übereinstimmung der Akquisitionsziele des Auftraggebers mit der Bewertung des zu untersuchenden Unternehmens
- Lösungsvorschläge und Empfehlungen
- Möglichkeiten der Integration des zu untersuchenden Unternehmens

IV. Anlagen

- Letter of Intent
- Auftragsbestätigung
- Vollständigkeitserklärung
- Sonstige bedeutsame Dokumente
- Kaufvertrag

11. Schlussfolgerung

Der organisatorische Ablauf der Due Diligence spielt eine zentrale Rolle für den gesamten Erfolg der Due-Diligence-Untersuchung. Daher ist es unbedingt erforderlich, dass Auftraggeber und Gutachter bereits vor der Akquisition die Bedeutung der Due-Diligence-Organisation erkennen. Die Tatsache, dass sich in der Praxis bislang keine

Grundsätze einer ordnungsmäßigen Due Diligence entwickelt haben, macht es Anfängern nicht eben leichter. Auftragsinhalte, die unvollständig oder sogar fehlerhaft formuliert sind, ein mangelhaftes Zeitmanagement oder ein inhomogenes Team können den gesamten Erfolg der Due-Diligence-Untersuchung gefährden und möglicherweise sogar dem Ruf des beauftragten Unternehmens schaden.

Anmerkungen

1 Koch/Wegmann, 1998, S. 3.
2 Stern, 1993, S. 54–63.
3 Ganzert/Kramer, 1995, S. 577.
4 Krüger/Kalbfleisch, 1999, S. 175ff.
5 Koch/Wegmann, 1998, S. 35.
6 IdW-Fachausschuss Recht, 1998, S. 288f.
7 Koch/Wegmann, 1998, S. 38.
8 Berens/Brauner, 1998, S. 115.
9 Kinast, 1991, S. 31–43.
10 Lawrence, 1995, Chapter 4, 4.03.
11 Berens/Brauner, 1998, S. 114.

Due Diligence und Unternehmensbewertung im Akquisitionsprozess

Annette Blöcher

1. Einleitung

Die zunehmende Zahl der Unternehmensakquisitionen lässt die Frage nach den Bestimmungsgründen für den Erfolg oder Misserfolg dieser Transaktionen laut werden. Die im Vorfeld der Akquisition stattfindende Stärken- und Schwächenanalyse sowie die Bewertung des Zielobjektes haben für den gesamten Akquisitionsprozess einschließlich des folgenden Integrationsprozesses erfolgskritischen Charakter. Denn nur die Gewährleistung eines bestmöglichen strategischen Fit zwischen dem Investorunternehmen und dem Zielunternehmen gemäß der Akquisitionsstrategie kann die Akquisition zum Erfolg führen. Zur Ermittlung eines zwischen diesen Parteien angemessenen, fairen Kaufpreises ist die Durchführung der Financial Due Diligence mit integrierter Unternehmensbewertung ein in der Praxis bewährtes Instrumentarium.

Ergebnis und Ziel der Due Diligence ist je nach Auftraggeber (Buy Side or Sell Side) die Bereitstellung einer fundierten Verhandlungsgrundlage, auf der die späteren Vertragsmodalitäten und insbesondere die Kaufpreisfindung basieren. Der Preis des Unternehmens ergibt sich durch Angebot und Nachfrage sowie aus dem Verhandlungsgeschick der Vertragsparteien, welches maßgeblich durch deren Informationsstand beeinflusst wird. Dieser Informationsstand wird durch die Due Diligence in entscheidendem Maße verbessert und somit die Verhandlungsposition gestärkt.

Nachstehendes Zitat von Gutenberg aus dem Jahre 1926 verdeutlicht in besonderem Maße den Beitrag der Due Diligence zur Wertfindung des Unternehmens: „Man kann also sagen, dass sich der Wert der Güter nach dem Maße bestimmt, in welchem sie befähigt sind, optimale Kapitalmehrung, d.h. Ertragsfondssteigerung, unter jeweils gegebenen Bedingungen herbei zu führen."[1] Innerhalb des Akquisitionsprozesses existiert kein wahrer Unternehmenswert, vielmehr ermittelt sich der Wert eines Unternehmens auf Grundlage der Analyse der gegebenen Bedingungen (Chancen und Risiken), d.h. der Analyse der vergangenen, gegenwärtigen und zukünftigen Situation des Unternehmens. Die Due Diligence identifiziert diese Wertpotenziale und schafft eine fundierte Basis um die dann zu quantifizierenden Informationen in einem Bewertungsmodell zu verknüpfen und den Wert des Transaktionsobjektes zu berechnen. Kernstück einer guten Unternehmensbewertung ist die inhaltliche Qualität der vergangenheits- und zukunftsbezogenen Unternehmensanalyse.

Dieser Beitrag beschreibt das Wesen und stellt die Berührungspunkte und Gemeinsamkeiten beider Untersuchungen innerhalb des Akquisitionsprozesses dar. Dabei wird gezeigt, dass die Grundprobleme der Bewertung durch eine kompetente Financial Due Diligence gelöst werden können und die Bewertung während und im Anschluss an die Analyse angewendet wird.

2. Due Diligence

2.1 Definition

Der Begriff Due Diligence umfasst die detaillierte Unternehmensanalyse und beantwortet die vom Auftraggeber im Rahmen der Untersuchung definierten Fragestellungen. Im deutschen Sprachgebrauch wird sie häufig auch als Sorgfältigkeitsprüfung[2] bezeichnet. Dabei wird die Analyse dem Auftrag und den Gegebenheiten des zu untersuchenden Unternehmens angepasst. Je nach Untersuchungsschwerpunkt werden die verschiedenen Funktionsbereiche des Zielobjektes auf Stärken und Schwächen sowie Chancen und Risiken hin sorgfältig analysiert und die Ergebnisse in einem Due Diligence Report für den Auftraggeber zusammengefasst. Ziel der Due Diligence ist es dabei, die für eine geplante Transaktion wesentlichen Einflussfaktoren aufzuzeigen und damit die Kernfragen, die sich innerhalb der Akquisitionsstrategie ergeben, zu beantworten.

Einige Autoren klammern die Quantifizierung der Analyseergebnisse und damit die Frage der Unternehmensbewertung bzw. Kaufpreisfindung aus der Betrachtung aus.[3] Versteht man die Due Diligence jedoch in einem weiteren Sinne, nämlich als die sorgfältige und detaillierte Analyse und Bewertung eines Objektes im Rahmen einer beabsichtigten bzw. bereits vollzogenen geschäftlichen Transaktion, so ist die Unternehmensbewertung als integrierter Bestandteil der Due Diligence zu betrachten.[4]

Die Due Diligence kann sowohl von der Käufer- als auch von der Verkäuferseite durchgeführt werden. Sie unterstützt den gezielten Kauf bzw. Verkauf von Unternehmen und verbessert die Erfolgschancen der Transaktion. Im Zuge der Einschätzung der Unternehmung im Spannungsgefüge von Konkurrenz, Markt und eigenem Potenzial wird die langfristige Entwicklung des Unternehmens und das zu realisierende Ertragspotenzial einschätzbar und kalkulierbar. Chancen und Risiken sowie Stärken und Schwächen sind paritätisch in die Analyse mit einzubeziehen. Sie werden nicht nur im Hinblick auf die angemessene Kaufpreisfindung, sondern auch hinsichtlich der Planung der möglicherweise bevorstehenden Integration und der Minimierung der Integrationskosten und -zeit untersucht.

Due-Diligence-Untersuchungen werden von Wirtschaftsprüfungsgesellschaften, Venture Capitalists, Investmentbanken oder Corporate Managements bzw. Spezialistenteams durchgeführt.

2.2 Arten

Die Definition der Due Diligence kann je nach Auftraggeber, nach dem Zeitpunkt der Durchführung und nach dem inhaltlichen Schwerpunkt unterschieden werden; sie bestimmt die jeweilige Zielrichtung der Untersuchung.

2.2.1 Unterscheidung nach dem Auftraggeber der Due Diligence

Je nach Auftraggeber der Due Diligence kann zwischen Acquiror Due Diligence (veranlasst durch den Investor, so genannte „buy side due diligence") und Vendor Due Diligence (veranlasst durch den Verkäufer, so genannte „sell side due diligence") unterschieden werden.

Die Acquiror Due Diligence ist eine essenzielle Grundlage für den finanziellen oder industriellen Investor zur Untersuchung des externen und internen Umfeldes eines Unternehmens.

Da im Gegensatz zum Investor der Verkäufer das zum Verkauf stehende Unternehmen mit allen Stärken und Schwächen sowie Chancen und Risiken kennt, besitzt er gegenüber dem Käufer einen wesentlichen Informationsvorsprung, der im Zuge der bevorstehenden Kaufpreisverhandlungen zu einem materiellen finanziellen Vorteil werden kann. In diesem Zusammenhang ist die Due Diligence als ein Informationsinstrument bzw. ein Instrument zur Meinungsbildung des Käufers zu sehen, welches die Verhandlungsposition des Investors stärken und zu einem fairen, von beiden Seiten akzeptierbaren Einigungspreis führen kann.

Ziel ist es, Stärken und Chancen sowie Schwächen und Risiken des Investitionsobjektes (ähnlich der SWOT-Analyse, vgl. Kapitel 4) zu identifizieren. Mögliche Ansatzpunkte bzw. Verbesserungsmöglichkeiten werden sichtbar, fähiges und unfähiges Personal wird identifiziert, Schwachpunkte der Produktion, Logistik, Kundenservice sowie Managementfehler etc. werden analysiert.

Die Vendor Due Diligence ist als Instrument zum Verkauf von Unternehmen, einzelner Tochtergesellschaften, Divisionen oder Business Lines und zur Unterstützung in komplexen Verkaufstransaktionen zu verstehen. Ihr Ziel ist die Aufbereitung von finanziellen und nicht finanziellen Informationen für den Verkäufer und dessen Berater zur Weitergabe an einen potenziellen Käufer.

Die Vendor Due Diligence umfasst die objektive Analyse der Stärken und Schwächen des zu verkaufenden Unternehmens sowie die Identifikation von werterhöhenden und wertmindernden Faktoren. Somit ist sie ebenso wie die Acquiror Due Diligence eine wichtige Argumentationshilfe für die Kaufpreisverhandlungen. Der Report kann auch (in abgewandelter Form) die Funktion eines Verkaufsprospektes übernehmen. Historische Ergebnisse sind normalisiert, d.h. um außergewöhnliche und aperiodische Ereignisse bereinigt, und die Planungen detailliert analysiert. Der Veräußerer hat bei der Vendor Due Diligence den Vorteil, dass er die Quantität und Qualität der an potenzielle Käufer abgegebenen Informationen exakt kontrollieren kann und so den Verkaufsprozess zu steuern vermag. Aber auch die Maximierung des Transaktionswertes unterstützt die Vendor Due Diligence, da die für den Verkauf wesentlichen Stärken und Schwächen des Unternehmens kommentiert dem potenziellen Investor vorgelegt werden können.

Ein weiterer Vorteil der Vendor Due Diligence ist die Verkürzung der Transaktionszeit. Denn der Vendor Due Diligence Report ermöglicht – bei gleichzeitigem Verzicht auf eine Acquiror Due Diligence – eine schnelle Kauf- bzw. Verkaufsübereinkunft beider Parteien. Bei Durchführung einer Acquiror Due Diligence vergehen nicht selten mehrere Tage, bis alle angeforderten Unterlagen zur Verfügung stehen und mit der eigentlichen Arbeit begonnen werden kann. Die Zeitspanne zwischen dem endgültigen Kaufpreisangebot und dem Abschluss der Unternehmenstransaktion kann so weniger als vier Wochen betragen – ein enormer Vorteil für den Veräußerer, aber auch für den Investor.

Vendor Due Diligence	***Acquiror Due Diligence***
Sell Side Due Diligence	**Buy Side Due Diligence**
• Steuerung und Kontrolle der Informationsabgabe	• Beantwortung spezifischer Fragestellungen
• Kommentierung der Ergebnisse	• Einschätzung von Synergiepotenzialen
• Fixierung Preisuntergrenze	• Fixierung Preisobergrenze

Abbildung 1: Vendor und Acquiror Due Diligence

Barthel (1999) umschreibt das Ziel der Due Diligence wie folgt: „Die Due-Diligence-Untersuchung dient aber nicht nur dazu, die Risiken eines beabsichtigten Unternehmenserwerbes vor Vertragsunterzeichnung zu erkennen und zu bewerten, vielmehr dient sie dem Käufer dazu, Argumente für Kaufpreisminderungen oder Vertragsverbesserungen zu seinen Gunsten bzw. auf Verkäuferseite Argumente für die Fundierung des geforderten Kaufpreises zu finden.“[5]

2.2.2 Unterscheidung nach dem Zeitpunkt der Due Diligence

Hinsichtlich des Zeitpunktes der Durchführung der Due Diligence im Transaktionsprozess kann zwischen präakquisitorischer und postakquisitorischer Due Diligence unterschieden werden. In der Regel wird die Due Diligence vor Kaufvertragsabschluss – präakquisitorisch – durchgeführt. In seltenen Fällen, wenn aus besonderen Gründen (z.B. Zeitmangel, besondere Vertraulichkeit etc.) nur eine postakquisitorische Due Diligence möglich ist, beabsichtigt der Investor, einerseits sich durch die Due Diligence ein möglichst umfassendes Bild vom bereits erworbenen Unternehmen zu bilden und andererseits den gezahlten Kaufpreis abzusichern sowie die vertraglich zugesicherten Eigenschaften des Unternehmens durch einen Soll-Ist-Vergleich zu überprüfen. So dient sie ex post der Ermittlung von möglichen Minderungs- und/oder Schadensersatzansprüchen des Käufers gegenüber dem Verkäufer.[6]

Präakquisitorische Due Diligence	***Postakquisitorische Due Diligence***
• vor Vertragsabschluss	• nach Vertragsabschluss
• Kaufpreisfindung	• Anpassung des Kaufpreises

Abbildung 2: Prä- und postakquisitorische Due Diligence

Hat nicht schon die präakquisitorische Due Diligence stattgefunden, ist die postakquisitorische auch häufig im Rahmen der Risikopolitik eines Unternehmens durchzuführen. Denn auch die gesetzliche Grundlage, die die Unternehmensführung zum Risikomanagement verpflichtet, ist konkreter geworden: Nach dem Gesetz zur Kontrolle und Transparenz im Unternehmensbereich (KonTraG), das zum 30. April 1998 in Kraft getreten ist, wird die Due Diligence indirekt zur Reduzierung der Unternehmensrisiken gefordert. Nach § 91 S. 2 AktG hat der Vorstand geeignete Maßnahmen zu treffen, damit den Fortbestand der Gesellschaft gefährdende Entwicklungen früh erkannt werden. Unter gefährdenden Entwicklungen sind insbesondere risikobehaftete Geschäfte, die sich auf die Vermögens-, Finanz- und Ertragslage wesentlich auswirken, zu verstehen. Dieses Risiko besteht insbesondere bei Investitions- und Desinvestitionsmaßnahmen strategischer Art wie etwa Unternehmensakquisitionen, da weitreichende finanzielle und nicht finanzielle Chancen und Risiken in das Entscheidungskalkül des Managements einbezogen werden müssen. Sorgfältigkeit ist in diesem Sinne von Seiten des Käufers und Verkäufers geboten. Aktionäre können Vorstand und Aufsichtsrat bei Unterlassung der nötigen Sorgfalt und Prüfung im Falle eventueller Nachteile haftbar machen (vgl. § 93 AktG). Diese Haftungserweiterung für Vorstand und Aufsichtsrat führt dazu, dass sich auch in Deutschland die Due Diligence als Teil der Informationskultur durchsetzt.

2.2.3 Unterscheidung nach dem Untersuchungsziel der Due Diligence

Je nach Formulierung der spezifischen Fragestellungen lässt sich zwischen Commercial bzw. Market Due Diligence, Financial Due Diligence und der speziellen Tax, Legal, Environmental und Cultural Due Diligence unterscheiden.[7]

Während sich die Commercial Due Diligence mit der Untersuchung aller marktnahen Funktionen der Unternehmung und ihrer Struktur beschäftigt, untersucht die Financial Due Diligence die finanzielle Situation (d.h. die Vermögens-, Finanz- und Ertragslage) des Unternehmens. Sie beantwortet Fragen hinsichtlich der finanziellen Vergangenheit, Gegenwart und Zukunft. Damit wird die Basis für eine sich anschließende Unternehmensbewertung geschaffen. Die speziellen Unternehmensanalysen zielen auf die rechtlichen (Legal Due Diligence), steuerlichen (Tax Due Diligence) umweltlichen Gegebenheiten (Environmental Due Diligence) und die kulturellen Aspekte (Cultural Due Diligence) des Unternehmens. Je nach Schwerpunkt der Untersuchung sind das Expertenwissen und die Erfahrung unterschiedlicher Teammitglieder gefragt.

Zur empirischen Relevanz der verschiedenen Ausprägungen der Due Diligence in Deutschland wurde von Marten und Köhler 1999 eine Untersuchung durchgeführt. Danach sind die Financial (94 %), Legal (82 %) sowie Tax (78 %) Due Diligence am weitesten verbreitet.[8]

Werden alle genannten Bereiche in die Untersuchung mit einbezogen, so spricht man von einer Full Scope Due Diligence. Im Gegensatz dazu analysiert eine Limited Scope Due Diligence nur bestimmte Problemkreise.

Commercial Due Diligence	***Financial Due Diligence***	***Spezielle Due Diligence***
• Vertrieb/Marketing	• Vermögenslage	• **Tax**
• Logistik/Beschaffung	• Finanzlage	• **Legal**
• Technik/Produktion	• Ertragslage	• **Environmental**
• Organisation	• Planungsrechnungen	• **Cultural Due Diligence**
• Management/Personal		

Abbildung 3: Verschiedene Formen der Due Diligence

Wesentlich für das die Due Diligence durchführende Team ist dessen Fähigkeit, die Fragestellungen des Auftraggebers (Verkäufer oder Investor) eindeutig zu identifizieren und zu beantworten. „Putting the clients' cap on“ ist eine der wichtigsten Maximen einer erfolgreichen Due Diligence.

Der Nutzen der Due Diligence für Investor und Verkäufer ist offensichtlich: Der Käufer kann je nach Art der durchgeführten Due Diligence auf den inhaltlich verschiedenen Gebieten Chancen und Risiken einschätzen und seine Position in den nachfolgenden Vertragsverhandlungen stärken. Werden einschneidende Schwachpunkte des Unternehmens aufgedeckt, kann der Investor Kaufpreisabschläge bewirken. Andererseits kann sich der Verkäufer gegen Gewährleistungsansprüche des Käufers schützen, da er alle im Rahmen der Due Diligence vorgelegten Daten und Verträge als bekannt voraussetzen kann.[9]

3. Unternehmensbewertung

Innerhalb des Prozesses der Due Diligence wird vom Auftraggeber immer wieder die Frage nach einem verhandelbaren Unternehmenswert gestellt. Kaufpreisober- bzw. Verkaufspreisuntergrenzen sind für den Investor bzw. Verkäufer wichtige Informationen. Die Analyse des Unternehmens und das damit verbundene Aufspüren von Fakten zur Kaufpreisverhandlung ist eines der obersten Ziele der Untersuchung. Der Auftraggeber benötigt Informationen als Verhandlungs-, Argumentations- sowie als Entscheidungsgrundlage, um folgende Fragen zu beantworten: Entspricht das zu untersuchende Unternehmen den Erwartungen? Sind Synergien zu identifizieren und zu realisieren? Wie können die zusätzlichen Wertpotenziale quantifiziert werden?

3.1 Definition

Der Wert eines Unternehmens wird grundsätzlich von dem Nutzen bestimmt, den es für den Eigner hat. Ziel der Unternehmensbewertung ist je nach Entscheidungssituation die Ermittlung eines neutralen Unternehmenswertes oder von entscheidungsabhängigen, subjektiven Werten oder potenziellen Preisen für ein Unternehmen.

Nimmt der Bewertende eine neutrale Gutachterfunktion ein, so dient der Unternehmenswert im Sinne eines *objektivierten Wertes* als interessenunabhängige Wertgröße. Wird der Unternehmenswert hingegen jeweils in Abhängigkeit von der Interessenlage des Käufers oder des Verkäufers ermittelt, so spricht man von einem (subjektiven) *Grenzpreis.* Aus Sicht des Käufers ist der Grenzpreis die Preisobergrenze, bis zu der er höchstens kaufen darf, aus Sicht des Verkäufers die Preisuntergrenze, bis zu der er mindestens verkaufen muss. Wie viel darf/muss ein Investor/Verkäufer maximal bezahlen/minimal fordern, um sich nicht schlechter zu stellen, als bei Anlage in eine Alternativinvestition bzw. bei Fortführung des Unternehmens? Im Rahmen von Akquisitionsprozessen ist von einer zielorientierten Bewertung auszugehen, die der Unterstützung des Preisbildungsprozesses dient.[10]

Ebenso wenig wie für einen einzelnen Vermögensgegenstand gibt es für eine Unternehmung einen einzigen Wert. Der Wert einer Unternehmung oder eines Gegenstandes ist allein abhängig von der Gesamtheit aller, dem jeweils Bewertenden offen stehenden Verwendungsmöglichkeiten. Als Wert der Unternehmung gilt dem Verkäufer jener Geldbetrag, den er erhalten muss, damit sich der Wert seines Entscheidungsfeldes durch Verkauf der Unternehmung nicht verändert. Jeder einzelne Kaufinteressent misst der Unternehmung aber den Geldbetrag als Wert zu, den er gerade noch opfern kann, ohne dass sich der Wert seines Entscheidungsfeldes im Endergebnis ändert.[11]

Nachfolgend wird die Unternehmensbewertung in ihren Grundzügen dargestellt, wobei auf die verschiedenen Anlässe der Bewertung nicht näher eingegangen wird, da im Rahmen der Due Diligence der Bewertungsanlass der Kauf bzw. Verkauf eines Unternehmens oder von Unternehmensteilen sein wird und mithin eine mit einem Eigentumswechsel verbundene Bewertung durchgeführt wird.[12]

In der Bewertungsmethodik[13] wird grundsätzlich zwischen dem ertragswertorientierten und dem substanzwertorientierten Verfahren sowie dem so genannten Market Approach unterschieden. Während sich bei den ertragswertorientierten Verfahren (hierzu zählen das Ertragswertverfahren, die Discounted-Cash-flow-Verfahren und der Liquidationswert) der Unternehmenswert aus kapitalisierten Zahlungsreihen (Ertrags- bzw. Einnahmenüberschüsse) zukünftiger Perioden ergibt, basiert das Substanzwertverfahren auf dem Reproduktionswert des Unternehmens am Bewertungsstichtag. Der Substanzwert setzt sich aus den Einzelwerten der Vermögensgegenstände und Schulden, bewertet zu Wiederbeschaffungspreisen, zusammen.

Der Liquidationswert als drittes ertragswertorientiertes Verfahren (neben dem Ertragswertverfahren und dem Discounted-Cash-flow-Verfahren) unterscheidet sich darin, dass er den Barwert der zu erwartenden Nettoerlöse aus der Veräußerung des Unternehmensvermögens bei unterstellter Liquidation (Veräußerungspreis der erfassten Objekte) darstellt. Seine Ermittlung spielt nur eine untergeordnete Rolle in der Ermittlung von Preisuntergrenzen, da im Rahmen der Due Diligence von der Fortführung des Unternehmens ausgegangen werden kann.

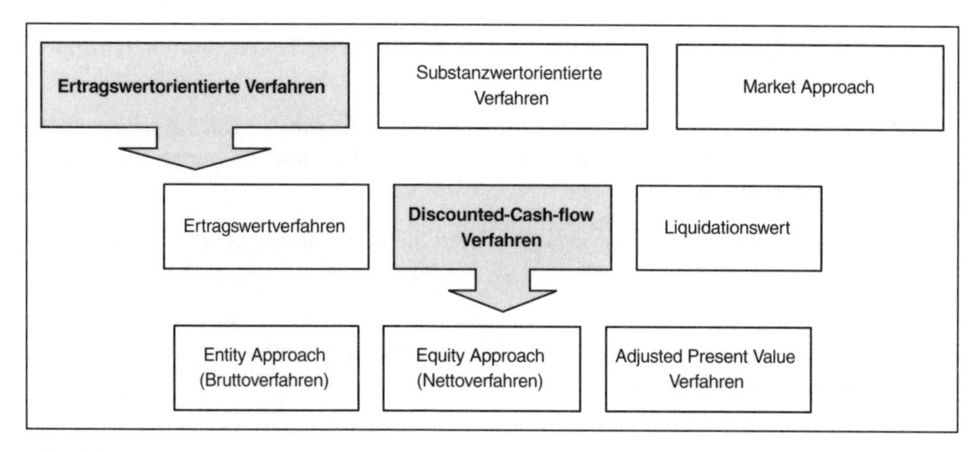

Abbildung 4: Bewertungsverfahren

Der Market Approach orientiert sich an Vergleichswerten von Unternehmen, die in der jüngeren Vergangenheit veräußert wurden, oder an notierten Börsenkursen gilt.[14]

Im Folgenden werden nur das Ertragwertverfahren und die Discounted-Cash-flow-Verfahren näher erläutert, da die substanzwertorientierten Verfahren in Theorie und Praxis als überholt gelten. Es ist anzumerken, dass unter den Discounted-Cash-flow-Verfahren eine ganze Gruppe von Bewertungsverfahren subsumiert wird und grundsätzlich zwischen Brutto-, Netto- und dem Adjusted-Present-Value-Verfahren unterschieden werden kann.[15]

Sowohl die Ertragswert- als auch die Discounted-Cash-flow-Methoden basieren auf dem Kapitalwertkalkül: Während das Ertragswertverfahren an Erfolgsrechnungen anknüpft und auseinander fallende Erfolgs- und Zahlungsströme durch ergänzende Finanzbedarfsrechnungen berücksichtigt, sind die Discounted-Cash-flow-Verfahren grundsätzlich zahlungsorientiert. Steuerrechtliche und gesellschaftsrechtliche Regelungen werden aus ergänzenden Aufwands- und Ertragsrechnungen einbezogen. Bei gleichen Bewertungsannahmen und -vereinfachungen führen beide Methoden zu gleichen Unternehmenswerten.[16]

In Deutschland findet die Ertragswertmethode Anwendung. Sie ist durch die Stellungnahme IDW S1 (Stand Juni 2000) des Hauptfachausschusses des Instituts für Wirtschaftsprüfer[17] sowie durch das Wirtschaftsprüfer Handbuch Band II (1998) definiert und wird von der Rechtssprechung seit Jahren angewandt. Die international gebräuchlicheren Verfahren sind jedoch die Discounted-Cash-flow-Methoden.

3.2 Problemkreise der Unternehmensbewertung

Im Rahmen der ertragswertorientierten Bewertung stellen sich spezielle Fragen, die durch gezielte Analysen (u.a. mit Hilfe der Due Diligence) schrittweise gelöst werden. Hierbei handelt es sich um:

- die *Abgrenzung des Bewertungsobjektes* (Bewertung von Teilkonzernen, einzelnen Tochtergesellschaften, Business Lines etc.),
- die *Analyse und Bereinigung der Vergangenheitsdaten* (anhand von Jahresabschlüssen, Prüfungsberichten, internen Analysen etc. innerhalb eines repräsentativen Referenzzeitraumes),
- die *Plausibilisierung der Planergebnisse* (Sind die geplanten Ergebnisse mit den geplanten Maßnahmen erzielbar? Sind sie im Vergleich mit den in der Vergangenheit erzielten Ergebnissen realistisch?),
- die *Ableitung der ewigen Rente*, d.h. eines nachhaltig erzielbaren, dem Unternehmen entziehbaren Ergebnisses und
- die *Ermittlung des Kapitalisierungszinssatzes* zur Diskontierung der Überschüsse auf den Bewertungsstichtag.

Den Zusammenhang zwischen diesen Problemkreisen verdeutlicht die nachstehende Abbildung 5 (exemplarisch am Beispiel einer dreiperiodigen Planungsrechnung):

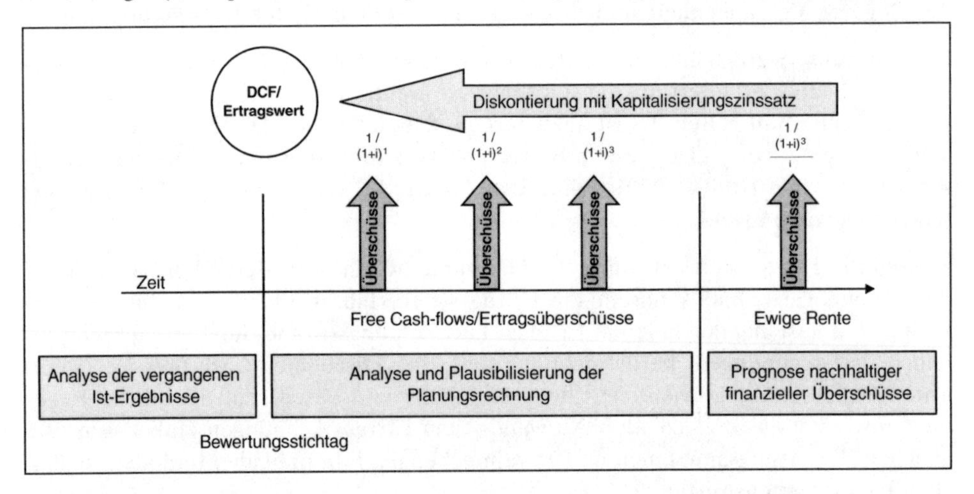

Abbildung 5: Problemkreise der Unternehmensbewertung

3.3 Vorgehensweise der Bewertung

Der Wert eines Unternehmens wird grundsätzlich von dem Nutzen bestimmt, den das Unternehmen für den Eigner hat. Dieser Nutzen bestimmt sich bei am Markt operierenden Unternehmen aus dem Überschuss, der als Saldo aus Einzahlungen und Auszahlungen bzw. aus Erträgen und Aufwendungen künftig nach dem Stichtag der Bewertung zu erwarten ist. Legt man ausschließlich finanzielle Ziele zu Grunde, ist der Wert eines Unternehmens grundsätzlich mit dem Barwert (Wert nach Diskontierung mit dem zu Grunde gelegten Kapitalisierungszinssatz) aller zukünftigen Einzahlungs- (Cash-flow-) bzw. Ertragsüberschüsse (Ertragswert) gleichzustellen.[18]

Zentrales Element der Berechnung ist die Prognose der künftigen Einzahlungs- bzw. Ertragsüberschüsse, die grundsätzlich mit Unsicherheiten behaftet ist. Bei der Schätzung sind die Chancen und Risiken in gleicher Weise zu beachten. Die in der Vergangenheit tatsächlich erzielten Überschüsse sowie deren Analyse und Bereinigung um außergewöhnliche und aperiodische Elemente liefern hierfür eine erste Orientierung. Zwischen dieser normalisierten Rechnung und der vom Management vorgelegten Planungsrechnung ist sodann eine plausible Verknüpfung herzustellen. Sofern die Ertragsaussichten in der Zukunft aus Gründen, die inner- und/oder außerhalb des Betriebes liegen können, anders zu beurteilen sind, werden die zum Zeitpunkt der Bewertung erkennbaren Veränderungen bei der Berechnung der jährlichen Einzahlungs- bzw. Ertragserwartungen berücksichtigt.

Der Planungszeitraum gliedert sich im Allgemeinen in zwei Phasen. In der Detailplanungsphase, die durch eine relativ hohe Planungssicherheit gekennzeichnet ist (meist drei bis fünf Planjahre), wird eine detaillierte Planung der Aufwands- und Ertragspositionen bzw. der Ein- und Auszahlungen für die einzelnen Jahre angenommen. In der sich anschließenden Prognosephase wird für die auf Grund der geringen Planungssicherheit zukünftiger Ergebnisse ein konstantes, durchschnittlich erzielbares Ergebnis (ewige Rente) angesetzt. Bei sehr hoher Planungsunsicherheit wird man dazu übergehen, verschiedene Zukunftserwartungen zu unterstellen und im Rahmen unterschiedlicher Szenarien deren Auswirkung auf die Ergebnisse aufzuzeigen. Diese Szenarien beschreiben Varianten der Unternehmensentwicklung mittels Annahmen über die wesentlichen Markt- und Unternehmensgegebenheiten.

Da die Substanz eines Unternehmens eine unabdingbare Voraussetzung für die Erzielung zukünftiger, dem Unternehmen nachhaltig entziehbarer Einzahlungs- bzw. Ertragsüberschüsse darstellt, ist im Rahmen einer langfristigen Betrachtung zu beachten, dass Einzahlungs- bzw. Ertragsüberschüsse nur insoweit ausgeschüttet werden dürfen, als eine Substanzgefährdung der Unternehmung nicht zu erwarten ist. Dies bedeutet u.a., dass bei der Prognose der Überschüsse gemäß den Reinvestitionen Abschreibungen angesetzt werden und keine Erlöse aus dem Verkauf betriebsnotwendigen Vermögens eingeplant werden.[19]

Die kapitalisierungsfähigen Ergebnisse sind mit dem Kapitalisierungszinssatz auf den Bewertungsstichtag abzuzinsen. Ökonomisch gesehen, steht der Zins für die Entscheidungsalternative eines rationalen Investors zwischen der Rendite einer Investition in eine korrespondierende alternative Geldanlage und der Investition in das Akquisitionsobjekt. Der Vergleich der beiden Handlungsalternativen kommt nur zu einem sinnvollen Ergebnis, wenn gewährleistet ist, dass die Alternativen (auch hinsichtlich ihrer Risiken) äquivalent sind.

Der Kapitalisierungszinssatz setzt sich aus den Komponenten Basiszins, Risikozuschlag und Wachstumsabschlag zusammen. Wenn nicht subjektive Gesichtspunkte (Standpunkt des Käufers oder Verkäufers) eine Rolle spielen, wird als Orientierungsgröße für den Basiszins die Rendite des öffentlichen Kapitalmarktes herangezogen. Der Risikozuschlag richtet sich nach der Risikostruktur des Bewertungsobjektes (Ertragsbandbreite, Kapitalstruktur, Qualität des Managements etc.) und der Branche.[20]

Im Rahmen der Ableitung der zukünftigen Ergebnisse und der Bezifferung des Risikozuschlags wird die Verbindung der Unternehmensbewertung zur Due Diligence sichtbar: Nur durch die gezielte und sorgfältige Analyse der Stärken und Schwächen bzw. der Chancen und Risiken des Transaktionsobjektes wird die Quantifizierung der Erfolgspotenziale und des damit einhergehenden Risikos möglich.

Die Auswirkungen persönlicher Ertragsteuern sind bei der Unternehmensbewertung zu berücksichtigen. Sowohl die Zukunftserfolge als auch der Kalkulationszinssatz sind um einen typisierten Einkommensteuersatz zu reduzieren. Sind die individuellen Steuerverhältnisse des Investors bekannt, so ist dieser typisierte Einkommensteuersatz durch die tatsächliche Steuerlast zu ersetzen. Die für künftige Perioden ermittelten Einzahlungs- bzw. Ertragsüberschüsse sind mit dem Kapitalisierungszinssatz auf den Bewertungsstichtag abzuzinsen.

Somit ergibt sich der Unternehmenswert aus dem Nutzen, den das Unternehmen in seiner Gesamtheit auf Grund seiner Innovationskraft, seiner Produkte und seiner Stellung am Markt, seiner internen Organisation sowie seines Managements für einen Investor in Zukunft erbringen kann.

Bei der Berechnung von Grenzpreisen sind nicht nur finanzielle Ziele, sondern auch subjektive Wertüberlegungen vom Verkäufer und potenziellen Käufer – z.B. auf Grund der Änderung des Unternehmenskonzeptes aus strategischen Interessen oder auf Grund zu erzielender Synergieeffekte bei der Einbeziehung des Unternehmens in ein bestehendes Unternehmen des Käufers – zu berücksichtigen.[21]

4. Due Diligence und Unternehmensbewertung im Akquisitionsprozess

Der Akquisitionsprozess als Prozess des Erwerbs von Unternehmen bzw. Unternehmensteilen erstreckt sich von der Planung der Transaktion (Planungsphase) über die Operationalisierung, in der die Einzelheiten der Akquisition verhandelt und festgelegt werden und die eigentliche Due Diligence stattfindet (Akquisitionsprozess i.e.S. bzw. Operationalisierung), bis hin zur Integration des Transaktionsobjektes und der sich anschließenden Akquisitionskontrolle (postakquisitorische Phase).[22] Diese letzte Phase bietet im weiteren Verlauf der Unternehmensentwicklung wertvolle Anhaltspunkte für die Planung zukünftiger Akquisitionsprozesse.

Im Folgenden werden die einzelnen Schritte dieses dreiteiligen Prozesses aus Sicht des investierenden Unternehmens dargestellt. Für den Veräußerer sind die Phasen analog anzupassen. Auf deren ausführliche Darstellung – mit Ausnahme der Erstellung eines Verkaufsprospektes – wird aus Gründen der Übersichtlichkeit verzichtet.

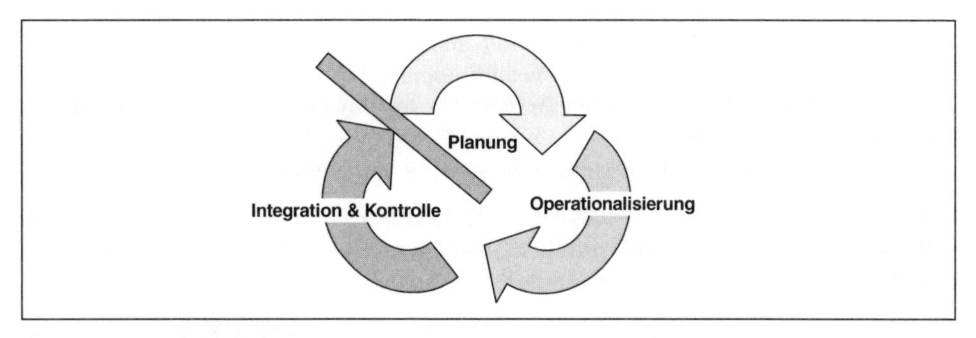

Abbildung 6: Transaktionszirkel

4.1 Planungsphase der Akquisition

4.1.1 SWOT-Analyse

Den Beginn des Akquisitionsprozesses bildet die so genannte „SWOT-Analyse“. Sie beinhaltet die separate Untersuchung der internen Stärken und Schwächen („*s*trengths and *w*eaknesses“) sowie der externen Risiken und Chancen („*o*pportunities and *t*hreats“) des Unternehmens.

Der Investor sollte diese Analyse in einem frühen Stadium der Akquisitionsplanung im eigenen Unternehmen durchführen. Denn nur wenn die eigenen Stärken und Schwächen bekannt sind, ist das investierende Unternehmen in der Lage, ein Akquisitionsobjekt zu finden, welches zum Profil des eigenen Unternehmens passt und welches eigene Schwächen kompensieren bzw. eigene Stärken ausbauen kann. Der strategische Fit ist Grundvoraussetzung für eine erfolgreiche Akquisition und für die erfolgreiche Weiterentwicklung des Zielobjektes bzw. des potenziellen Zukunftsunternehmens.

SWOT-Analyse

- Analyse der eigenen Stärken und Schwächen (interne Unternehmensanalyse)
- Analyse der Chancen und Risiken des Marktes (externe Umweltanalyse)
- Erstellung eines Ist-Profils
- Festlegung der Unternehmensstrategie im Rahmen der Make-or-Buy-Entscheidung

Abbildung 7: Die SWOT-Analyse

Die *interne Unternehmensanalyse* untersucht die direkt vom Unternehmen determinierten und beeinflussbaren Faktoren, beispielsweise die individuellen Erfolgsfaktoren, die Wettbewerbsposition und die Entwicklung der eigenen Marktanteile, die Kundenstruktur, das Humankapital einschließlich des Managementfaktors, die Innovationsfähigkeit und das technische Know-how sowie die finanzielle Situation, insbesondere die Liquidität des Unternehmens.

Die *externe Umweltanalyse* beschäftigt sich mit der Untersuchung genereller, nicht oder nur marginal vom Unternehmen beeinflussbarer Faktoren, z.B. die globale Wirtschaftsentwicklung, die allgemeinen Branchenbedingungen, die politische und soziokulturelle Situation sowie den technischen Fortschritt. Auch die Situation auf den Absatz- und Beschaffungsmärkten muss in die Analyse mit einbezogen werden.

Im Ergebnis liefert die SWOT-Analyse ein *Ist-Profil* des Unternehmens. Ihm ist ein Soll- oder *Zielprofil* gegenüberzustellen. Auf dieser Basis kann dann die Akquisitionsstrategie eindeutig formuliert werden.

Scheidet die Möglichkeit der Schließung der strategischen Lücke zwischen Ist- und Sollprofil aus eigener Kraft aus, da die unternehmensinternen Wachstumskapazitäten nicht ausreichen oder nicht im gewünschten Zeithorizont realisierbar sind (hier sind Zeit-, Kosten- und Risikoaspekte abzuwägen), wird sich das Management für die Buy-Variante der *klassischen Make-or-Buy-Entscheidungssituation* entschließen und eine Unternehmensakquisition etwa im Sinne von Franchise, Joint Ventures, Lizenzen oder Beteiligungserwerb planen.

4.1.2 Projektbeschreibung und Teamzusammensetzung

Die Entscheidung für externes Wachstum führt zur nächsten Stufe im Akquisitionsprozess: der Projektbeschreibung und internen Begründung für den Kauf von Unternehmen oder Unternehmensteilen.

Projektbeschreibung bzw. Begründung für den Kauf (internes Papier)

- Formulierung der Marktstrategie
- Beschreibung der Synergiepotenziale
- Möglichkeiten der Finanzierung

Teamzusammensetzung: Interne Mitarbeiter/externe Berater

Abbildung 8: Projektbeschreibung und Teamzusammensetzung

In diesem internen Memorandum wird die Marktstrategie begründet. In die Entscheidung gehen Überlegungen zur Realisierung möglicher Synergiepotenziale in entscheidendem Maße mit ein. Liquidität und Ertragssituation des eigenen Unternehmens und damit die Möglichkeiten der Finanzierbarkeit des Projektes stellen die Grundvoraussetzung für den Vollzug der geschäftlichen Transaktion dar.

Indessen wird sich das Management gegen eine Wachstumsstrategie bzw. für eine Schrumpfungsstrategie entscheiden, wenn der Verkauf von Unternehmen oder Unternehmensteilen profitabel oder die Fortführung derselben unprofitabel erscheint bzw. wenn im Zuge einer Geschäftsfeldbereinigung eine Konzentration auf Kernkompetenzen erfolgen soll.

Hat das Management entsprechende Schritte für eine Transaktion entschieden, so muss ein Team, aus internen Mitarbeitern und externen Beratern aufgestellt werden, das mit den verschiedenen Aufgaben der Transaktion betraut wird.

Der *Veräußerer* wird gegebenenfalls eine *Vendor Due Diligence* durchführen, um auf dieser Basis einen *Verkaufsprospekt* zu erstellen. Dieser gibt dem potenziellen Investor in reduzierter Form (für Vermarktungszwecke) Informationen und ermöglicht ihm so einen ersten begrenzten Einblick in das Unternehmen. Er enthält allgemein beschreibende sowie in Teilbereichen spezielle Informationen über das zum Verkauf stehende Unternehmen, über die eigene Marktposition und die der Wettbewerber sowie Details zum Produktprogramm. Wesentliche Daten zur Vermögens-, Finanz- und Ertragslage werden meist in stark verdichteter Form präsentiert. Einzelheiten zur Unternehmensführung, zu den Mitarbeitern und zur Organisationsstruktur werden aufbereitet. Wichtige Informationen liefern hier die Planungsrechnungen mit den kommentierten Ertragsaussichten.

Veräußerer	**Inhalt eines Verkaufsprospektes:** • Allgemeine Beschreibung des Geschäftsfeldes • Marktposition und Wettbewerber • Beschreibung des Produktprogramms • Zusammenfassung wesentlicher Daten zur Vermögens-, Finanz- und Ertragslage • Management, Personal und Organisation • Kommentierung der Planung/Ertragsaussichten • Broschüren (z.B. Unternehmens- und Produktpräsentationen etc.)

Abbildung 9: Verkaufsprospekt

4.2 Operationalisierung

4.2.1 Auswahl möglicher Unternehmen und Kontaktaufnahme

Hat der Investor etwa auf Grund eigener Recherchen oder ihm übermittelter Verkaufsprospekten möglicherweise in seine Unternehmensstrategie passende Unternehmen identifiziert, so ist eine Auswahl zu treffen, die es aus Zeit- und Kostenüberlegungen erlaubt, eine *Full-Scope-* oder *Limited-Scope-Due-Diligence-Untersuchung* durchzuführen.

Zur zielgerichteten Auswahl der Unternehmen, die einer Due Diligence unterzogen werden sollen, ist das Instrument der *Nutzwertanalyse* geeignet. Sie erlaubt die Einbeziehung von unabdingbaren und abdingbaren sowie von entscheidungsrelevanten quantitativen und qualitativen Kriterien, die im Einzelfall je nach Zielfunktion und Soll-Profil des Investors variieren (z.B. Branche, Unternehmensgröße, Anzahl der

Auswahl möglicher Zielunternehmen und Kontaktaufnahme
- Erstellung einer Präferenzliste von Investitionsobjekten
- Prozess der Controlled Auction
- Vorgespräche
- Abschluss einer Vertraulichkeits- bzw. Verschwiegenheitserklärung („confidential memorandum")

Abbildung 10: Auswahl möglicher Zielunternehmen

Mitarbeiter, Produktprogramm, technisches Know-how, finanzwirtschaftliche Kennzahlen). Jedes in Betracht kommende Unternehmen wird anhand der aufgestellten Kriterien untersucht und es werden je nach Erfüllungsgrad Punktzahlen zugeordnet. Das Unternehmen mit der höchsten Punktzahl kommt dem gesuchten Soll-Profil am nächsten und sollte einer eingehenden Untersuchung unterzogen werden.[23]

Die Kosten der Informationsbeschaffung sind mit dem Nutzen der Due Diligence abzuwägen. Ziel des Auswahlprozesses muss es sein, die Ressourcen des Investors zeitlich und finanziell zu begrenzen und nur die Unternehmen, die dem strategischen Ziel am nächsten kommen, einer Due Diligence zu unterziehen. Ist eine Auswahl getroffen, wird der Investor Kontakt mit den jeweiligen Unternehmen aufnehmen.

Soweit der Veräußerer den Unternehmensverkauf gezielt geplant und vorbereitet hat, wird meist mit Versendung eines Blind Profiles, d.h. einer anonymen Unternehmensbeschreibung, der Prozess der Controlled Auction eingeleitet. Ausgewählte Interessenten werden aufgefordert, innerhalb einer bestimmten Frist ein unverbindliches Kaufangebot abzugeben. Aus dieser ersten Long List von Interessenten wird nach der ersten Rückmeldung eine so genannte Short List erstellt. Zu diesen potenziellen Kandidaten wird der nähere Kontakt gesucht, d.h. nach Abgabe einer Vertraulichkeitserklärung wird ihnen ein Verkaufsprospekt übermittelt; gegebenenfalls werden sie hinsichtlich der Art und des Umfangs einer sich anschließenden Due Diligence beraten.[24] Stehen dem Investor solche Blind Profiles verkaufswilliger Unternehmen nicht zur Verfügung, wird er versuchen, durch gezielte Kontaktaufnahme die Verkaufsbereitschaft des Managements bzw. der Eigentümer zu ermitteln, erste Gespräche führen und ein zu diesem Zeitpunkt noch unverbindliches Kaufangebot abgeben.

4.2.2 Vorbereitung und Durchführung der Due Diligence im weiteren Sinne

Stimmen die Vorstellungen über den Kaufpreis beider Parteien in ihrer Tendenz grundsätzlich überein und soll die Transaktion schnell voran gebracht werden, kann dem Investor – soweit vorhanden – der Vendor Due Diligence Report übergeben werden. Wurde keine Vendor Due Diligence durchgeführt oder entscheiden sich beide Parteien für eine Acquiror Due Diligence, muss diese sorgfältig vorbereitet werden, wozu es einer administrativen Organisation und eines straffen Zeitmanagements bedarf.

Vorbereitung und Durchführung der Due Diligence
Unternehmensbewertung auf Grund externer und interner Unternehmensdaten zur Formulierung eines Kaufangebotes
Voraussetzung: Vorliegen des Letter of Intent und eines in diesem Stadium noch unverbindlichen Kaufpreisangebotes (vorgeschaltete Unternehmensbewertung auf Grund der bis dahin vorhandenen Daten)

Abbildung 11: Vorbereitungsstadium einer Due Diligence

4.2.2.1 Die Due Diligence im engeren Sinne

Die Vorbereitung der Acquiror Due Diligence beinhaltet idealerweise zunächst eine Managementpräsentation des Auftraggebers mit Schwerpunkt auf Märkten und Produkten. Der Veräußerer ist dann für die Einrichtung des Data Room verantwortlich, in dem er Finanzinformationen (Jahresabschlüsse, betriebswirtschaftliche Analysen, Budgets und Planungen), Informationen über die rechtlichen und steuerlichen Verhältnisse, Geschäftsfeld- und Managementinformationen etc. (je nach Vereinbarung über die Schwerpunkte der Due Diligence) bereitstellt.

Die eigentliche Due Diligence (Due Diligence i.e.S.) findet dann in der Regel nach der beiderseitigen Unterzeichnung einer Kauf- bzw. Verkaufsabsichtserklärung (so genannter Letter of Intent[25]), und vor Unterzeichnung des Kaufvertrages statt. Der Letter of Intent enthält zum einen eine Vertraulichkeitserklärung. Häufig ist der potenzielle Investor ein Wettbewerber derselben Branche, der sich mit dieser Erklärung zur Geheimhaltung – auch bei einem eventuellen Scheitern der Transaktion – verpflichtet. Zum anderen schreibt der Letter of Intent die wesentlichen Einzelheiten der Transaktion sowie die Eckdaten der Due Diligence (z.B. Zeitumfang, inhaltliche Schwerpunkte und Ziele, die Kontaktaufnahme zu bestimmten in den Prozess eingebundenen Mitarbeitern etc.) fest.

Konkretisiert sich das Interesse beider Parteien, wird in der Regel ein erster, zunächst restriktiver Zugang zu internen Informationen ermöglicht. Erst im weiteren Verlauf wird sich der Informationsumfang erhöhen; die Inhalte konkretisieren sich und je nach Geheimhaltungsgrad werden interne Kontaktpersonen benannt.

Zur Durchführung der Unternehmensbewertung im Rahmen der Due Diligence ist die *Financial Due Diligence* die wichtigste Basis der Wertfindung, da sie sich auf die Analyse der Vermögens-, Ertrags- und Finanzlage in der Vergangenheit, Gegenwart und Zukunft konzentriert sowie die Plausibilisierung der Planungsrechnung zum Inhalt hat:

Analyse der Vermögenslage

Die Analyse der Vermögenslage beinhaltet die kritische Überprüfung der Bilanzierungs- und Bewertungspolitik des Unternehmens sowie die Analyse der vergangenen, gegenwärtigen und zukünftigen (Plan-)Bilanzen. Im Zuge internationaler Transaktionen wird eine Anpassung an US-GAAP oder IAS erforderlich. Ferner analysiert und beschreibt sie kritisch die Berichterstattung bzw. die Management-Informationssysteme.

Die Veränderung der einzelnen Bilanzposten und einschlägigen Kennzahlen, die Klärung von Bilanzierungs- und Bewertungsfragen sowie der Vergleich mit Bilanzierungs- und Bewertungsgrundsätzen des Auftraggebers sind Hauptbestandteile der Analyse.

Analyse der Finanzlage

Die Analyse der Finanzlage erstreckt sich im Wesentlichen auf die Analyse des Cash und Treasury Management sowie des Working Capital. Der Bestand und die Veränderung des Working Capital haben in vielen Branchen einen starken Einfluss auf den Finanzierungsbedarf der Unternehmung. Es wird auf seine Entwicklung im Zeitablauf, im Vergleich mit anderen Unternehmen derselben Branche sowie im Hinblick auf die Saisoneinflüsse, die vereinbarten Zahlungsbedingungen und das Kreditorenziel untersucht. Entscheidend ist die Analyse des Bedarfs an Zahlungsmitteln für das operative Geschäft in der Vergangenheit, Gegenwart und Zukunft.

Der Cash-flow wird in der Regel indirekt aus der Bilanz ermittelt. Die Analyse erstreckt sich dabei auf den Cash-flow aus laufender Geschäftstätigkeit, aus der Investitionstätigkeit und aus der Finanzierungstätigkeit.

Die Untersuchung der Finanzlage gibt auf Grund der Untersuchung der Cash-flow-Statements außer über die Liquiditätssituation auch Aufschluss über die Qualität des Cash Management.

Analyse der Ertragslage

Die Analyse der Ertragslage bezieht sich auf die Untersuchung der vergangenen, gegenwärtigen und zukünftigen (Plan-) Gewinn- und Verlustrechnungen. Kerngrößen für das Verständnis der operativen Tätigkeit sind die Entwicklung der Umsätze, der Herstellungskosten, des Rohergebnisses, der Gemeinkosten, des aperiodischen Ergebnisses sowie der sonstigen betrieblichen Aufwendungen und Erträge. In einem ersten Schritt der Analyse sind ein Vorjahresvergleich sowie eine Analyse der Veränderung der einzelnen Positionen im Verhältnis zur Gesamtleistung sinnvoll, um erste wertvolle Aufschlüsse über Kosten- und Ertragsrelationen sowie -entwicklungen zu erhalten.

Die Analyse des Umsatzes bzw. der Gesamtleistung erfolgt nach den Umsatzkategorien hinsichtlich Produkten und Kunden (ABC-Analyse) sowie nach geographischen Märkten. Dabei werden die Preis- und Mengenentwicklungen je Produkt, der Zeitpunkt der Umsatzrealisation, der Auftragsbestand, die Erlösschmälerungen sowie die saisonale Verteilung der Umsätze anhand signifikanter Kennzahlen analysiert.

Die Aufwendungen (Wareneinsatz, Personalkosten, Gemeinkosten) und deren Entwicklung im Zeitablauf werden einzeln untersucht, wobei die Preisentwicklung der Rohstoffe, der Umfang und die Abhängigkeit des Warenbezugs von den wichtigsten Lieferanten sowie von den verbundenen Unternehmen zu berücksichtigen ist.

Das Rohergebnis wird im Hinblick auf die Entwicklung nach Produkten und Geschäftsbereichen und im Vergleich mit Roherträgen von Unternehmen derselben Branche untersucht. Der Einfluss des technischen Fortschritts und die Möglichkeiten der Rationalisierung sowie einmalige Erträge (Änderungen der Bewertungsmethoden, Wertberichtigungen auf Forderungen, unterlassene Wertberichtigungen, sonstige betriebliche Erträge) sind zu identifizieren.

Die allgemeinen Verwaltungskosten, u.a. die Gehaltsstruktur des Managements und der Mitarbeiter, Höhe, Struktur und Entwicklung von Konzernumlagen, die Verwaltungsaufwendungen sowie die Aufwendungen aus Leasingverpflichtungen, sind in ihre Komponenten aufzuspalten und separat zu analysieren.

Bei der Analyse aperiodischer und außerordentlicher Aufwendungen und Erträge sind die Auswirkungen von eventuellen Änderungen in der Bilanzierungs- und Bewertungsmethodik, die eventuellen Restrukturierungs- oder Schließungsaufwendungen und deren Wirkung auf andere Aufwands- und Ertragspositionen sowie die Aufwendungen/Auszahlungen für Abfindungen und Boni von Interesse.

Plausibilisierung der Planungsrechnungen

Die Plausibilisierung der Planungsrechnungen erfolgt zumeist auf Grundlage der aktuellen Zahlen für das hochgerechnete laufende Jahr sowie für die Planungsrechnungen der zukünftigen drei bis fünf Geschäftsjahre unter besonderer Berücksichtigung der Ergebnisse des laufenden Jahres, der Planungstreue sowie der zukünftigen Unternehmensstrategie und -konzeption. Die Analyse orientiert sich an den der Planung zugrundeliegenden Prämissen sowie an deren Begründung und Konsistenz.

Der Planungsprozess ist daraufhin zu untersuchen, ob er ein integrierter Bestandteil des Controllingprozesses ist. Von Interesse ist, welche Mitarbeiter an der Planung beteiligt sind. Ist die Planung vom Management genehmigt, und wenn ja, in welchem Zeitablauf? Läuft der Planungsprozess nach einem bestimmten festgelegten und nachvollziehbaren Schema ab? Welche Abweichungen gibt es zwischen der Prognose des laufenden Jahres und der Planungsrechnung und wie werden sie festgestellt? Welche methodischen Instrumente stehen hinter der Planung?

Zudem ist die Planungstreue des Unternehmens zu untersuchen: ob die Planungsrechnungen der Vergangenheit zuverlässig waren und welche Prämissen ihnen zu Grunde lagen. Wird generell eher optimistisch oder pessimistisch geplant? Kann die Gesellschaft positive wie negative Planabweichungen erklären? Die Konzentration wird dabei auf dem Soll-Ist-Vergleich des laufenden Geschäftsjahres liegen.

Für die Untersuchung der Ergebnisplanung sollten insbesondere die Risikoneigung der Planungsträger sowie die in der Planung implizite Berücksichtigung genereller und spezieller Risiken bekannt sein. So muss eingeschätzt werden können, wie auf Risiken u.a. aus Inflation, Wechselkursänderungen, Lohnerhöhungen oder Zinsänderungen reagiert wird. Ebenso können in der Planung Risiken aus verfrühten oder verspäteten Produkteinführungen verarbeitet worden sein. Da im Zuge der Due Diligence und der Unternehmensbewertung das Vorsichtsprinzip nicht zum Ansatz kommen darf[26], sind Risiken, aber auch Chancen gleichermaßen zu berücksichtigen, wobei nicht davon auszugehen ist, dass ein Investor risikoneutral ist.[27] Mit Hilfe von Sensitivitätsanalysen (Simulation eines „base", „best" und „worst case") kann der Einfluss der genannten Risiken auf das Restergebnis bei Eintritt der implizit berücksichtigten Risiken deutlich gemacht werden.[28]

Insbesondere für die Zwecke der Bewertung ist die Einschätzung der Potenziale – Marktpotenziale, Prozesspotenziale, Manager- und Mitarbeiterpotenziale – von besonderer Bedeutung. Der Investor ist einerseits an der aktuellen Situation des Unternehmens, andererseits und im Wesentlichen an den Potenzialen der Zukunft interessiert. Aus der Analyse der Vermögens-, Finanz- und Ertragslage sowie den sonstigen Informationen lassen sich Marktdaten aggregieren, um dann die Unternehmensentwicklung zu antizipieren und ein nachhaltig erziel- und entziehbares Ergebnis zu prognostizieren. Hier ist auch die Beurteilung der Synergieeffekte (z.B. Größendegressionsvorteile, Verbesserung der Pro-Kopf-Leistung, Senkung von Funktions- oder Prozesskosten oder Schnittstellenoptimierungen etc.) miteinzubeziehen.

Die Ergebnisse der Due Diligence werden in einem Due Diligence Report zusammengefasst, in dem alle für die Transaktion wesentlichen Sachverhalte detailliert und übersichtlich für den Auftraggeber aufbereitet werden.[29]

4.2.2.2 Eingliederung der Unternehmensbewertung in den Due-Diligence-Prozess

Das Hauptproblem der analytischen Unternehmensbewertung ist die Schaffung der richtigen Informationsbasis (bezogen auf die kapitalisierungsfähigen Ergebnisse, auf die Risikoeinschätzung, auf das Synergiepotenzial etc.), die Grundlage für eine fundierte Bewertung ist. Die Analyse der Vermögens-, Finanz- und Ertragslage sowie der Planungsrechnungen kann nur mit Hilfe interner Informationen zu aussagekräftigen Ergebnissen führen und baut hier auf den Ergebnissen der Due Diligence auf. Zu Beginn des Prozesses hat der Investor jedoch meist nur Zugang zu externen Informationen (z.B. Geschäftsberichte, Unternehmensbroschüren etc.). Bei Konkretisierung des Kauf- bzw. Verkaufinteresses und nach Unterzeichnung einer Vertraulichkeitserklärung werden dem Investor schließlich zunehmend interne Unternehmensdaten zugänglich gemacht. Hierunter fallen auch die vom Zielobjekt im Rahmen der Controlled Auction abgegebenen Informationen (z.B. Verkaufsprospekt). Im Laufe des Akquisitionsprozesses werden sich so die vom Verkäufer bereit zustellenden Informationen über das Akquisitionsobjekt konkretisieren und die Informationsbasis stärken. Je konkreter die Kaufabsicht des Investors wird, desto offener wird der Zugang zu internen Unternehmensdaten (z.B. interne Kostenrechnung, betriebswirtschaftliche Analysen etc.) werden, denn den Zugang zum Herzstück des Unternehmens wird der Investor erst erlangen, wenn ein erster Kaufpreis formuliert worden ist und grundsätzlich Einigkeit über das generelle Zustandekommen der Transaktion besteht. Erst dann wird eine fundierte Due Diligence im weiteren Sinne stattfinden können.

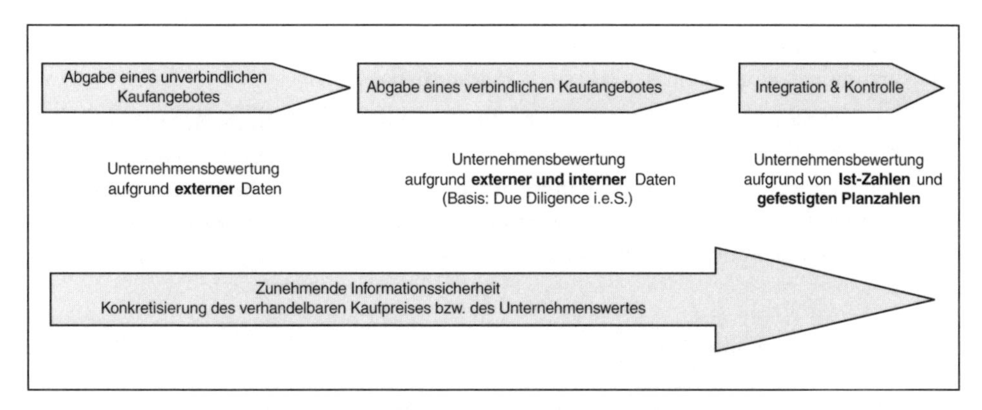

Abbildung 12: Unternehmensbewertung im Due-Diligence-Prozess

Berens, Schmitting und Strauch (1998) formulieren das folgende Dilemma im Rahmen der Due Diligence und der Unternehmensbewertung:

„Weitere Informationen, insbesondere eine völlige Offenlegung der Bücher sowie Planungsrechnungen, erhält ein Käufer in der Regel erst, wenn er bereits ein konkretes Kaufangebot abgegeben hat, in dem auch bereits der konkrete Kaufpreis oder aber zumindest sein Berechnungsschema genannt ist. Damit befindet sich der Käufer in einem Dilemma, weil er bereits zu einem Zeitpunkt seine Wertvorstellung definiert haben muss, in dem er noch nicht die vollständige Informationsbasis für eine umfassende Bewertung hat. Spätere Änderungen des Kaufpreises oder seines Berechnungsschemas auf Grund von Informationen aus der Due Diligence werden, auch wenn sie zuvor in der Vereinbarung zwischen Käufer und Verkäufer ausdrücklich ermöglicht wurden, immer zu Konflikten führen.“[30]

Strategische Gründe eines Investors für die Akquisitionsentscheidung sind dabei die Realisierung von Synergieeffekten, die Überwindung von Markteintrittsbarrieren bzw. die Markterschließung und -absicherung, die Ergänzung der Produktpalette, die Eliminierung eines Wettbewerbers aus dem Markt etc. Der gesuchte Unternehmenswert ist ein Entscheidungswert, der die strategischen Ziele des Investors berücksichtigt und der in den Verhandlungen die Bandbreite zwischen dem Stand Alone Value des Zielobjektes und der Differenz zwischen der Ertragsstärke des zukünftigen Gemeinschaftsunternehmens und der Ertragsstärke des Altunternehmens absteckt. In der Regel ist dieser Wert ungleich dem eigentlichen objektivierten Unternehmenswert. Ziel ist die Bereitstellung von Preisunter- und -obergrenzen für den Verhandlungsprozess.

Bei der Berechnung von Synergieeffekten ist die Due Diligence wichtiger Datenlieferant der Bewertung, denn die Analysen der Due Diligence konzentrieren sich auf das heutige Ertragspotenzial des Unternehmens, aber auch auf das zukünftig realisierbare Ertragspotenzial des (neuen Gemeinschafts-)Unternehmens auf Grund von echten und unechten Synergieeffekten. Unter echten Synergieeffekten sind solche Synergien zu verstehen, die durch die Kooperation zweier bestimmter Unternehmen auf Grund individueller Eigenschaften entstehen. Unechte Synergien lassen sich hingegen auf

Grund der Kooperation beliebiger Partner, z.B. auf Grund von Größeneffekten oder der Nutzung von steuerlichen Verlustvorträgen, realisieren.[31]

Das Entscheidungskalkül des Investors basiert auf dem Opportunitätskostenprinzip in doppelter Hinsicht: Das Bewertungsobjekt muss mit alternativen Anlagemöglichkeiten verglichen werden. Gleichzeitig müssen die prognostizierten, in der Due Diligence analysierten und im Rahmen der Bewertung berechneten Integrationskosten den Ertragsaussichten gegenübergestellt werden.

4.2.3 Vertragsverhandlungen und -abschluss

Sind die Verhandlungen nicht infolge durch die Due Diligence ermittelter unüberwindbarer Problemfelder, so genannter „deal breaker" gescheitert, wird auf Grundlage der Analyseergebnisse ein Einigungspreis, der zwischen den von Investor und Verkäufer ermittelten Grenzpreisen liegt, vereinbart werden. Soweit zwischen den Beteiligten verhandelt wird, kann sich aus unterschiedlichen subjektiven Unternehmenswerten ein Einigungspreis ergeben, der den Verkäufer zum Verkauf, den Käufer zum Erwerb des Unternehmens veranlasst.[32]

Der Einigungspreis wird i.d.R. oberhalb der Preisuntergrenze des Verkäufers und unterhalb der Preisobergrenze des Investors liegen, wobei der Wert von der Verhandlungsstärke und dem Geschick der am Verhandlungsprozess Beteiligten sowie vom Verhältnis von Angebot und Nachfrage abhängt.

Preis**unter**grenze des Verkäufers	<	Transaktionspreis	<	Preis**ober**grenze des Investors

Abbildung 13: Möglicher Transaktionspreis

Die Vertragsparteien können sich auf einen fixen, vertraglich festgelegten oder variablen Kaufpreis (z.B. als Kaufpreis mit erfolgsabhängigen Anpassungen) einigen.[33] Neben den Kaufpreisanpassungen kann ferner eine postakquisitorische Due Diligence (sofern keine präakquisitorische Due Diligence stattgefunden hat) vereinbart werden. Häufig fordert der Investor Bilanz-, Bestands-, Eigenkapital- oder Erfolgsgarantien. Die Nichterfüllung der vertraglich fixierten Garantien kann als Rechtsfolge eine Nachbesserung, eine Kaufpreisminderung, Schadensersatzansprüche an den Verkäufer oder aber (wenn auch nur in Ausnahmefällen) den Rücktritt vom Vertrag nach sich ziehen.

Resultat der erfolgreichen Verhandlungen ist der Vertragsabschluss, in dem die Details der Transaktion (alle rechtlichen Elemente der Transaktion, Zahlungsbedingungen, Art der Finanzierung, Übergabezeitpunkt oder -raum, Nebenbedingungen[34], Garantiezusagen etc.) niedergelegt werden.

Vertragsverhandlungen/Vertragserstellung

Voraussetzung für den Einstieg in konkrete Vertragsverhandlungen ist die Vorlage eines in diesem Stadium verbindlichen Kaufangebotes

Vertragsabschluss

„Signing and closing“

Abbildung 14: Vertragsverhandlungen und Vertragsabschluss

4.3 Postakquisitorischer Prozess

Nach Realisierung der Transaktion beginnen die Integration des erworbenen Unternehmens und die Operationalisierung der strategischen Ziele.

Integration und Akquisitionskontrolle

Nachverhandlungen inkl. eventueller Kaufpreisnachverhandlungen

Abbildung 15: Postakquisitorische Phase

In dieser Phase ist es für den Investor von Vorteil, wenn er das Know-how des Teams, das die Due Diligence durchgeführt hat, nutzen kann. Es kennt die Unternehmung in ihren Einzelheiten und ermöglicht somit eine schnellere Realisierung der Synergieeffekte und Umstrukturierungsmaßnahmen. Zu diesem Zweck bieten z.B. Wirtschaftsprüfungsgesellschaften, aber auch andere Institutionen Dienstleistungen, die über den eigentlichen Prozess der Due Diligence hinaus gehen an. Die Praxis gut vorbereiteter und organisierter Unternehmenstransaktionen zeigt, dass etwa in den ersten hundert Tagen nach der Akquisition ca. 80 % der zu erreichenden Synergieeffekte realisierbar sind.

An die Integration schließt sich zum Abschluss des Projektes die Akquisitionskontrolle: Sind die gesetzten strategischen und operativen Ziele mit dem konkreten Transaktionsobjekt erreicht worden? Wurde der gesamte Prozess hinreichend gut geplant und operationalisiert? Nur die entsprechende Prozesskontrolle kann den größtmöglichen Nutzen aus der bereits realisierten Transaktion, aber auch für zukünftige Transaktionen sichern und wertvolle Hilfestellung für weitere Akquisitionsplanungen geben.

5. Schlussbetrachtung

Der Erfolg von Unternehmensakquisitionen wird durch die sorgfältige Analyse und Bewertung des Transaktionsobjektes bestimmt. Der Investor kann nur dann zusätzlichen Wert schaffen und damit seine Akquisitionsstrategie erfolgreich verfolgen, wenn er das Transaktionsobjekt in seinen Einzelheiten mit den damit verbundenen Stärken und Schwächen sowie Chancen und Risiken kennt und dessen Wert für sich bestimmt hat. In diesem Prozess ist die Due Diligence ein unverzichtbares Instrument geworden. Die Praxis zeigt, dass die Ursache fehlgeschlagener Unternehmensakquisitionen häufig in der Fehlinterpretation der Produkt- und/oder Marktentwicklung sowie überhöhten Kaufpreisen liegt. Die kompetente Bewertung von Unternehmen setzt die kompetente Beurteilung seiner Erfolgspotenziale, d.h. die Fähigkeit zur Einschätzung von Produkten, Märkten und Strategien, voraus.[35]

Die Due Diligence ist somit Verhandlungs-, Argumentations- und Entscheidungsgrundlage für einen Anteilserwerb oder -verkauf. Die Informationen werden im Laufe des Prozesses auf Grund der qualitativen Verbesserung des Informationszugangs immer konkreter. Die integrierte Unternehmensbewertung liefert auf Basis der finanziellen Daten und der analysierten Synergien mit Hilfe eines Bewertungsmodells (in Abhängigkeit von der gewählten Bewertungsmethode) Unternehmenswerte, die als verhandelbare Grenzpreise – je nach Auftraggeber, Wertober- oder Wertuntergrenze – dienen.

Anmerkungen

1 Gutenberg, 1926, S. 610.
2 Wörtlich übersetzt bedeutet Due Diligence „angemessene Sorgfalt".
3 Einen Überblick über die in der Literatur zu findenden Definitionen und Begriffsbestimmungen der Due Diligence geben u.a. Berens/Strauch, 1998, S. 10ff.
4 In der Literatur wird die Due Diligence teilweise auch als Kaufprüfung bezeichnet. Vgl. Krüger/Kalbfleisch, 1999, S. 174. Weitere hier nicht näher erläuterte Einsatzmöglichkeiten der Due Diligence sind neben der Akquisition Management-Buy-Outs, Kreditvergabe oder -anpassungen, der Börsengang oder die Vorbereitung der Beschaffung sonstiger Finanzierungsformen.
5 Barthel, 1999, Unternehmenswert-Ermittlung vs. Due-Diligence-Untersuchung – Teil I, DStZ, S. 73.
6 Vgl. Krüger/Kalbfleisch, 1999, S. 174f.
7 Zu den verschiedenen Due Diligence Arten vgl. auch Krüger/Kalbfleisch, 1999, S. 174ff.
8 Vgl. Marten/Köhler, 1999, S. 337–348.
9 Vgl. Merkt, 1995, S. 1041–1049; Barthel differenziert den Nutzen der Due Diligence nach der Entscheidungs-, Haftungsvermeidungs-, Präventiv-, Exkulpations- und Rechtsstreitvermeidungsfunktion (vgl. 1999 S. 76f.).
10 „Price is what you pay. Value is what you get." (Barthel, 1999, S. 73f.)
11 Wöhe, 1994, S. 793.
12 Zu den Anlässen der Unternehmensbewertung vgl. u.a. Drukarczyk, 1998, S. 107ff.; Mandl, 1997, S. 12–27.
13 Für welche Bewertungsmethodik sich der Bewertende entscheidet wird maßgeblich durch den Bewertungsanlass und die Funktionen des Gutachters bestimmt.
14 Vgl. Sanfleber-Decher, 1992, S. 598–601.
15 Einen Überblick über die Methoden der Discounted-Cash-flow-Methoden geben u.a. Drukarczyk, 1998, S. 176ff.; Mandl/Rabel, 1997, S. 285ff.; Ballwieser, 1998, S. 81–92; Volkart, 1997, S. 105–124.
16 Vgl. WP-Handbuch, 1998, S. 2ff.; Drukarczyk, 1998, S. 176; Born, 1996, S. 1885–1889.
17 Die Stellungnahme 2/1983 wurde durch den neuen IDW Standard IDW S1 vom 28. Juni 2000 ersetzt.
18 Vgl. hierzu und im Folgenden WP-Handbuch Band II (1998) sowie IDW S1.
19 Im Rahmen von geplanten Umstrukturierungsmaßnahmen wird in der Regel von dieser Annahme abzusehen sein. Bestimmtes, bislang betriebsnotwendiges Vermögen wird unter dem Gesichtspunkt der Akquisition zu nicht betriebsnotwendigem Vermögen. Die Abschreibungsraten der

Reinvestitionen sind entsprechend anzupassen, und der Veräußerungserlös des nicht betriebsnotwendigen Vermögens ist dem Unternehmenswert hinzuzurechnen.

20 Zum Kapitalisierungszinssatz vgl. u.a. Siepe, 1998, S. 325–338; Günther, 1998, S. 1834–1842. Bei der Ermittlung von Grenzwerten werden hier relevante Alternativrenditen unterstellt, vgl. Mandl, 1997, S. 131–140.

21 Vgl. Mandl/Rabel, 1997, S. 8.

22 In der Literatur finden sich vielfältige Einteilungen des Akquisitionsprozesses. So differenzieren Berens, Mertes, Strauch, 1998, S. 49ff., ein vorvertragliches Stadium, die Vertragsunterzeichnung und den Übergangsstichtag sowie die Integration des akquirierten Unternehmens. Zur Due Diligence im Akquisitionsprozess vgl. auch Schindler, 1998, S. 30–33. Zum Management von Akquisitionen vgl. auch Müller-Stewens/Spicker, 1994.

23 Nähere Ausführungen zur Nutzwertanalyse vgl. Hahn, 1994, S. 59–62.

24 Vgl. Berens, Mertes, Strauch, 1998, S. 33ff.

25 Zum Letter of Intent vgl. Lutter, 1997.

26 Vgl. WP Handbuch Band II, 1998, S. 44ff.

27 Vgl. IDW S1, 2000.

28 Zur Darstellung der verschiedenen Risikoarten vgl. Hahn, 1987, S. 137–150.

29 Zum Berichtsaufbau vgl. Barthel, 1999, S. 140–143.

30 Berens, Schmitting, Strauch, 1998, S. 169.

31 Zu unechten und echten Synergieeffekten und deren Berücksichtigung im Rahmen der Unternehmensbewertung vgl. WP-Handbuch Band II, 1998, S. 38ff.

32 WP Handbuch Band II, 1998, S. 4.

33 Vgl. Mandl/Rabel, 1997, S. 8.

34 „In den Nebenbedingungen können dann Vorteile festgelegt werden, die es der anderen Vertragspartei erlauben, ohne Gesichtsverlust den einmal eingenommenen Standpunkt zu einem speziellen Thema (Kaufpreis) bei dem beabsichtigten Transaktionsprozess durchzuziehen.“ (Barthels, 1999, S. 74)

35 Vgl. Bretzke, 1988, S. 821ff.

Financial Due Diligence bei Unternehmenstransaktionen

Marius Nieland

1. Einführung in die nationale und internationale Financial Due Diligence

Die Anzahl und das Volumen von Unternehmenstransaktionen haben national und international in den letzten fünf Jahren zuvor nicht gekannte Ausmaße erreicht. Weltweit wurden 1998 etwa 24.000 Transaktionen mit einem Volumen von 1,9 Billionen Euro geschlossen. 1992 waren es dagegen nur 7.500 Transaktionen und 220 Milliarden Euro. Allein in Deutschland wird im Jahr 2000 der Markt für Unternehmensakquisitionen, also der Unternehmens- bzw. Anteilskauf, erstmals über eine halbe Billion Euro erreichen.[1] Natürlich gibt es auch eine Vielzahl nicht erfolgreich durchgeführter Unternehmenszusammenführungen, da häufig im Vorfeld des eigentlichen Mergers, d.h. der Unternehmensverschmelzung oder -fusion, die in der Postmerger-Phase anfallenden Probleme unterschätzt wurden. Grundlage einer erfolgreichen Tätigkeit im Bereich Mergers & Acquisitions ist die Durchführung einer Due Diligence durch fachlich hoch qualifizierte Experten, die die Chancen und Risiken realistisch einzuschätzen vermögen. Due Diligence ist auch in Deutschland zu einem festen Bestandteil und Begriff einer sorgfältigen Prüfung des zu übernehmenden Unternehmens und seines Umfeldes geworden.

Financial Due Diligence als Bestandteil des allgemeinen Review-Prozesses bei Unternehmenstransaktionen beschafft Informationen, die dem Auftraggeber als Grundlage für ein besseres Verständnis der finanziellen Situation und die Bewertung des Unternehmens dienen. Wesentlicher Bestandteil der Financial Due Diligence ist die detaillierte Darstellung der Vermögens-, Finanz- und Ertragslage in der Vergangenheit und vor allem in der Gegenwart und Zukunft. Das Arbeitsprogramm für die Durchführung eines Financial Due Diligence Reviews ist an die Besonderheiten des Unternehmens (Branche, Markt, Wettbewerb, Standort, Personal u.a.) anzupassen; vielfach nimmt es Checklisten zu Hilfe.

2. Mergers & Acquisitions als Investitionsentscheidung

2.1 Unternehmensbewertung im Transaktionsprozess

Im Rahmen von nationalen und internationalen Unternehmenstransaktionen wird vielfach eine Bewertung des Zielunternehmens durchgeführt. Teilweise versucht man, einen objektiven Wert festzustellen, der den Unternehmenswert frei von subjektiven Einflussgrößen fixieren soll. Der letztlich für das Unternehmen zu zahlende Preis soll sich dann nicht allzu weit von einem solchen Wert entfernen. Dieser Wunsch ist oft schwer zu realisieren, da beide Vertragspartner individuell und subjektiv geprägte Interessen bzw. Ansichten haben, die sie im Rahmen der Vertragsverhandlungen durch Argumente zu stützen versuchen. Grundlage erfolgreicher Überzeugungsarbeit im Rahmen des Verhandlungsprozesses sowie Grundlage richtiger Einschätzung der eigenen Verwendungsmöglichkeiten des zu erwerbenden Unternehmens oder Unternehmensteils kann die Analyse der finanziellen Unternehmensdaten (Financial Due Diligence) sein.

Der Erwerb eines Unternehmens oder Unternehmensteils ist aus betriebswirtschaftlicher Sicht letztlich nichts anderes als eine zielgerichtete Kapitalbindung, die der Erwirtschaftung zukünftiger Erträge dient (Investition).[2] Zur Bestimmung der Vorteilhaftigkeit einer Unternehmenstransaktion bedarf es wie bei jeder anderen größeren Investition einer vergleichenden Investitionsrechnung. Je nach Investitionsobjekt sowie dem betrachteten Zeitraum kann diese Investitionsvergleichsrechnung sehr umfangreich sein. Sie ist allerdings als Quantifizierungsmittel ein Beitrag zur Objektivierung unternehmerischer Entscheidungen. Je nach speziellem Investitionsvorhaben kann die Investitionsrechnung eine in der Praxis sehr wirtschaftliche Vorgehensweise sein.[3]

2.2 Substanzwert, Liquidationswert, Ertragswert und Unternehmenswertfindung

Der Substanzwert spiegelt den Marktwert oder Wiederbeschaffungszeitwert der Summe der einzelnen Vermögensgegenstände und Schulden wider. Er berücksichtigt damit stille Reserven und Lasten. Der Wert ergibt sich aus dem Veräußerungserlös der Vermögensgegenstände abzüglich der vorhandenen Schulden. Die Bewertung erfolgt statisch und zeitpunktbezogen. Der Substanzwert hat jedoch in der Unternehmensbewertung keine unmittelbare Bedeutung mehr. Er wirkt sich noch in Einzelfällen aus, wenn festgestellt wird, dass er höher ist als der Ertragswert; er wirkt sich ferner aus, wenn der Verkäufer im Rahmen der Verhandlungen den Substanzwert verlangt und dieser niedriger ist als der vom Käufer errechnete Ertragswert; dann wird der Käufer auch nur den vom Verkäufer verlangten Substanzwert bezahlen. Außerdem spielt der Substanzwert bei der Vergabe von Unternehmenskrediten eine Rolle.

Der Liquidationswert hat für die Wertfindung nur insofern Bedeutung, als er den Unternehmenswert nach unten begrenzt. So kann bei ungünstiger Zukunftsprognose der Ertragswert sehr niedrig sein. Würde die Liquidation des Unternehmens im Ganzen einen höheren Barwert bringen, so ist dieser Wert als Unternehmenswert anzusetzen. Beim Liquidationswert sind auch die Kosten der Unternehmensstilllegung einschließlich etwaiger Sozialkosten einzubeziehen.

Bedeutsam im Rahmen von Unternehmensbewertungen und insbesondere beim Unternehmenskauf ist regelmäßig der Ertragswert. Er ergibt sich für den Unternehmenserwerber durch Abzinsung der zukünftigen finanziellen Überschüsse. Folgende Parameter sind dabei von wesentlicher Bedeutung für diese dynamische Wertfindung:

- die Höhe der zukünftigen Gewinne,
- die Zahl der in die Betrachtung einzubeziehenden zukünftigen Zeiträume,
- die Vergangenheitswerte als Basis zukünftiger Werte,

- der Kapitalisierungszinsfuss, der zur Diskontierung verwendet wird und der auf der zu erwartenden Mindestrendite sowie dem zu erwartenden Risiko basiert.

Im Rahmen der ertragswertorientierten Verfahren ist nicht allein die Rechentechnik bei der Unternehmenswertfindung bedeutsam, sondern auch die Fähigkeit des Käufers, die Ertragslage des zu erwerbenden Unternehmens richtig zu beurteilen.

Ausgangsbasis sind die Erfolgsrechnungen der zurückliegenden Jahre, die um außergewöhnliche Faktoren zu korrigieren sind. Dazu zählen einmalige Aufwendungen und Erträge (z.B. Veräußerungsgewinne, einmalige Rückstellungen) oder Korrekturen wegen der Inanspruchnahme von Bilanzierungs- und Bewertungswahlrechten (z.B. Bewertungsfreiheit geringwertiger Wirtschaftsgüter, Kosten der Ingangsetzung des Geschäftsbetriebes, Geschäfts- oder Firmenwert). Um den Ertragswert des operativen Geschäftes zu ermitteln, sind die Aufwendungen und Erträge für das nicht betriebsnotwendige Vermögen eigenständig zu erfassen. Auf der Basis der bereinigten Vergangenheitswerte können die Ergebnisse der folgenden Jahre konkreter geplant werden, wobei zudem einzelne zukunftserfolgsbestimmende Faktoren aus zuverlässigen Absatz- und Kostenprognosen sowie Investitions- und Finanzplanungen berücksichtigt werden können.

2.3 Kapitalwertmethode als Entscheidungsgrundlage

Die dynamische Investitionsrechnung geht von Einzahlungs- und Auszahlungsströmen aus und betrachtet diese bis zum Ende der wirtschaftlichen Nutzungsdauer des Investitionsobjektes oder bis zu einem bestimmten Planungshorizont.[4] Eine solche „Totalbetrachtung" einer Investition kann mit Hilfe der Kapitalwertmethode durchgeführt werden.[5]

Die allgemeine Kapitalwertformel lautet:

$$C_o = -I_o + \sum_{t=o}^{n} (E_t - A_t)(1+i)^{-t}$$

mit C_o = Kapitalwert zum Zeitpunkt 0;
I_o = Investitionsausgabe zum Zeitpunkt 0 (ursprünglicher Kapitaleinsatz);
E_t = Einnahmen in der Periode t;
A_t = Ausgaben in der Periode t;
i = Kalkulationszinsfuss;
t = Periodenindex (wobei t = 0,1,2,...n);
n = Nutzungsdauer der Investition.

Die Gleichung zeigt, dass der Kapitalwert umso kleiner (größer) wird, je größer (kleiner) der Kalkulationszinsfuss ist. Der Kapitalwert einer Investition (C_o) ergibt sich aus den auf einen bestimmten Zeitpunkt abgezinsten Rückflüssen E_t–A_t, so genannter Barwert der Rückflüsse, vermindert um die Anschaffungsausgaben (I_o). Sofern der

Kapitalwert größer als null ist, verzinst sich das in der Investition gebundene Kapital in einer Höhe, die auf Grund alternativer Anlagemöglichkeiten als ausreichend angesehen wird. Die alternative Verzinsung drückt sich im Kalkulationszinsfuss i aus. Je höher der errechnete Kapitalwert ist, desto vorteilhafter ist die Investition.

2.4 Beispiel: Unternehmensakquisition in Frankreich als Investitionsentscheidung auf Basis der Kapitalwertmethode

Der Investor A aus Düsseldorf beabsichtigt den Erwerb eines Unternehmens in Paris für eine Mio. Euro. Zunächst ermittelt A den Zukunftserfolg des Unternehmens. Er analysiert die Ertragslage auf Basis der Erfolgsrechnungen bis zum Bewertungszeitpunkt. Dazu hat er die Erfolgsrechnungen der zurückliegenden drei bis fünf Jahre um außergewöhnliche und einmalige Aufwendungen und Erträge bereinigt, insbesondere um Veräußerungsgewinne, einmalige Rückstellungen und außerordentliche Abschreibungen sowie Korrekturen wegen in Anspruch genommener Bilanzierungs- und Bewertungswahlrechte. Auf Basis der korrigierten Vergangenheitsergebnisse und unter Berücksichtigung der erfolgsbestimmenden Faktoren aus der Absatz- und Kostenprognose sowie dem Investitions- und Finanzbedarf stellt der Investor A eine konkrete Planung für die folgenden Jahre auf. Nach Einschätzung von A wird das Unternehmen in den folgenden vier Jahren folgende Einnahmenüberschüsse erzielen: 400.000 Euro (Jahr 1), 350.000 Euro (Jahr 2), 350.000 Euro (Jahr 3), 200.000 Euro (Jahr 4). Bei festverzinslicher sicherer Alternativanlage des Kapitaleinsatzes könnte A in dieser Zeit eine Verzinsung von 5 % pro Jahr erzielen. A möchte wissen, ob es vorteilhaft ist, das Unternehmen zu erwerben.

Jahre	Rückflüsse $E_t – A_t$ (hier: Einnahmen-überschüsse)	Abzinsungsfaktor $(1+i)^{-t}$ Bei i = 5 %	Barwerte der Rückflüsse
1	400.000 Euro	$1{,}05^{-1} = 0{,}9524$	380.960 Euro
2	350.000 Euro	$1{,}05^{-2} = 0{,}9070$	317.450 Euro
3	350.000 Euro	$1{,}05^{-3} = 0{,}8638$	302.330 Euro
4	200.000 Euro	$1{,}05^{-4} = 0{,}8227$	164.540 Euro
Summe der Barwerte aus den Rückflüssen			1.165.280 Euro
Kaufpreis für den Unternehmenserwerb			1.000.000 Euro
Kapitalwert der Investition			165.280 Euro

Abbildung 1: Berechnungsbeispiel

Die Investition ist vorteilhaft. Der positive Kapitalwert des Unternehmenskaufes von 165.280 Euro zeigt, dass das Unternehmen über die geforderte Mindestverzinsung von 5 % hinaus und unter Berücksichtigung der zeitlichen Verteilung der Einnahmenüberschüsse insgesamt einen Überschuss erzielt. Die Rückflüsse reichen zur Wiedergewinnung des eingesetzten Kapitals und zur Erwirtschaftung der Mindestverzinsung aus. Wäre unter Berücksichtigung eines Risikozuschlags ein höherer Kalkulationszins gewählt worden, dann wäre der Kapitalwert geringer gewesen. Die Höhe des Risikozuschlages hängt von dem Risikoumfeld des Zielunternehmens ab. So dürfte beispielsweise bei einem relativ jungen Unternehmen ein höheres Unternehmensrisiko anzusetzen sein als bei einem seit Jahrzehnten erfolgreich tätigen Unternehmen.

2.5 Unterschiedliche Verfahren der Unternehmenswert- und Kaufpreisfindung

Die verschiedenen Methoden zur Ermittlung von Unternehmenswerten können und sollen hier nicht im Einzelnen vollständig vorgestellt werden. In Abbildung 2 folgt lediglich noch ein Überblick über die Abwandlungen der grundsätzlichen Methoden der Unternehmensbewertung:

Ertragswertverfahren	**Substanzwertverfahren**	**Kombinationsverfahren**
• Barwertverfahren • Discounted-Cash-flow-Verfahren	• Teilreproduktionswert • Vollreproduktionswert • Liquidationswert	• Mittelwertmethode • Schweizer Verfahren • Stuttgarter Verfahren (Übergewinnabgeltung)

Abbildung 2: Unternehmenswert- und Preisfindung

Die Kombinationsverfahren ermitteln zunächst den Ertragswert und den Substanzwert getrennt. Anschließend werden beide Werte entsprechend ihrer Bedeutung zu einem Unternehmenswert zusammengefasst.

In der Praxis der Kaufpreisfindung spielt das zugrundeliegende Unternehmensbewertungsverfahren nicht die entscheidende Rolle, denn selbst bei Anwendung desselben Bewertungsverfahrens führen die in der Regel unterschiedlichen Zukunftsprognosen und Risikoeinschätzungen von Verkäufer und Käufer zu differenzierenden Unternehmenswerten. Verantwortlich dafür sind nicht nur voneinander abweichende Informationsstände, sondern auch unterschiedliche Gewichtungen erfolgsbestimmender Faktoren. Das Verfahren der Financial Due Diligence liefert dem Auftraggeber regelmäßig Entscheidungs- und Argumentationswerte für die Unternehmensbewertung vor der Kaufpreisfestsetzung. Mit diesem Daten- und Informationsmaterial versucht er, den Verhandlungspartner qualifiziert im Rahmen des möglicherweise vorhandenen Einigungsspielraums von seiner persönlichen Unternehmenswertschätzung zu überzeugen. Zeichnet sich keine Einigung ab, insbesondere wenn die Risiken der Unternehmenstransaktion zu groß sind (wenn z.B. so genannte „deal breaker" während des Review-Prozesses gefunden werden), wird im Ergebnis auch von der zunächst beabsichtigten Transaktion abgesehen.

3. Financial Due Diligence Review

3.1 Durchführung einer zielorientierten Financial Due Diligence

3.1.1 Ziele einer Financial Due Diligence

Die Financial Due Diligence hat grundsätzlich das Ziel, den Informationsstand zu verbessern und die Qualität von Entscheidungen zu erhöhen.[6] Der Erwerber erhält Daten, die sowohl der Preisfindung und der Vertragsgestaltung dienen als auch die spätere Integration des zu akquirierenden Unternehmens erleichtern. Dabei sollen die spezifischen Erfolgspotenziale, Stärken und Schwächen des Akquisitionsobjektes sowie Chancen und Risiken des Geschäftes heraus gefiltert werden.[7] Der Due-Diligence-Prozess will nicht nur Plausibilität der vom Verkäufer vorgelegten Unterlagen prüfen, systematisch Daten und Informationen über das zum Verkauf stehende Unternehmen sammeln und erfassen[8], Unternehmenskäufer suchen in der Praxis häufig lediglich Argumente für eine aus dem Transaktionsprozess resultierende Wertvernichtung, um das zu erwerbende Unternehmen zu einem reduzierten Kaufpreis zu erlangen.

Bei der Analyse und Aufbereitung des Informationsmaterials steht regelmäßig im Vordergrund, dass der Käufer Ertragskraft zu erwerben beabsichtigt.[9] Problematisch ist demnach in erster Linie die zukünftige Beurteilung und Bewertung der zur Verfügung gestellten Plandaten; dazu müssen verborgene Risiken und Belastungen beim zu akquirierenden Unternehmen (etwa Altlasten, einen zu erwartenden oder laufenden Rechtsstreit oder eine mit Risiken behaftete strategische Marktposition[10]) frühzeitig erkannt werden.[11]

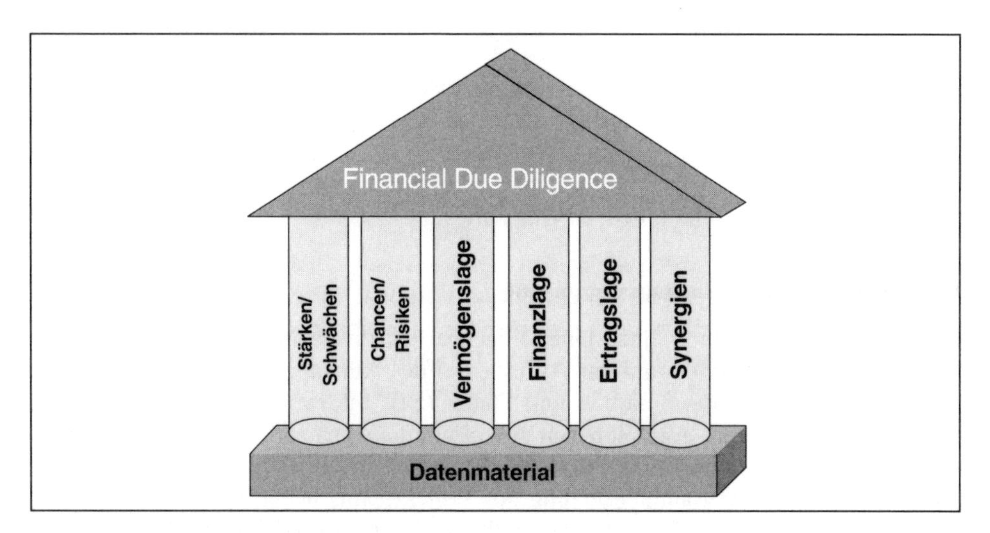

Abbildung 3: Financial Due Diligence

Zusammengefasst intendiert eine Financial Due Diligence:

- Analyse der Stärken und Schwächen sowie Chancen und Risiken,
- Analyse der Vermögens-, Finanz- und Ertragslage in der Vergangenheit, Gegenwart und Zukunft,
- Ermittlung von durch die angestrebte Transaktion möglichen Erfolgspotenzialen und Synergieeffekten.

3.1.2 Ablauf eines Financial Due Diligence Review

Die Durchführung des Financial Due Diligence Reviews kann auf folgende fünf Phasen eingegrenzt werden:

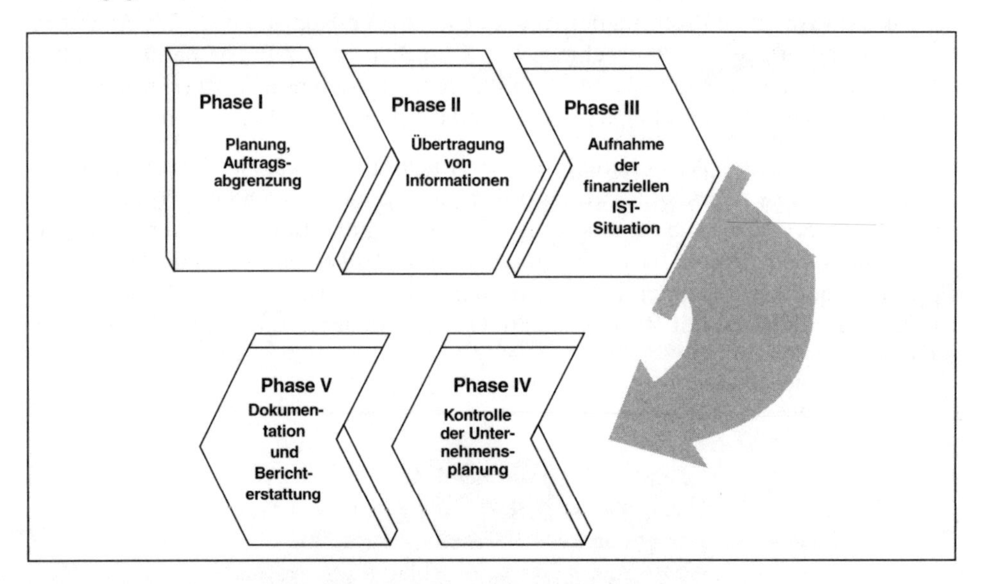

Abbildung 4: Phasen eines Financial Due Diligence Reviews

Phase 1: Planung und Auftragsabgrenzung

Bereits vor der Annahme eines Due-Diligence-Auftrages sind erste Informationen über das Zielunternehmen und das Auftragsziel des Auftraggebers zu sammeln. Allgemein zugängliche Informationen und Daten (z.B. Internetinformationen, Schrifttum, Werbebroschüren, Analysen von Investmentbanken) sollten zusammengestellt werden; sie können sowohl die Auswahl der branchenspezifischen Prüfungsschwerpunkte als auch die Zusammensetzung des Projektteams beeinflussen.[12] Ziel dieser Phase ist es, ein erstes Bild vom Unternehmen und der erforderlichen Sachkompetenz des Auftragnehmers zu erlangen. Von Interesse sind dabei Zeitvorstellungen und Motiv des Auftraggebers, der Stand der Kaufverhandlungen und die Partner, die auf Käufer- und Verkäuferseite bei der Transaktion zusammenwirken.

Mit der Auftragsannahme müssen die durchzuführenden Arbeiten eindeutig abgegrenzt werden; ferner ist der Leistungsumfang festzulegen. Um spätere Unklarheiten zu vermeiden, kann es zweckmäßig sein, den Auftragsinhalt negativ abzugrenzen. In der mit dem Mandanten getroffenen Vereinbarung sollten neben dem Gegenstand der Tätigkeit sowohl die Honorierung als auch die Haftungsfreistellung bzw. -begrenzung festgelegt werden.[13]

Phase 2: Übertragung von Informationen

Ziel der zweiten Phase ist es, den an der Prüfung beteiligten Mitarbeitern Basis- und Detailinformationen über die beabsichtigte Transaktion zu vermitteln. Dazu gehören die Beschreibung der Transaktion, die Aufgabenverteilung und die Festlegung der involvierten Personen, Teams und Institutionen. Ferner sind Detailinformationen über die mit dem Auftraggeber getroffenen Vereinbarungen (etwa über einen Data Room oder/und eine Management-Präsentation oder/und Auftaktgespräche beim Zielunternehmen sowie der Untersuchungstiefe und Wesentlichkeit) weiterzugeben. Es sollten ferner die anzufordernden und von Anfang an bereitzustellenden Unterlagen sowie der Rahmenzeitplan festgelegt werden. Das Team sollte auch wissen, welche Kommunikationswege vereinbart sind und welche Form der Berichterstattung (Berichtsstruktur, -inhalte, -format) vorgesehen ist. Im Einzelfall ist abzuwägen, ob diese Informationen nicht nur mündlich sondern auch in Form schriftlicher Instruktionen an die Teammitarbeiter weitergegeben werden.

Phase 3: Aufnahme der finanziellen Ist-Situation

Diese Phase der Analyse der finanziellen Verhältnisse unterzieht die Jahresabschlüsse und die interne Berichterstattung der vergangenen Geschäftsjahre einer sorgfältigen Untersuchung. Es werden regelmäßig sowohl die Bilanzen als auch die Gewinn- und Verlustrechnungen sowie der Cash-flow der letzten zwei bis drei Geschäftsjahre analysiert, wobei die Schwächen und Stärken des Unternehmens, die Risiken und Chancen des Geschäfts und die kritischen Erfolgsfaktoren herauszuarbeiten sind. In diese Phase fallen auch die Darstellung des Unternehmensgeschäfts, eine Branchenanalyse, die Untersuchung der rechtlichen, technischen, ökonomischen und steuerlichen Rahmenbedingungen sowie eine Analyse der Geschäftsführung und des Personals.

Phase 4: Kontrolle der Unternehmensplanung

Die kritische Betrachtung der vom zu übernehmenden Unternehmen erstellten zukünftigen Plan-Bilanzen und Plan-Gewinn- und Verlustrechnungen ist ebenfalls Bestandteil dieser Phase. Anhand der Planungsunterlagen werden die Unternehmenskonzeption und das Planungsverhalten deutlich. Von Interesse ist hier zudem, ob die in der Vergangenheit gezeigte Planungstreue gegeben war; es könnten sich daraus Erkenntnisse über die Wahrscheinlichkeit des Eintritts der zu erwartenden Tatbestände ergeben.[14]

Phase 5: Dokumentation und Berichterstattung

Die Planung und Durchführung der Financial Due Diligence sowie die festgestellten Ergebnisse sind im Hinblick auf die Beweisentlastungsfunktion bei möglichen Haftungsansprüchen und die Nachweisfunktion für die Berichterstattung angemessen in den Arbeitspapieren zu dokumentieren. Jeder Kaufmann – auch der, der eine Due Diligence durchführt – hat schließlich die Pflicht seine Handelsbücher, Aufzeichnungen, Geschäftsbriefe und anderen relevanten Unterlagen aufzubewahren (vgl. § 257 HGB und § 147 AO). Einzelne Due-Diligence-Handlungen sollten nach Art, Umfang und Ergebnis festgehalten werden.[15] Im Einzelnen sind Checklisten, Arbeitsanweisungen, Fragebögen, (Gesprächs-)Notizen sowie Kopien von Unterlagen und Aufstellungen des Unternehmens aufzuheben. Die Arbeitspapiere stellen die erste Stufe der Dokumentationshierarchie dar und bilden die Grundlage für die Erstellung der nachfolgenden Berichte.[16] Der Due Diligence Report bildet den Abschluss in der Dokumentationshierarchie. Er stellt gut lesbar und präzise alle Basisdaten, Ermittlungen und Empfehlungen der Mitglieder des Teams und die Vorgehensweise bei der gesamten Untersuchung zusammen;[17] dabei sollten die wesentlichen Feststellungen am Anfang des Berichts zusammengefasst werden (Executive Summary).[18]

3.1.3 Vergangenheits-, Gegenwarts- und Zukunftsanalyse

Zwar ist die zukünftige Ertragskraft des zu erwerbenden Unternehmens für den Käufer regelmäßig das Hauptmotiv für den Erwerb,[19] aber damit werden Vergangenheitswerte nicht unbedeutsam. Um die zukünftige Ertragskraft bzw. die in die Zukunft projektierte Entwicklung mit angemessener Sorgfalt nachvollziehen zu können, beinhaltet eine Financial Due Diligence die Analyse der vergangenen – in der Regel der letzten drei – Jahresabschlüsse eines Unternehmens. Ein längerer Zeitraum von fünf oder zehn Jahren kann im Ausnahmefall angebracht sein, wenn das Geschäft des Unternehmens z.B. starken konjunkturellen Schwankungen unterliegt oder der Markt nur zeitweilig besondere Veränderungen erlebt hat, die sich in der Zukunft wieder ausgleichen werden.

Hinsichtlich der Auswertung der finanzwirtschaftlichen Unterlagen bleibt festzuhalten, dass die Financial Due Diligence weder eine Jahresabschlussprüfung noch eine reine Unternehmensbewertung ist; sie ist stärker betriebswirtschaftlich ausgerichtet („understanding the business") und geht verstärkt auf die Anforderungen des potenziellen Investors und die Besonderheiten des zu übernehmenden Unternehmens ein.[20]

Die Unterschiede zwischen der Financial Due Diligence und der Jahresabschlussprüfung verdeutlicht die nachfolgende Übersicht:

Kriterium	**Jahresabschlussprüfung**	**Financial Due Diligence**
Scope (Untersuchungs-umfang)	Gesetzlich und durch den Berufsstand festgelegt, kein Einfluss des Mandanten.	Festgelegt zusammen mit dem Mandanten.
Opinion	Bestätigungsvermerk zu einem bestimmten Jahresabschluss.	Kein Bestätigungsvermerk. Kein direkter Bezug zu einem Jahresabschluss.
Arbeits-handlungen	Einzel- bzw. Nachweisprüfungshandlungen, Systemprüfungen.	In Abstimmung mit den Erfordernissen des Mandanten, z.B. Risiko-, Bereichs- und Kennzahlenanalysen.
Berichterstattung	Festgelegter gesetzlicher Rahmen.	Im Einzelfall den Erfordernissen des Mandanten anzupassen, keine gesetzliche Festlegung.
Erwartungen des Mandanten	Passive Haltung. Mandant sieht Prüfung in der Regel als gesetzliche Notwendigkeit. Je weniger Prüfung, desto angenehmer für den Mandanten.	Aktive Haltung. Je mehr Aktivitäten und Ergebnisse, desto höher kann die Honorierung durch den Mandanten sein; ggf. Ausdehnung und Erweiterung der Financial Due Diligence.
Orientierung	Angemessene Darstellung der Vermögens-, Finanz- und Ertragslage. Vergangenheitsbetrachtung, aber unter Berücksichtigung des Going Concern.	Vermögens-, Finanz- und Ertragslage unter Berücksichtigung von (operativen und strategischen) Geschäftsfaktoren und dem zukünftigen Erfolgspotenzial. Im Wesentlichen Zukunftsbetrachtung, aber unter Ableitung und Fortschreibung von bereinigten Vergangenheits- und Gegenwartswerten.

Abbildung 5: Financial Due Diligence im Gegensatz zur Jahresabschlussprüfung

3.2 Analyse der Stärken, Schwächen, Chancen und Risiken

3.2.1 5-S-Modell der Unternehmensanalyse

Das nachfolgend vorgestellte Konzept stellt die fünf Faktoren eines zielorientierten Financial Due Diligence Reviews in den Vordergrund der Betrachtung:

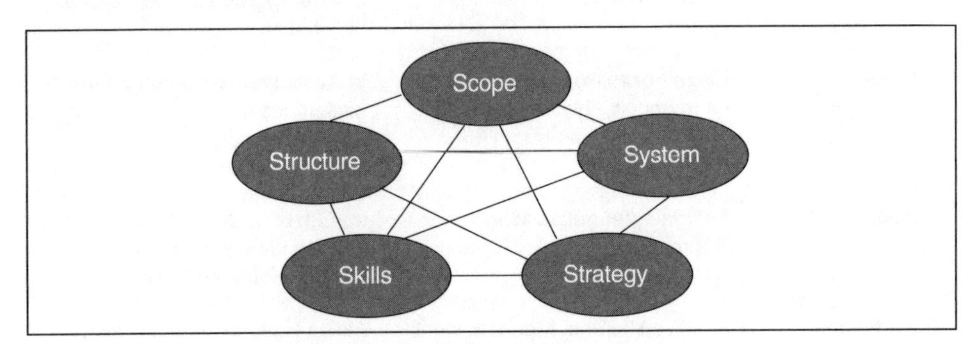

Abbildung 6: 5-S-Modell: Erfolgsfaktoren eines Financial Due Diligence Review

Der Faktor „strategy“ steht für die langfristige wirtschaftliche Aktionsplanung (Strategie) eines Unternehmens, „structure“ für Organisationsstruktur und „system“ für die Ablaufprozesse und -programme im Zielunternehmen. „scope“ bedeutet im Wesentlichen das Festlegen des Untersuchungsumfanges sowie das Anfordern spezifischer (Finanz-)Daten, die in erster Linie vom Zielunternehmen bereitgestellt und von den Mitarbeitern des Due Diligence Teams aufbereitet und ausgewertet werden. Das 5-S-Konzept nutzt die Mitarbeiterfertigkeiten und -fähigkeiten („skills“) bei der Zusammensetzung eines Due Diligence Teams, um insbesondere zukünftige Unternehmensentwicklungen branchenspezifisch abschätzen zu können. Skills im Sinne von Coaching Skills sind vor allem wichtig, wenn der Mandant und der Berater gemeinsame Teams bilden und die Team-Steuerung dem Berater obliegt, während der Mandant die branchenspezifischen Fachkräfte stellt.

Dieses 5-S-Molekül soll deutlich machen, dass die Faktoren voneinander abhängig sind und nur eine gemeinsame Abstimmung aller Faktoren zu einer erfolgreichen Financial Due Diligence führen kann. Wenn also z.B. beim zu übernehmenden Unternehmen lediglich eine Untersuchung der Aufbauorganisation unter Verzicht einer Analyse der Abläufe stattgefunden hat, kann letztlich keine erfolgreiche Due Diligence durchgeführt worden sein. Gleiches gilt, wenn beispielsweise eine Financial Due Diligence stattgefunden hat ohne dass zuvor ein Scope mit dem Mandanten vereinbart worden ist. Die Arbeiten muss nicht allein der Due Diligence Berater durchführen, auch branchenerfahrene Mitarbeiter des Mandanten können beteiligt sein. Die Verantwortung für die Umsetzung der Faktoren des 5-S-Modells obliegt dem so genannten Gesamtprojektteam, das ständig die Aufgaben der gesamten Teammitglieder überwacht und koordiniert; bei kleineren Aufträgen ist statt eines Gesamtprojektteams der Team-Manager verantwortlich.

Damit die Anwendung der fünf Faktoren auch tatsächlich zu den gewünschten Ergebnissen führt, soll das Due Diligence Team kooperativ geführt werden und durch gute Mitarbeiterbeziehungen geprägt sein.[21] Über alle Hierarchieebenen hinweg sollten Probleme offen gelegt und diskutiert werden. Die Entscheidungsfindung sollte sowohl zentral als auch dezentral geregelt sein. Diese Organisationskultur bzw. Grundhaltung wird zusätzlich konkret durch visuelle Hilfsmittel, regelmäßige Gruppentreffen oder Coachings unterstützt.

Einzelne Problemlösungsbereiche einer Financial Due Diligence (Auswahl)		
1. Systeme im Zielunternehmen (Ablaufprozesse und -programme)		
Personalbeschaffung und -abrechnung	Managementqualifikationen und Methoden der Unternehmenssteuerung	Prozessanalysen
Produktion, Materialfluss	Marketing und Verkauf	Führungsinformation
Budgetkontrolle	Treasury	Planungsprozesse
Projektmanagement	Finanzbuchhaltung	Kostenrechnung
Beschaffung und Einkaufsorganisation	EDV, Informationstechnologie	Zahlungs- und Lieferbedingungen
2. Strukturen im Zielunternehmen (Aufbauorganisation)		
Personalaufbau	Verantwortungsbereiche im Management	Organisation
Kapitalanteile der Unternehmenseigner und Beteiligungen	Produktlinien	Umweltschutz
3. Strategien des Zielunternehmens (Aktionsplanung)		
Planungsrechnungen	Wettbewerbsstrategie	Marktanalyse
Ziele und Philosophie	Produktpotenzial und -planung	Marketing: Marktsegmentierung
Produktionsstrategie	Einkaufspolitik	F&E-Strategien
4. Spezialkenntnisse und Fähigkeiten der Due-Diligence-Mitarbeiter		
Funktionsbereiche (Beschaffung, Produktion, Absatz u.a.)	Wettbewerb und Branche	Coaching-Fähigkeiten

5. Spezielle Daten des Zielunternehmens und Scope		
Bilanzen	Gewinn- und Verlustrechnungen	Finanzierung: Finanzanalyse, Cash-flow-Analyse, Kapitalflussrechnung
Steuerberechnungen und -unterlagen	Bilanzierungs- und Bewertungsgrundsätze	Kennzahlen
Sonstige finanzielle Verpflichtungen	Rechtsstreitigkeiten und Versicherungsschutz	Unterlagen zur Risikofrüherkennung (KonTraG)
Untersuchung z.B. aller finanzieller Risiken über 10 Mio. Euro	Untersuchung z.B. aller Verträge mit Wert über 10 Mio. Euro	Untersuchung z.B. aller Rückstellungen
Untersuchung z.B. der Werthaltigkeit des Vermögens	Untersuchung z.B. aller Prämissen zu den Erträgen der Planungsrechnungen	Untersuchung z.B. aller Finanzinstrumente

Abbildung 7: Problemlösungsbereiche einer Financial Diligence

3.2.2 Bausteine einer Financial Due Diligence bei Unternehmenstransaktionen

Das die Verantwortung für die erfolgreiche Umsetzung der oben genannten Faktoren tragende Gesamtprojektteam bzw. der verantwortliche Manager muss eine Auswahl der Bausteine einer Financial Due Diligence treffen. Die Ausrichtung wird dabei entscheidend durch den mit dem Mandanten vereinbarten Untersuchungsumfang (Scope) und die vom Zielunternehmen zur Einsicht zur Verfügung gestellten Unterlagen geprägt. Ein Praxisbeispiel für die Zusammenstellung der Bausteine bei einer Unternehmenstransaktion gibt die folgende Abbildung:

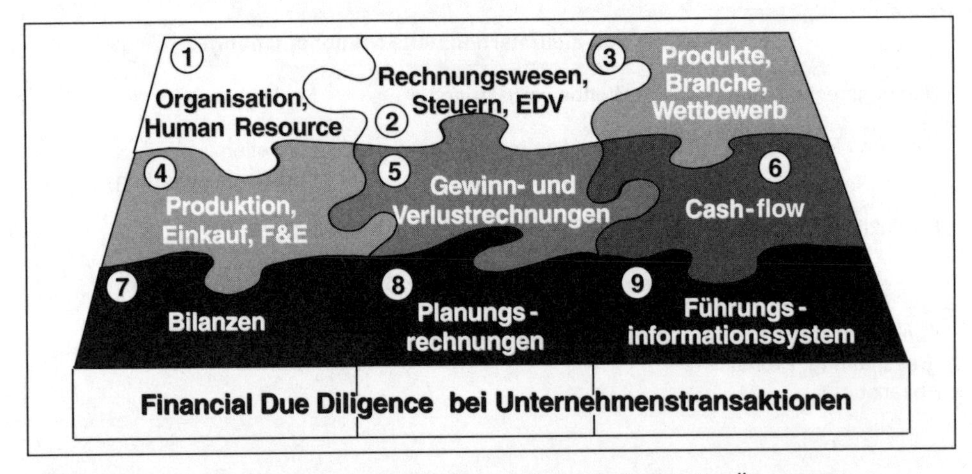

Abbildung 8: Bausteine eines Financial Due Diligence Review im Überblick

3.2.3 Kennzahlenanalysen

3.2.3.1 Einführung

Kennzahlen dienen der Beurteilung von Unternehmen. Sie sollen analytisch im Rahmen der Financial Due Diligence vor allem Stärken und Schwächen aufdecken. Kennzahlenanalysen werden gern verwendet, um Entwicklungen der Vergangenheit, Gegenwart und Zukunft zu interpretieren und um den Aussagegehalt der vom Zielunternehmen (z.B. im Data Room) zur Verfügung gestellten Unterlagen hinsichtlich ihrer Glaubwürdigkeit und Richtigkeit zu beurteilen.

Für diese Plausibilitätsanalyse lassen sich u.a. Kennzahlen aus der Bilanz, aus der Gewinn- und Verlustrechnung sowie zur Rentabilität, Produktivität und Liquidität bilden. Die häufiger verwendeten Kennzahlen werden im Folgenden dargestellt.

3.2.3.2 Bilanzkennzahlen

Anlagenintensität in %	=	Anlagevermögen x 100 / Bilanzsumme
Eigenkapitalanteil in %	=	Eigenkapital x 100 / Bilanzsumme
Investitionstätigkeit in %	=	Brutto-Investition x 100 / Realinvestition, wobei gilt: Brutto-Investition – Abschreibung lt. GuV – Abgänge = Netto-Investition Netto-Investition + Abschreibung lt. GuV – Abschreibung auf WBK = Realinvestition (WBK = Wiederbeschaffungskosten)
Umschlagsdauer der Vorräte in Tagen	=	Durchschnittl. Vorratsbestand x 360 / Vorratsverbrauch
Umschlagshäufigkeit	=	Umsatz / durchschnittl. Warenbestand
Verschuldungsgrad in %	=	Fremdkapital x 100 / Eigenkapital

Abbildung 9: Bilanzkennzahlen

3.2.3.3 Kennzahlen aus der Gewinn- und Verlustrechnung

Aufschlagssatz in %	=	Rohgewinn x 100 / Wareneinsatz
Betriebsergebnis in % der Gesamtleistung	=	Gesamtleistung – Wareneinsatz = Rohgewinn I – Lohnkosten = Rohgewinn II – andere Kosten = Betriebsergebnis
Forschungskostenanteil am Umsatz	=	Forschungskosten x 100 / Umsatz
Handelsspanne in %	=	Rohgewinn x 100 / Umsatz
Materialaufwand in %	=	Materialaufwand x 100 / Gesamtleistung
Rohgewinnsteigerung (z.B. nach Produkten oder nach Regionen)	=	(Rohgewinn lfd. Jahr – Rohgewinn Vorjahr) x 100 / Rohgewinn Vorjahr
Unternehmenskaufpreis pro Kunden	=	Kaufpreis des Unternehmens / Anzahl der Kunden
Verkäufe nach Regionen	=	Anzahl der Verkäufe in einer Verkaufsregion / Gesamtzahl der Verkäufe
Verkaufssteigerung	=	(Verkauf lfd. Jahr – Verkauf Vorjahr) x 100 / Verkauf Vorjahr (z.B. getrennt nach Produkten oder Regionen)

Abbildung 10: Kennzahlen aus der Gewinn- und Verlustrechnung

3.2.3.4 Rentabilitätskennzahlen

Eigenkapitalrentabilität	=	Gewinn x 100 / Eigenkapital
Kapitalumschlagshäufigkeit	=	Umsatz x 100 / Gesamtkapital
Gesamtkapitalrentabilität	=	(Gewinn + Zinsaufwand) x 100 / Gesamtkapital
Return on Investment (ROI)	=	Umsatzgewinnrate x Kapitalumschlagshäufigkeit x 100, wobei Umsatzgewinnrate = Gewinn / Umsatz und Kapitalumschlagshäufigkeit = Umsatz / Gesamtkapital
Umsatzrentabilität	=	Gewinn x 100 / Umsatz (Gewinn z.B. als Betriebsgewinn oder Gewinn vor Zinsen und Steuern)

Abbildung 11: Rentabilitätskennzahlen

3.2.3.5 Produktivitätskennzahlen

Personalaufwand in % des Umsatzes	=	Umsatz / Personalaufwand
Produktivität	=	mengenmäßiger Output / mengenmäßiger Input
Rentabilität	=	Erfolg / eingesetztes Kapital
Umsatz pro Mitarbeiter	=	Umsatz / Mitarbeiterzahl
Wirtschaftlichkeit	=	Ist-Ertrag / Soll-Ertrag (bei gegebenem Aufwand) Ist-Aufwand / Soll-Aufwand (bei gegebenem Ertrag)

Abbildung 12: Produktivitätskennzahlen

3.2.3.6 Liquiditätskennzahlen

Liquidität 1. Grades in %	=	Zahlungsmittel / kurzfristige Verbindlichkeiten x 100
Liquidität 2. Grades in %	=	Zahlungsmittel + kurzfristige Forderungen / kurzfristige Verbindlichkeiten x 100
Liquidität 3. Grades in %	=	Zahlungsmittel + kurzfristige Ford. + Vorräte / kurzfristige Verbindlichkeiten x 100

Abbildung 13: Liquiditätskennzahlen

3.2.4 Modell zur Risikoanalyse

Die Feststellung und Untersuchung von finanziellen Risiken ist im Hinblick auf einen Unternehmenserwerb oder eine Fusion von besonderer Bedeutung. Zur Erhebung von finanziellen Risiken dienen u.a. Checklisten, Interviews oder Workshops. Die festgestellten Unternehmensrisiken sind zu inventarisieren (so genanntes Risk Mapping). In Abbildung 14 wird ein Beispiel für die allgemeine Risikolandschaft eines Unternehmens dargestellt.[22]

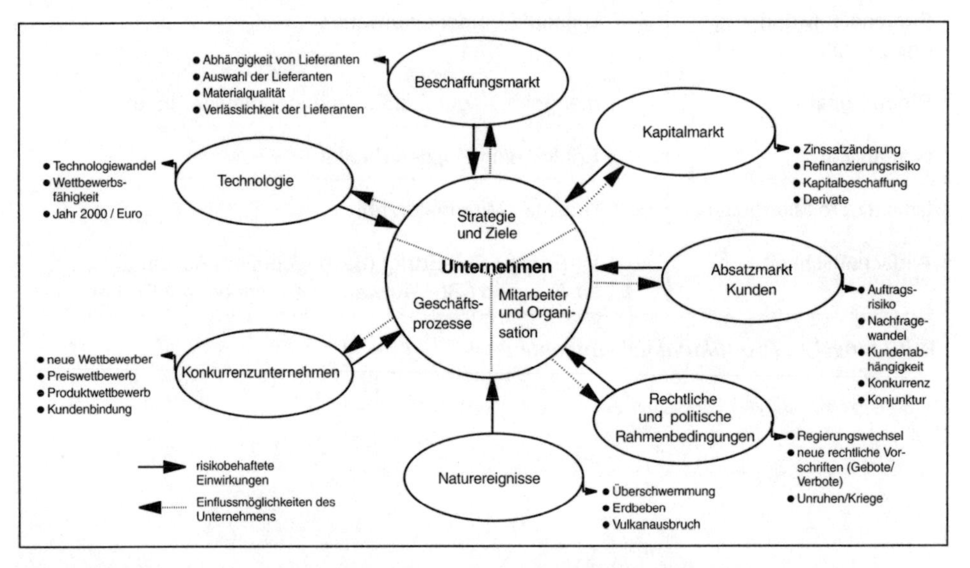

Abbildung 14: Allgemeine Risikolandschaft eines Unternehmens

Ferner ist neben der vollständigen Aufnahme von Risiken bzw. Risikopotenzialen die Risikobewertung von Bedeutung, weil nicht alle, sondern nur die wesentlichen Risiken im Umfeld des Zielunternehmens für den Unternehmenskäufer von Bedeutung sind. Diese wesentlichen Risiken müssen untersucht und quantifiziert, die Risikobewältungsmöglichkeiten müssen eingeschätzt werden. Das nachfolgende Risiko-Portfolio (Abbildung 15) soll helfen, wesentliche Risiken herauszufiltern.

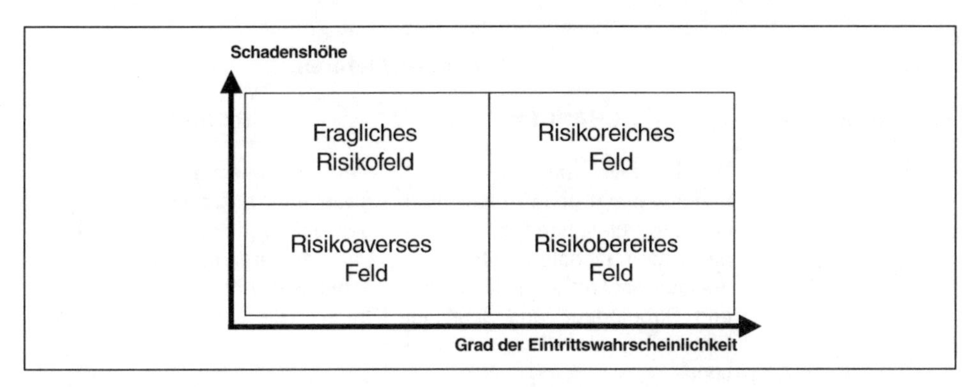

Abbildung 15: Einordnung von Risiken in Risikofelder nach der Risikobewertung

Die einzelnen identifizierten Risiken im Umfeld eines Unternehmens können einem dieser Risikofelder zugeordnet werden. Sofern sich ein Risiko im „risikoreichen Feld" befindet, sollte es auf jeden Fall näher analysiert werden, da es den Bestand des Unternehmens auf Grund der Schadenshöhe gefährden und mit großer Wahrscheinlichkeit eintreffen kann. Ferner sollte geprüft werden, ob die Anzahl der in diesem Risikofeld befindlichen Risiken möglicherweise nach der Transaktion durch geeignete Maßnahmen zur Verringerung der Eintrittswahrscheinlichkeit in das „fragliche Risikofeld" überführt werden kann oder ob sie nicht etwa durch Abwälzung auf Dritte, beispielsweise durch Finanzinstrumente oder eine Versicherung, abgedeckt werden können. Auch der Ausstieg aus einem risikobehafteten Marktsegment ist zu erwägen. Im „risikobereiten Feld" ist zwar die Risiko-Eintrittswahrscheinlichkeit hoch, allerdings wäre im Eintrittsfalle die Schadenshöhe gering; somit besteht keine sofortige Notwendigkeit zur Risikoanalyse. Maßnahmen zur Verringerung der Eintrittswahrscheinlichkeit können in Betracht gezogen werden, sollten aber auf Grund der geringen Schadenshöhe nicht in jedem Fall umgesetzt werden. Die in das „risikoaverse Feld" eingeordneten Risiken bedürfen keiner weiteren Betrachtung. Das „fragliche Risikofeld" hingegen beinhaltet zwar Risiken, die im Eintrittsfalle eine hohe Schadenshöhe für das Unternehmen verursachen, aber nach allgemeiner Wahrscheinlichkeit nicht eintreten werden; es sollte bei diesen Risiken untersucht werden, ob sie mittel- bis langfristig für ein Unternehmen tragbar sind.

3.2.5 Interne Stärken und Schwächen sowie externe Chancen und Risiken

Die Financial-Due-Diligence-Analysen müssen Aussagen über die Wahrscheinlichkeit und das Ausmaß von Stärken und Schwächen sowie Chancen und Risiken treffen. Die beiden Begriffspaare werden im Wesentlichen durch interne und externe Faktoren bestimmt, die es zu analysieren gilt. Diese Analyse soll zu einer konsequenten

Ausrichtung auf wenige Kernpunkte sowie zu einer Bestimmung und Bewertung der kritischen Faktoren führen. Abbbildung 16 stellt ein Analysebeispiel dar.

Interne Faktoren:	Externe Faktoren:	
	CHANCEN	**RISIKEN**
STÄRKEN	Die Liberalisierung des Strommarktes bietet neue Absatzchancen. Die frühzeitige Gründung einer internationalen Stromhandelsgesellschaft sorgt für günstigen Strombezug und schnellen Eintritt in neue Tätigkeitsbereiche.	Neue wissenschaftliche Erkenntnisse über schädigende Wirkungen der Produkte. Die Investitionen der Vergangenheit in technisches Know-how ermöglichen eine schnelle Umstellung der Produktion.
SCHWÄCHEN	Nachfragepotenziale können wegen fehlender finanzieller Mittel nicht ausgenutzt werden.	Die Konkurrenz bietet Alternativprodukte günstiger an. Hohe Lohnkosten und niedrige Produktivität lassen keine Gegenreaktion durch das Unternehmen zu.

Abbildung 16: Interne Stärken und Schwächen, externe Chancen und Risiken

3.3 Analyse der Vermögens-, Finanz- und Ertragslage

3.3.1 Analyse der Vermögenslage

3.3.1.1 Grundlagen

Die Vermögensgegenstände und Schulden müssten den Zielen der Financial Due Diligence entsprechend streng kapitaltheoretisch (investitionstheoretisch) bewertet werden. Vermögensgegenstände wären beispielsweise als Ressourcen zu verstehen, über die das Unternehmen auf Grund vergangener Entscheidungen verfügt und aus denen ein zukünftiger wirtschaftlicher Nutzen (Veränderung des Cash-flows) zu- oder abfließt. Die klassischen Bewertungskonzepte wie die Anschaffungs- oder Herstellungskosten wären insoweit nicht bedeutsam. Dieser große Schritt wird aber aus Gründen der Objektivierung nicht bindend verfolgt. Nur bei einigen Posten, die auch im Einzelnen nachfolgend dargestellt sind, werden die Marktwerte verwendet. In den meisten Fällen bilden die historischen Anschaffungs- und Herstellungskosten die Wertobergrenze. Damit stehen bei der Analyse der Vermögenslage die Verlässlichkeit und Integrität der Bilanzzahlen und damit verbunden die angewandten Bilanzierungs- und Bewertungsgrundsätze im Vordergrund.[23] Zum einen muss untersucht werden, ob diese stetig angewandt worden sind, zum anderen wird der Auftraggeber aus Gründen der Vergleichbarkeit den Betrachtungszeitraum unter Anwendung seiner eigenen Methoden betrachten wollen.[24]

Bei der Due Diligence Analyse der Bilanz geht es insbesondere darum, Risiken aufzudecken, die aus dem (z.B. handelsrechtlichen) Jahresabschluss nicht oder nur unzureichend deutlich sichtbar werden. Hierzu zählen auch die Fragen nach der Überbewertung von Vermögensgegenständen oder der Unterbewertung von Verbindlichkeiten und Rückstellungen sowie nach den sonstigen finanziellen Verpflichtungen und Eventualitäten. Die Vermögensgegenstände sollten unter dem Gesichtspunkt des Going Concern bewertet werden; dabei ist kritisch zu fragen, ob ein Vermögensgegenstand in den nächsten Jahren noch nachhaltig das operative Ergebnis (unter Vernachlässigung außergewöhnlicher Geschäftsvorfälle) unterstützen kann. Ferner ist bei der Analyse der Bilanz interessant, wie sich Bilanzposten im Zeitablauf verändern und welche stillen Reserven und Lasten im Zielunternehmen verborgen sind.

3.3.1.2 Immaterielle Vermögensgegenstände

Als immaterielle (unkörperliche) Wirtschaftsgüter kommen in Betracht: Rechte, rechtsähnliche Werte und sonstige Vorteile. Aktivierungsfähige immaterielle Wirtschaftsgüter können nur entstehen, wenn zunächst ein konkreter betrieblicher Vorteil durch die Ausgabe erlangt worden ist. Weitere Voraussetzung ist, dass die Ausgabe einen über mehrere Jahre für den Unternehmer wirksamen greifbaren Nutzen bringt und sich deutlich und einwandfrei von anderen Aufwendungen abgrenzt. Letztlich muss ein Erwerber diesen Vorteil auch bei der Kaufpreisbemessung berücksichtigen können.[25]

Zu Beginn der Due Diligence sollte sowohl ein Verzeichnis aller bestehenden oder angemeldeten gewerblichen Schutzrechte, Urheberrechte, Warenzeichen, Patente, Gebrauchs- und Geschmacksmuster sowie der Betriebsgeheimnisse und des Knowhows als auch ein Verzeichnis aller öffentlich-rechtlichen und privatrechtlichen Erlaubnisse, Konzessionen und Genehmigungen vorliegen.[26]

Die erworbenen Gegenstände sind möglichst mit ihren Verkehrswerten und nicht mit den Restbuchwerten anzusetzen. Die selbst erstellten Anlagen, die in der Bilanz regelmäßig nicht angesetzt werden dürfen, sind ebenfalls mit ihren Verkehrswerten anzusetzen, wenn sie einen allgemeinen originären Wert beinhalten.[27] Verdeckt in eine Kapitalgesellschaft eingelegte immaterielle Anlagewerte oder ein Firmenwert sind mit dem Marktwert anzusetzen. Im Bereich der immateriellen Vermögensgegenstände ist es somit möglich, stille Reserven aufzudecken.

Zu fragen ist im Rahmen der Betrachtung von immateriellen Werten ferner, welche Ausgaben aktivierungspflichtig und welche wahlweise aktivierbar sind. Im Ergebnis ist festzustellen, ob Aufwendungen entstanden sind, die unmittelbar als Aufwand abgezogen worden sind oder aber auf Grund der Aktivierungspflicht bzw. -möglichkeit über mehrere Perioden den betrieblichen Erfolg beeinflussen. Als Beispiel seien die Aufwendungen für Werbefeldzüge genannt, deren Kosten bei vielen Betrieben, vor allem im Konsumgüterbereich, einen erheblichen Umfang einnehmen. Derartige Ausgaben können zwar nicht aktiviert werden, weil trotz der Entgeltlichkeit nicht genau festgestellt werden kann, ob sich durch die Werbung in der Zukunft konkrete Vorteile für das werbende Unternehmen ergeben. Der Käufer eines Unternehmens wird allerdings berücksichtigen, dass ein in jüngster Vergangenheit vorgenommener positiv wirkender Werbefeldzug die zukünftigen finanziellen Ergebnisse günstig beeinflussen wird.[28]

3.3.1.3 Sachanlagevermögen

Sachanlagen können sowohl abnutzbar (Gebäude, technische Anlagen, Maschinen, Betriebs- und Geschäftsausstattung) als auch nicht abnutzbar (Grundstücke) sein. Sowohl abnutzbare als auch nicht abnutzbare Gegenstände des Sachanlagevermögens können – vor allem bei der Bilanzierung nach deutschem Bilanzrecht – erhebliche stille Reserven enthalten.

Beim Sachanlagevermögen werden die Zu- und Abgänge der letzten zehn Jahre nach Jahren und Nutzungszeiten unterteilt; dies kann Aufschluss geben über die Investitionspolitik der vergangenen Geschäftsjahre und einen möglichen Investitionsstau.[29] Anzufordern ist ein Verzeichnis aller Grundstücke (mit Grundbuchauszügen) sowie ein Verzeichnis aller Zweigniederlassungen, Betriebsteile, Anlagen und Gebäude, Maschinen, Bestandteile sowie des Zubehörs und Inventars inklusive einer Beschreibung hinsichtlich Wert, Alter, Größe etc.[30]

Sachanlagenposten	**Wesentliche Analysehandlungen**
Grundstücke	Beschränkungen und Belastungen lt. Grundbuchauszügen. Aufstellung des nicht betriebsnotwendigen Grund und Bodens. Vergleich der Buchwerte mit den Wiederbeschaffungskosten.
Gebäude	Aufstellung der nicht betriebsnotwendigen Gebäude und Gebäudeteile. Vergleich der Buchwerte mit den Wiederbeschaffungskosten. Bei betriebsnotwendigen Gebäuden Prüfung des Investitionsbedarfs zur Erhaltung der Betriebsfunktion. Bei Bauten auf fremden Grundstücken Prüfung der nach Ende der vertraglichen Nutzungsdauer erforderlichen Abbruchkosten oder Wiederherstellungskosten für den ursprünglichen Zustand bei Vertragsbeginn.
Technische Anlagen, Maschinen, BGA	Vergleich der Buchwerte mit den Zeitwerten und Wiederbeschaffungskosten. Durchsicht des Anlagenverzeichnisses hinsichtlich Alter und voraussichtlichem Investitionsstau. Prüfung der Auslastung. Ansatz der abgeschriebenen Anlagen mit den Marktwerten.

Abbildung 17: Sachanlagenposten und wesentliche Analysehandlungen

Im Betrachtungszeitraum der Vergangenheit vom (Sach-)Anlagevermögen abgesetzte erhaltene Zuschüsse können wieder hinzugerechnet werden. Allerdings sind dann auch die bisher aufgelaufenen (verringerten) Abschreibungen anzupassen. Die Anpassung an eine ertragswirksame Vereinnahmung der Zuschüsse hat zudem Auswirkungen nicht nur auf die vergangenen Finanz- und Ertragslagen, sondern auf Grund der erhöhten Abschreibungen auch auf die zukünftigen.

3.3.1.4 Finanzanlagevermögen

Die Finanzanlagen haben mit den immateriellen Wirtschaftsgütern und Sachanlagen die langfristige Verwendung im Betrieb gemeinsam. Sie unterscheiden sich allerdings dadurch, dass das zur Anschaffung verwendete Kapital nicht im eigenen Unternehmen, sondern in einem anderen Unternehmen investiert wurde.[31] Insofern sollte sich die Prüfung dieses Postens auf die Prüfung der die Tochterunternehmen betreffenden Unterlagen sowie auf deren Marktchancen und Risiken beziehen. Erhöhte Risiken ergeben sich beim Mutterunternehmen insbesondere bei etwaigen Zusagen und sonstigen finanziellen Verpflichtungen (z.B. Patronatserklärungen).

Bei der Untersuchung des Beteiligungswertes kommt es darauf an, wie die Ergebnisentwicklung sich bei dem Tochterunternehmen darstellt und welchen Wert die Beteiligung für das Mutterunternehmen noch hat. Anlaufverluste sind in den ersten Jahren einer neuen Unternehmung häufig anzutreffen. Der Wert kann in einem solchen Fall trotzdem für das Unternehmen, welches die Beteiligung hält, noch bedeutsam sein. Falls die Beteiligung dem Beteiligungsunternehmen noch Vorteile – auch mittelbarer Art – bringt, sollte der Wert mindestens dem Anschaffungswert entsprechen. Sind die Vorteile der Beteiligung nicht erkennbar, sollten die zukünftigen Aufwendungen und Erträge aus der Beteiligung verglichen werden. Sind die Aufwendungen auf Grund von Verlustübernahmen oder geleisteten Zuschüssen größer als die Erträge aus Gewinnausschüttungen oder -abführungen, so ist der Wert u.U. unter dem Anschaffungswert festzumachen. Auch wenn eine erwartete Mindestrendite nicht erzielt wird, kann u.U. eine Wertminderung notwendig sein. Bei voraussichtlich längerfristigen negativen Ergebnisauswirkungen auf das Mutterunternehmen oder bei einem geplanten Verkauf sowie bei geplanter Liquidation oder drohendem Konkurs kann die Beteiligung höchstens bis zum geschätzten Veräußerungs- bzw. Liquidationserlös angesetzt werden.

Sind die Anteile noch nicht voll in die Gesellschaft eingezahlt worden, so ist als Vermögenswert trotzdem die Höhe der vertraglich vereinbarten Einlage zu berücksichtigen. Der noch nicht eingezahlte Anteil ist als sonstige Verbindlichkeit anzusetzen. Die voraussichtliche Auszahlung sollte in der Cash-flow-Planungsrechnung der Folgejahre Berücksichtigung gefunden haben.

Bei Ausleihungen kann sich das Problem der unverzinslichen oder niedrigen Verzinslichkeit stellen. Sofern dem Darlehnsnehmer kein anders gearteter wirtschaftlicher Vorteil eingeräumt worden ist, ist die Ausleihung höchstens mit dem Barwert anzusetzen. Problematisch ist dabei die Festlegung des Zinssatzes; gewählt werden sollte regelmäßig der tatsächliche Marktzinssatz.

Bei Finanzanlagen in Fremdwährung sollte der zum Betrachtungszeitpunkt gültige Kurs angesetzt werden. In der Vergangenheit vorgenommene außerplanmäßige Abschreibungen auf Grund von Kursverlusten (z.B. niedrigerer Geldkurs zum Bilanzstichtag) sollten rückgängig gemacht werden.

3.3.1.5 Vorratsvermögen

Bei den Vorräten kann sich u.a. ein erhöhtes Risiko dadurch ergeben, dass

- die Inventurdaten unvollständig erfasst worden sind (z.B. Außenlager, Vorräte in Verwahrung bei Dritten),
- die Vorräte nicht im Eigentum des Unternehmens stehen,
- große Bestände unterwegs befindlicher Waren vorhanden sind,
- Über- oder Unterbewertungen stattgefunden haben
- oder die Vorräte unzureichend ausgewiesen werden (z.B. Ersatzteile, erhaltene Anzahlungen).

Der Käufer eines Unternehmens möchte wissen, ob das ausgewiesene Vorratsvermögen auch tatsächlich und ausreichend vorhanden ist, ob Neuinvestitionen notwendig sind oder ob sich durch die angestrebte Unternehmenstransaktion Kostenvorteile ergeben.

Stille Reserven sind anhand der Inventurunterlagen zu prüfen, die Angaben über Herkunft, Lagerdauer und Verwendbarkeit enthalten; für die Bewertung im Rahmen der Due Diligence sind die Wiederbeschaffungswerte bzw. bei Halb- und Fertigfabrikaten die Vollkosten anzusetzen.[32] Zudem müssen Überbestände (Reichweitenanalyse), Altwaren und unverkäufliche Bestände berücksichtigt, Inventurlisten überprüft sowie der Auftragsbestand und die Deckungsbeiträge kontrolliert werden.[33]

3.3.1.6 Forderungen und sonstige Vermögensgegenstände

Forderungen und sonstige Vermögensgegenstände sind bilanzierungsfähig, wenn der Gläubiger alles Erforderliche getan hat, um seine Schuld aus dem zugrundeliegenden Verpflichtungsgeschäft zu erfüllen.[34]

In diesem Bereich sind insbesondere zu untersuchen:

- größere schwebende Geschäfte, die noch von keinem Vertragspartner erfüllt worden sind; sie dürfen grundsätzlich nicht bilanziert werden, obgleich hier bereits Ansprüche für das Unternehmen entstanden sind,
- das allgemeine und besondere Ausfallrisiko; wesentlich sind hier die Erfahrungen des Betriebes aus der Vergangenheit und die Besonderheiten der Branche; untersucht werden die Altersstruktur, zweifelhafte und uneinbringliche Forderungen, Debitorenlaufzeiten und die Zahlungsmoral;
- die allgemeinen Kreditbedingungen des zu übernehmenden Unternehmens;

- unverzinsliche und niedrigverzinsliche Forderungen des Umlaufvermögens; sie stellen einen Wert- bzw. Zinsverlust für einen Betrieb dar; wesentliche Darlehensforderungen mit mittel- bis langfristiger Laufzeit sind auf den niedrigeren Barwert zu diskontieren;
- die Abhängigkeit von wenigen Großkunden;
- die Forderungen gegenüber verbundenen Unternehmen und die vereinbarten Zahlungsbedingungen (verdeckte Gewinnausschüttungen?);
- Vermögensgegenstände des Umlaufvermögens in ausländischer Währung; sie sind nach deutschem Bilanzrecht abzuwerten, wenn zum Bilanzstichtag der Kurs der betroffenen Währung im Vergleich zum Kurs bei Einbuchung gesunken ist; für den Erwerber eines Unternehmens käme für das kurzfristige Umlaufvermögen eine Zuschreibung auf den Marktwert zum Erwerbszeitpunkt in Betracht, wenn der Marktwert gegenüber dem letzten Bilanzstichtag gestiegen ist;
- Wertpapiere hinsichtlich stiller Reserven; der Kurswert von Wertpapieren ist in der Regel kurzfristig realisierbar; eine Wertzuschreibung kommt vor allem im deutschen Bilanzrecht in Betracht;
- die flüssigen Mittel hinsichtlich des Bestandes und der Verfügbarkeit; sie bedürfen bei prüfungspflichtigen Gesellschaften in der Regel keiner kritischen Betrachtung.

3.3.1.7 Eigenkapital

Das Eigenkapital ist bei der doppelten Buchführung eine Restgröße. Es ergibt sich als Überschuss der Vermögensgegenstände über die Verbindlichkeiten und verändert sich entsprechend dem in der Gewinn- und Verlustrechnung ausgewiesenen Saldo aus Erträgen und Aufwendungen. Das Eigenkapital bedarf daher keiner eingehenden und kritischen Betrachtung, weil die entscheidenden Untersuchungen bei den anderen Posten des Jahresabschlusses stattfinden. Der Bestand an Eigenkapital im Zeitablauf ist im Wesentlichen für den Kennzahlenvergleich bedeutsam (z.B. Selbstfinanzierungskraft des Unternehmens auf Grund der Entwicklung der Gewinnrücklagen). Zu beachten sind allerdings noch nicht erfüllte Kapitaleinzahlungs- oder -rückzahlungsverpflichtungen[35] sowie die steuerliche Gliederung des verwendbaren Eigenkapitals, um Informationen über die Qualität der Rücklagen hinsichtlich zukünftiger Auflösungen zu erhalten.[36]

3.3.1.8 Rückstellungen

Durch das Auseinanderfallen von Leistungs- und Finanzstrom sowie die periodengerechte Zuordnung von Aufwendungen und Erträgen haben die Rückstellungen die Aufgabe, den Erfolg des Geschäftsjahres von dem späterer Jahre abzugrenzen. Rückstellungen sind ein wichtiges Mittel der Steuerbilanzpolitik. Durch entsprechende Gestaltungsmaßnahmen lässt sich die Steuerbelastung nach finanzierungs- und liquiditätspolitischen Gesichtspunkten beeinflussen.[37]

Es kommt auch im Falle einer Passivierungspflicht darauf an, wann die Auszahlung für den in der Periode verrechneten Aufwand eintreten wird. Sofern beispielsweise für Pensionszusagen Pensionsrückstellungen gebildet werden,[38] die auf absehbare Zeit nicht in Anspruch genommen werden, weil die Mitarbeiter noch recht jung sind, so dass Zahlungen erst Jahre später zu leisten sein werden, kann der Betrieb liquiditätswirksam mit dem Geld arbeiten. Vor allem für einen Unternehmenskäufer aus der angelsächsischen Rechnungslegungswelt steht die meist fremde Form der Pensionsrückstellung ohne Fondsbildung im Vordergrund des Interesses.[39]

Im Rückstellungsbereich ist das Augenmerk auf die Bewertung und die Vollständigkeit der erfassten Risiken zu richten. Die Bewertung kann u.a. durch Nachrechnen einzelner Stichproben geprüft werden (z.B. Rentenberechnung für einzelne Mitarbeiter). Die Prüfung der Vollständigkeit soll feststellen, ob für alle operativ verursachten Risiken Rückstellungen gebildet worden sind. Die Vollständigkeit kann anhand von Fakten und schwebenden Rechtsfragen geprüft werden. Die faktische Prüfung untersucht in Stichproben die buchmäßig erfassten Verpflichtungen; die Prüfung der Rechtsfragen beschäftigt sich dagegen mit der Kontrolle der Gleichbehandlung und daraus folgenden Anpassungsrisiken.[40]

3.3.1.9 Verbindlichkeiten

Für die Auswertung im Bereich der Darlehensverbindlichkeiten ist eine Aufstellung der Darlehen mit Fälligkeiten und allen gegebenen Sicherheiten und Bürgschaften sowie eine Auflistung der Kreditrahmen erforderlich. Bei anderen Verbindlichkeiten genügt in der Regel ein Verzeichnis nach Finanzierungsgesichtspunkten (Laufzeit) und Bezeichnung der Gläubiger. Langfristige unverzinsliche Verbindlichkeiten können auf den Barwert abgezinst werden.

3.3.2 Analyse der Finanzlage

3.3.2.1 Grundlagen

Bei der finanzwirtschaftlichen Due Diligence werden die Liquiditäts- und Finanzierungspotenziale des zu übernehmenden Unternehmens analysiert. Die Beurteilung der Liquidität eines Unternehmens allein anhand der stichtagsbezogenen Zahlen einer Bilanz ist unzureichend. Ausgangspunkt für die Analyse und Prognose der Finanzsituation sind die Zahlen mehrerer Jahresabschlüsse und der Planungsrechnungen. Die daraus entwickelten Analysen von Cash-flow und Working Capital (Netto-Umlaufvermögen) sind von großer Bedeutung für die Betrachtung des Zielunternehmens und der Ermittlung des Barwerts. Vor allem Investoren aus dem anglogamerikanischen Raum legen größten Wert auf diese Analysen.[41]

3.3.2.2 Cash-flow-Rechnungen

Als Cash-flow wird die Differenz von Ein- und Auszahlungen während einer bestimmten Abrechnungsperiode bezeichnet. Der Cash-flow gibt an, wie sich die liquiden Mittel innerhalb einer Periode entwickelt haben. Er hat Bedeutung für die Finanzlage eines Unternehmens. Je höher der Cash-flow eines Geschäftsjahres ist, desto geringer ist die Gefahr einer Illiquidität und umso günstiger ist die Finanzlage eines Unternehmens.

Externe Jahresabschlussleser ermitteln den Cash-flow regelmäßig mit der indirekten Methode, d.h. dem Jahresüberschuss oder -fehlbetrag werden die nicht zahlungswirksamen Aufwendungen (z.B. Abschreibungen und Zuführungen zu den Rückstellungen) hinzugerechnet, die nicht zahlungswirksamen Erträge (z.B. Auflösung von Rückstellungen) werden abgezogen.[42]

Der Cash-flow gibt nicht den Bestand an liquiden Mitteln zum Ende des Geschäftsjahres wieder, sondern zeigt ein im Geschäftsjahr aus zahlungswirksamen Erträgen erwirtschaftetes operatives Unternehmensergebnis.

3.3.2.3 Kapitalflussrechnung

„Für die finanzwirtschaftliche Beurteilung eines Unternehmens sind die von dem Unternehmen erwirtschafteten und die ihm von außen zugeflossenen Finanzierungsmittel und ihre Verwendung von Bedeutung. Die Aufgabe einer Kapitalflussrechnung besteht darin, zusätzlich zu Bilanz, Gewinn- und Verlustrechnung und Anhang ergänzende Angaben über die finanzielle Entwicklung eines Unternehmens zu machen, die aus dem Jahresabschluss nicht oder nur mittelbar entnommen werden können. Die Kapitalflussrechnung soll Zahlungsströme darstellen und darüber Auskunft geben, wie das Unternehmen finanzielle Mittel erwirtschaftet hat und welche Investitions- und Finanzierungsmaßnahmen vorgenommen wurden“.[43]

Kapitalflussrechnungen neuerer Zeit arbeiten mit einer Fondsabgrenzung. Fonds sind Finanzmittel; sie werden durch Zuflüsse bzw. Abflüsse im Bereich der laufenden Geschäftstätigkeit und/oder der Investitionstätigkeit und/oder der Finanzierungstätigkeit verändert. Die Summe der Zahlungsmittelbewegungen aus diesen drei Tätigkeitsbereichen entspricht der Änderung des Finanzmittelfonds in dem untersuchten Geschäftsjahr. Man unterscheidet grundsätzlich folgende Fonds:

Fonds 1: Verfügbare flüssige Mittel (umfasst Kasse, Bank, Wechsel).

Fonds 2: Netto-Geldvermögen (kurzfristiges Geldvermögen abzüglich kurzfristiger Verbindlichkeiten und kurzfristiger Rückstellungen).

Fonds 3: Netto-Umlaufvermögen (Umlaufvermögen abzüglich kurzfristiger Verbindlichkeiten und kurzfristiger Rückstellungen).

Durch den Vergleich zweier Bilanzen gelangt man zu einer Zeitraumrechnung, bei der die Entwicklung dieser ausgegliederten Fonds bzw. einzelner Bilanzposten analysiert werden kann. Die Kapitalflussrechnung soll also die Veränderung des Finanzmittelfonds in einem bestimmten Zeitraum erklären.

Mittelzufluss/-abfluss aus laufender Geschäftstätigkeit werden bei der indirekten Ermittlung durch Rückrechnung gewonnen: Der Jahresüberschuss bzw. Jahresfehlbetrag der Periode ist um die zahlungsunwirksamen Aufwendungen zu erhöhen, um die zahlungsunwirksamen Erträge zu vermindern und um fondswirksame, nicht in der Gewinn- und Verlustrechnung erfasste Vorgänge aus laufender Geschäftstätigkeit zu ergänzen. Hieraus folgt dann diese Gliederung:[44]

1.		Jahresüberschuss/Jahresfehlbetrag
2.	+/–	Abschreibungen/Zuschreibungen auf Gegenstände des Anlagevermögens
3.	+/–	Zunahme/Abnahme der Rückstellungen
4.	+/–	Sonstige zahlungsunwirksame Aufwendungen/Erträge[45]
5.	–/+	Gewinn/Verlust aus dem Abgang von Gegenständen des Anlagevermögens
6.	–/+	Zunahme/Abnahme der Vorräte, der Forderungen aus Lieferungen und Leistungen sowie anderer Aktiva[46]
7.	+/–	Zunahme/Abnahme der Verbindlichkeiten aus Lieferungen und Leistungen sowie anderer Passiva[47]
8.	=	Mittelzufluss/-abfluss aus laufender Geschäftstätigkeit
9.		Einzahlungen aus Abgängen (z.B. Verkaufserlöse, Tilgungsbeträge) von Gegenständen des Anlagevermögens (Restbuchwerte der Abgänge erhöht um Gewinne und vermindert um Verluste aus dem Anlagenabgang)
10.	–	Auszahlungen für Investitionen in das Anlagevermögen
11.	=	Mittelzufluss/-abfluss aus der Investitionstätigkeit
12.		Einzahlungen aus Kapitalerhöhungen und Zuschüssen der Gesellschafter
13.	–	Auszahlungen an Gesellschafter (Dividenden, Kapitalrückzahlungen, andere Ausschüttungen)
14.	+	Einzahlungen aus der Begebung von Anleihen und aus der Aufnahme von (Finanz-)Krediten
15.	–	Auszahlungen für die Tilgung von Anleihen und (Finanz-)Krediten
16.	=	Mittelzufluss/-abfluss aus der Finanzierungstätigkeit
17.		Zahlungswirksame Veränderungen des Finanzmittelbestands (Summe der Zeilen 8, 11 und 16)
18.	+/–	Wechselkursbedingte und sonstige Wertänderungen des Finanzmittelbestands
19.	+	Finanzmittelbestand am Anfang der Periode
20.	=	Finanzmittelbestand am Ende der Periode

3.3.3 Analyse der Ertragslage

3.3.3.1 Grundlagen

Die Analyse der Ertragslage soll anhand der Entwicklungen der Vergangenheit und Gegenwart, anhand der Planungsrechnungen sowie der Marktanalyse der Branche die zukünftige Ertragskraft des Zielunternehmens beurteilen. Dazu wird das nachhaltige operative Ergebnis aus den vorliegenden Jahresabschlüssen abgeleitet; die Ergebnisse der Vergangenheit werden um einmalige, außergewöhnliche oder zukünftig entfallende Aufwendungen und Erträge bereinigt.[48] Die bereinigten Ergebnisse sind zu analysieren und zu begründen. Dabei sind alle für die individuelle Transaktion wesentlichen Größen und Kennzahlen herauszuarbeiten.

3.3.3.2 Erträge

Die Absatzmengen und -preise der Produkte und/oder Dienstleistungen des Zielunternehmens sind einzeln zu analysieren. Das Produktprogramm muss auf seine Akzeptanz im Markt untersucht werden, etwa im Hinblick auf das Image, das Preis-Leistungs-Verhältnis, die technische Ausstattung, die Serviceleistungen, die Lieferfähigkeit, die Zahlungsbedingungen, die Phase im Produktlebenszyklus und die Produktausgewogenheit; ferner ist ein Vergleich mit den Angeboten der Wettbewerber möglich. Für jede Produktgruppe kommt eine Untersuchung der Marktstruktur, des Marktvolumens, der Marktanteile und der Marktentwicklung in Betracht.

Einmalige und außergewöhnliche Erträge sind zu bereinigen. Sie treten vornehmlich im Bereich der sonstigen betrieblichen Erträge auf.

3.3.3.3 Aufwendungen

Die Materialbeschaffung und -bewirtschaftung sowie die Struktur des Beschaffungsmarktes sind häufiger zu analysieren, insbesondere bei der Wirtschaftlichkeitsprüfung, bei der Suche nach Rationalisierungsmöglichkeiten, aber auch bei der Feststellung von Abhängigkeiten bzw. einer bestehenden Einkaufsmacht gegenüber den Lieferanten. Für die Beurteilung der zukünftigen Beschaffungspreise sind bestimmte Anzeichen wie eine sich abzeichnende Angebotsreduzierung auf dem Beschaffungsmarkt, die Verwendung neuer Rohstoffe (Substitute) und die Erschließung neuer Bezugsquellen zu berücksichtigen.

Im Personalbereich wird zum einen die Entwicklung und Struktur des Personalstandes in der Vergangenheit dargestellt und zum anderen eine geplante Ausweitung bzw. ein geplanter Abbau des Beschäftigtenstandes bei den Aufwendungen untersucht. Bei der Analyse können beispielsweise die Personalaufwendungen pro Kopf oder im Verhältnis zum Umsatz berechnet und mit den Zahlen der Konkurrenten verglichen werden. Zudem kann die Untersuchung ausgedehnt werden auf die Gehaltsstruktur, den Krankenstand, die Anzahl der Arbeitsunfälle, die Streikbereitschaft, die Zusammenarbeit mit dem Betriebsrat und die Qualität des Personalstandes (Alter, Qualifikation). Im Falle einer geplanten Geschäftsausweitung bzw. Unternehmensausdehnung sind der (regionale) Arbeitsmarkt und das Unternehmensimage bei den Arbeitnehmern in dieser Branche zu analysieren.

Im Bereich der sonstigen betrieblichen Aufwendungen sind die Werbekosten häufig ein beachtlicher Kostenfaktor. Die Werbekosten sollten dann mit dem Branchendurchschnitt verglichen werden. Auffällig hohe Werbekosten lassen möglicherweise darauf schließen, dass in naher Zukunft Absatzsteigerungen zu erwarten sind. Hohe Forschungs- und Entwicklungsaufwendungen sollten vorrangig auf die Produktreife einzelner Entwicklungen hin analysiert werden. Die Beratungsaufwendungen sind um einmalige Aufwendungen zu bereinigen. Die den größeren Aufwendungen für Mieten und Leasing zugrundeliegenden Verträge sollten ebenso geprüft werden wie die Vertragsgegenstände selbst. Die Zuführungen zu den Rückstellungen haben regelmäßig außerordentlichen Charakter und sollten bei der Ermittlung des operativen Ergebnisses unberücksichtigt bleiben.

3.3.3.4 Operative Ergebnisanalyse

Analyse der Vergangenheit und Gegenwart	**Erledigt/ Datum**
Detaillierte, vergleichende Darstellung der Aufwands- und Ertragskontensalden der letzten zwei Geschäftsjahre und ggf. des letzten Zwischenabschlussjahres. Wenn möglich, Einbeziehung der Budgets (Planwerte) der betrachteten Periode.	
Detaillierte vergleichende Darstellung des Rohgewinns nach Produkten und Vergleich mit dem im Jahresabschluss ausgewiesenen Rohgewinn.	
Identifikation und Erläuterung von ungewöhnlichen Entwicklungen (Trends) und von ungewöhnlichen Veränderungen der Ertrags- oder Aufwandspositionen im Betrachtungszeitraum. Es ist dabei zu entscheiden, ob eine Feststellung einmalig oder wiederkehrend ist. Im Einzelnen soll Folgendes untersucht werden: • Entwicklung der Umsätze einschließlich der gestiegenen oder verringerten Verkaufspreise, der Zahl der verkauften Einheiten und der Veränderungen im Produkt-Mix, • Veränderungen des Rohgewinns nach Produkten, • Veränderungen der individuellen Kosten und Aufwendungen, • Darstellung der Veränderungen auch in Verhältniszahlen bzw. Prozenten, • Komponenten der sonstigen betrieblichen Erträge und Aufwendungen und der außerordentlichen Posten, • Einfluss der Steuern vom Einkommen und Ertrag sowie Veränderungen der effektiven Steuersätze, • Veränderungen von festgelegten Budgets, • Einfluss etwaiger Materialbeschaffungen oder -verkäufe.	

Analyse der Vergangenheit und Gegenwart	**Erledigt/ Datum**
Prüfung der Konten im laufenden Jahr und Vergleich der Kontensalden mit den Salden für den gleichen Zeitraum der vergangenen zwei Jahre. Dabei ist das voraussichtliche Ergebnis des laufenden Jahres zu untersuchen und mit dem Ergebnis früherer Jahre zu vergleichen.	
Abwägung der Eindrücke und Ansichten auf Grund der laufenden Due Diligence, Beurteilung ob das Zielunternehmen seine bestehenden Ressourcen optimal einsetzt (ggf. getrennt nach Funktionsbereichen).	
Entscheidung auf Grund der Untersuchung der der Bilanz und Gewinn- und Verlustrechnung zugrundeliegenden Konten, ob die Jahresergebnisse verändert werden müssen, z.B. als Folge von • wesentlichen außergewöhnlichen oder regelmäßig nicht wiederkehrenden Erträgen oder Aufwendungen, • zu niedrigen oder zu hohen Aufwendungen (z.B. im Bereich der Rückstellungsbildung, der Wertberichtigungen auf Forderungen oder der Vorratsbewertung), • unangemessener Anwendung der Rechnungslegungsmethoden und -spielräume, • Umbuchungen auf Grund von Periodenverschiebungen, • unangemessenen Warenlieferungen, Darlehen und anderen Transaktionen mit verbundenen Unternehmen oder Anteilseignern.	

Analyse der Gegenwart und Zukunft	**Erledigt/ Datum**
Analyse der Entwicklungen (Trends) im Bereich Wirtschaftlichkeit und Rentabilität.	
Darstellung der jährlichen Veränderungen von Preisen, Mengen und der Wirtschaftlichkeit einzelner Produkte.	
Darstellung der zukünftigen Jahresergebnisse unter Bereinigung von außergewöhnlichen Einflüssen (Erträgen und Aufwendungen).	
Darstellung und Analyse der historischen, laufenden und zukünftigen Entwicklungen des kurzfristigen Betriebskapitals (Working Capital = Umlaufvermögen abzüglich kurzfristiger Verbindlichkeiten).	
Anforderung oder Erstellung einer Schätzung des voraussichtlichen Jahresergebnisses des Zielunternehmens unter Berücksichtigung der aktuellen Ergebnisse, der saisonalen Schwankungen und Einflüsse sowie der Vorhersagen der unterschiedlichen Unternehmensabteilungen und Tochtergesellschaften.	

Analyse der Gegenwart und Zukunft	**Erledigt/ Datum**
Prüfung der im operativen Bereich geplanten Budgets, der Cash-flow-Vorhersagen und der geplanten Investitionen. Soweit möglich, sind Szenarien zu bilden für den schlechtesten, den wahrscheinlichen und einen besonders guten Geschäftsverlauf, wobei folgende Schritte möglich sind: • Untersuchung, ob die Annahmen nachvollziehbar und konsistent sind, • Berücksichtigung möglicher Eventualitäten, • Vergleich früherer Pläne mit den tatsächlichen Zahlen, um die Genauigkeit der Pläne einzuschätzen, • Sensitivitätsanalysen.	
Prüfung der Auftragsbücher des Unternehmens unter der Prämisse, dass die Vorhersagen und Budgets aus der Auftragslage plausibel reflektiert worden sind.	
Erkundigungen über voraussichtliche Lohn- und Gehaltsentwicklungen in der Branche; Prüfung der Plausibilität entsprechender Vorhersagen des zu übernehmenden Unternehmens.	
Beurteilung, ob die geplanten Investitionen adäquat und nachvollziehbar sind.	
Vergleich des laufenden Jahresergebnisses mit den Ergebnissen der Vorjahre; Darstellung der voraussichtlichen Entwicklung der zukünftigen Ergebnisse.	
Erkundigungen über die langfristige Nachfrage der Produkte des Unternehmens, insbesondere durch Gespräche mit der Verkaufsabteilung und durch Branchenliteratur (insbesondere Internetrecherche). Dabei ist zu untersuchen, ob die Nachfrage expandieren oder zurückgehen wird, ob ein deutlicher Wettbewerb durch andere Produkte besteht und ob die wesentlichen Nachfragefaktoren auch in der Zukunft Bestand haben werden.	
Einplanung der Pläne des Unternehmens zur Produktentwicklung. Dabei muss geprüft werden, welche neuen Ideen und Produkte die Entwicklungs- und Forschungsabteilung schafft und auf welchem Forschungsstand sie sich befindet.	
Darstellung der Produktentwicklungen, der Zukunft der Produkte und der Branche sowie des Stands der Produkte in den einzelnen Produktlebenszyklen.	

Abbildung 18: Checkliste zur Analyse des operativen Unternehmensergebnisses

3.3.3.5 Beteiligungsergebnis, Finanzergebnis, Steuern

Ein bedeutendes Beteiligungsergebnis ist zu analysieren. Beteiligungen, die mangels Einfluss nicht zu konsolidieren sind, werden hinsichtlich ihrer Vertragsbedingungen,

Optionen, Lieferbeziehungen, strategischen Bedeutung und Betriebsnotwendigkeit untersucht.[49]

Wird ein schuldenfreier Erwerb vereinbart, so ist das Finanzergebnis von untergeordneter Bedeutung, da der Käufer seine eigene Finanzierung mitbringt. Ansonsten ist bei den Finanzaufwendungen eine Darstellung der Kredite nach Kreditgebern, der Zinssätze und sonstigen Konditionen sowie der beanspruchten Sicherheiten erforderlich.[50]

Aufgrund der Tatsache, dass nach der Transaktion eine vollkommen andere Steuerstruktur vorliegen kann, sind die ertragsabhängigen Steuern bei der finanziellen Due Diligence zu vernachlässigen. Ansonsten sollte auf die Ergebnisse der steuerlichen Due Diligence zurückgegriffen werden.[51]

3.4 Analyse der Synergiepotenziale und deren Wertsteigerungsbeitrag

In der Praxis werden Unternehmenstransaktionen oftmals mit vagen Synergiehoffnungen begründet, die sich in der Postmerger- oder Postakquisitions-Phase zerschlagen. Folglich gibt es gute Gründe, Synergiepotenziale nicht nur zu analysieren, sondern auch deren Wertsteigerungsbeitrag zu erfassen und zu dokumentieren. Eine Möglichkeit besteht darin, den Einfluss von Synergiepotenzialen anhand der aus ihnen resultierenden Veränderungen des Cash-flow der beteiligten Unternehmen zu analysieren.[52]

Unternehmen A+B (nach Akquisition)		**Mögliche Synergiepotenziale**
Absatz		Gesteigertes Absatzvolumen
x	= Umsatz	
Preis	–	Höhere Preise
	Kosten	Reduzierte Kosten
	=	
	Betriebsergebnis	Höheres Ergebnis
	+/–	
	Veränderung des Working Capitals	Verringerung bei Bestandsminderungen bzw. Erhöhung bei gesteigertem Volumen
	+	
	Abschreibungen	erhöhtes Abschreibungsvolumen bzw. schnellere Abschreibung
	–	
	Netto-Investitionen	Reduzierung bei Synergien im Fertigungsbereich

–	
Steuerzahlungen	Reduzierung durch Verlustvorträge
=	
Netto verfügbarer Cash-flow	

Abbildung 19: Synergiepotenziale und deren Wertsteigerungsbeitrag

4. Fazit und Ausblick

Financial Due Diligence dient als entscheidendes Instrument, um im Vorfeld einer Unternehmenstransaktion detaillierte Informationen über das Zielunternehmen zu beschaffen. Die Ergebnisse aus dem Financial Due Diligence Review haben regelmäßig einen großen Anteil an der Gewichtung der Ergebnisse des gesamten Due-Diligence-Review-Prozesses und Einfluss auf die Unternehmensbewertung.

Financial Due Diligence als Bestandteil des allgemeinen Review-Prozesses wird sich auch in Europa als Teil der Informationskultur weiter etablieren, vor allem, wenn die Anzahl der Unternehmenstransaktionen das aktuelle Niveau halten oder sich im Zuge der Globalisierung sogar noch weiter steigern sollte. Investoren – und hier zunehmend auch große institutionelle Anleger sowie finanzierende Banken – verlangen verstärkt die professionelle Unterstützung bei einer Unternehmenstransaktion. Nachfragesteigernd wirken sich vor allem die hohe Anzahl fehlerhafter Unternehmenserwerbe und die spektakulären Fehl-Fusionen aus. Sie führen zu dem verständlichen Wunsch, das Risiko einer fehlerhaften Unternehmenstransaktion durch die frühzeitige Analyse des finanzwirtschaftlichen Datenmaterials auf ein vertretbares Maß zu reduzieren. Ein Übriges trägt die fortschreitende Haftungserweiterung für Vorstände und Aufsichtsräte bei.

Anmerkungen

1 Analyse des „Institute for Mergers & Acquisitions – IMA der Privatuniversität Witten/Herdecke, in: IT Services, Heft 1–2, 1999, S. 21f.
2 Vgl. Nieland, 1997, S. 155.
3 Vgl. Nieland, 1997, S. 159.
4 Vgl. Nieland, 1997, S. 156.
5 Vgl. Nieland, 1997, S. 156.
6 Vgl. Berens/Strauch, 1998, S. 13.
7 Vgl. Ganzert/Kramer, 1995, S. 580.
8 Vgl. Kittner, 1997, S. 2286.
9 In Sonderfällen können andere Aspekte im Vordergrund stehen: Einfluss auf oder Ausschaltung von Konkurrenten, die Sicherung eines bestimmten Rohstoffes, einer Lizenz, einer bestimmten Immobilie oder eines Markenzeichens; vgl. Lutter, 1997, S. 613.
10 Vgl. Kissin/Herrera, 1990, S. 53f.
11 Vgl. Harrer, 1993, S. 1673; Pollanz, 1997, S. 1354.
12 Vgl. Berens/Hoffjan/Strauch, 1998, S. 122.

13 Vgl. IdW/Fachausschuss Recht, 1998, S. 288.
14 Vgl. Ganzert/Kramer, 1995, S. 580.
15 Vgl. Wirtschaftsprüfer-Handbuch Band I, 1996, S. 1238.
16 Vgl. Berens/Hoffjan/Strauch, 1998, S. 149.
17 Vgl. Berens/Hoffjan/Strauch, 1998, S. 150.
18 Vgl. Ganzert/Kramer, 1995, S. 581.
19 Andere Motive können z.B. sein: Einfluss auf oder Ausschaltung von Konkurrenten, die Sicherung eines bestimmten Rohstoffes, einer Lizenz, einer bestimmten Immobilie oder eines Markenzeichens; vgl. Lutter, 1997, S. 613.
20 Vgl. Kolb/Görtz, 1998, S. B4.
21 Die Erkenntnis, dass den Menschen in Organisationen mit ihren Fähigkeiten und auch der Art ihrer Behandlung größere Aufmerksamkeit geschenkt werden sollte, gehört spätestens seit den Hawthorne-Experimenten zum Allgemeinwissen von Management-Praktikern; vgl. Staehle, 1991, S. 476.
22 Darstellung auf der Prüfungsleiter-Fachtagung der PwC Deutsche Revision in Düsseldorf am 14.12.98.
23 Vgl. Kolb/Görtz, 1998, S. B4.
24 Vgl. Brebeck/Bredy, 1998, S. 201.
25 Vgl. Nieland, 1997, S. 271.
26 Vgl. Harrer, 1993, S. 1674, und Eschenbruch, 1996, S. 345, zitiert in: Schims, 1999, S. 10.
27 Vgl. Koch/Wegmann, 1998, S. 117.
28 Vgl. Nieland, 1997, S. 272.
29 Vgl. Koch/Wegmann, 1998, S. 117.
30 Vgl. Harrer, 1993, S. 1673, und Eschenbruch, 1996, S. 345.
31 Vgl. Nieland, 1997, S. 278.
32 Vgl. Koch/Wegmann, 1998, S. 119.
33 Vgl. Brebeck/Fredy, 1998, S. 210.
34 Vgl. Nieland, 1997, S. 249.
35 Vgl. Koch/Wegmann, 1998, S. 45.
36 Vgl. Brauner/Scholz, 1998, S. 235.
37 Vgl. Nieland, 1997, S. 300.
38 Von besonderer Bedeutung für die Betrachtung der Vermögenslage deutscher Unternehmen sind die Pensionsrückstellungen. Dies liegt zum einen an deren langfristigem Charakter und zum anderen an deren quantitativem Volumen. In der Bundesrepublik Deutschland belaufen sich die gesamten Versorgungsmittel auf ca. 250 Mrd. Euro; ca. 150 Mrd. Euro davon entfallen auf Pensionsrückstellungen (vgl. Höfer/Küpper, 1997, S. 1317. Der Due-Diligence-Prüfer hat sämtliche das betriebliche Versorgungswerk betreffenden Unterlagen zu besorgen: die Pensions- bzw. Versorgungsordnung, Einzelzusagen und das letzte versicherungsmathematische Gutachten (vgl. Brebeck/Bredy, 1998, S. 210, und Checkliste bei Höfer/Küpper, 1997, S. 1317); zitiert in Schims, 1999, S. 12.
39 Vgl. Brebeck/Bredy, 1998, S. 210.
40 Vgl. Höfer/Küpper, 1997, S. 1317f.
41 Vgl. Kolb/Görtz, 1998, S. B4.
42 Zum Vergleich: Die direkte Methode ermittelt den Cash-flow als Saldo aus Ein- und Auszahlungen. Diese stehen aber regelmäßig nur den unternehmensinternen Personen zur Verfügung. Im Ergebnis ergibt sich bei beiden Methoden der gleiche Cash-flow.
43 HFA 1/1995, Die Kapitalflussrechnung als Ergänzung des Jahres- und Konzernabschlusses, in: WPg, 1995, S. 210–213.
44 JFA 1/1995, Die Kapitalflussrechnung als Ergänzung des Jahres- und Konzernabschlusses, in: WPg, 1995, S. 210–213.
45 Zum Beispiel Veränderungen des Sonderpostens mit Rücklageanteil, Erträge aus der Auflösung passivierter Investitionszuschüsse, Abschreibungen auf Wertpapiere des Umlaufvermögens und auf ein aktiviertes Disagio.
46 Aktiva, die nicht der Investitions- oder Finanzierungstätigkeit und nicht dem Finanzmittelfonds zuzuordnen sind (z.B. geleistete Anzahlungen für Vorräte, sonstige Vermögensgegenstände, aktive Rechnungsabgrenzungsposten).
47 Passiva, die nicht der Investitions- oder Finanzierungstätigkeit und nicht den Finanzmittelfonds zuzuordnen sind (z.B. erhaltene Anzahlungen für Warenlieferungen, sonstige Verbindlichkeiten, passive Rechnungsabgrenzungsposten).
48 Vgl. Kolb/Görtz, 1998, S. B4.

49 Vgl. Brebeck/Bredy, 1998, S. 208.
50 Vgl. Koch/Wegmann, 1998, S. 114.
51 Vgl. den Beitrag zur steuerlichen Due Diligence in diesem Buch.
52 Vgl. Schade, 1997, S. 25, in Anlehnung an: Clarke, 1997, S. 12–18.

Die steuerliche Due Diligence

Dieter Kecker

1. Ziele der Steuerlichen Due Diligence

1.1 Analyse steuerlicher Schwachstellen und Risiken des zu erwerbenden Unternehmens

Das Ziel der steuerlichen Due Diligence ist eine für die Disposition des Erwerbers erforderliche gründliche Analyse von Schwachstellen und möglichen Steuerrisiken, die künftige Erträge belasten und Mittel entziehen, deren Einsatz z.B. für Investitionen und gegebenenfalls auch Sanierungsmaßnahmen dringend benötigt werden. Solche ungeplanten Belastungen stören den Nachweis der Rentabilität einer Akquisition gegenüber Kreditgebern oft empfindlich.

Erstes Ziel der steuerlichen Due Diligence muss daher sein, für den Erwerber eines Unternehmens Informationen zusammenzutragen, die eine zuverlässige Risikobeurteilung ermöglichen.

Die sorgfältige Risikoanalyse ist umso wichtiger für das Gelingen einer erfolgreichen Akquisition, je weniger es dem potenziellen Erwerber gelingt, vertragliche Garantien und damit meist verbundene Einbehaltungsmöglichkeiten des Kaufpreises durchzusetzen. Häufig lässt sich der Kaufpreis nur in einem gewissen Umfang durch Garantien und Einbehalte absichern. Dies hängt von der Risikobereitschaft des Veräußerers und, aus Erwerbersicht, von der Größe der Chance ab, die mit der Akquisition gesteckten Ziele zu verwirklichen.

Umso wichtiger ist eine zuverlässige Analyse im Vorfeld der Verhandlungen über die Ausformulierung des Kaufvertrages.

1.2 Die steuerliche Situationsanalyse als Instrument zur Konzeption einer günstigen Erwerbsstruktur

Die gründliche Analyse von steuerlichen Schwachstellen und möglichen Steuerrisiken wird vielfach mit einer übergreifenden steuerlichen Situationsanalyse verbunden, um es dem Erwerber zu ermöglichen, die günstigste steuerliche Struktur des Erwerbsvorgangs zu konzipieren. Die letztgenannte Aufgabe läuft in der Regel darauf hinaus, die Vor- bzw. Nachteile eines Asset Deal (Erwerb einzelner Wirtschaftsgüter, wobei steuerlich der Erwerb von Anteilen an Personengesellschaften grundsätzlich als Erwerb der „hinter den Anteilen stehenden" Einzelwirtschaftsgüter behandelt wird) oder eines Share Deal (Erwerb von Anteilen an Kapitalgesellschaften, im Wesentlichen Aktien und GmbH-Geschäftsanteilen) herauszufinden und Lösungsansätze zu skizzieren, um die günstigste steuerliche Struktur für den Erwerber unter Wahrung der Interessen des Veräußerers zu ermitteln.

Dabei kommt es insbesondere darauf an, Teile des Kaufpreises, nämlich die für stille Reserven, steuerlich abschreibungsfähig zu machen und damit den Ertrag in Form gekaufter Zukunftserfolge so schnell wie möglich steuerfrei (durch Gegenrechnung von

Abschreibungen auf den hierfür entrichteten Kaufpreis) zu vereinnahmen. Hierdurch wird das Akquisitionskalkül vielfach entscheidend verbessert, wodurch der Kauf häufig erst ermöglicht wird.

Liefen in der Vergangenheit oftmals die Interessen des Veräußerers mit denen des Erwerbers parallel, so hat sich dieser tendenzielle Gleichklang durch das Steuerentlastungsgesetz 1999/2000/2002 deutlich verschoben.[1]

Nach dem Wegfall der Tarifbegünstigung des § 34 EStG in Form des halben durchschnittlichen Steuersatzes für Veräußerungsgewinne im Sinne der §§ 16, 17 EStG und 21 UmwStG hat der Veräußerer in der Regel nicht mehr das Interesse, die Reserven umgehend zu realisieren, um die (bis 1998 doch sehr beträchtlichen) Tarifbegünstigung des § 34 EStG (= halber durchschnittlicher Steuersatz) in Anspruch nehmen zu können. Er muss viel stärker als bisher mit einer erheblichen Steuerbelastung rechnen und verlagert die Steuerbelastung in die Zukunft, um damit die Gewinnrealisierung zeitlich zu strecken. Die Spekulation auf künftige Tarifermäßigungen und Steuersatzsenkungen spielt hierbei auch eine Rolle.

Die Realisation der stillen Reserven des Veräußerers eines Unternehmens in zeitlich gestreckter Form konterkariert natürlich das Erwerberinteresse, möglichst hohes und sofort nutzbares Abschreibungspotenzial zu erhalten, um den Barwert des Ertrags entscheidend zu verbessern.

2. Wesentliche Anknüpfungspunkte der steuerlichen Due Diligence

Die steuerliche Risikoanalyse folgt weitgehend der Methode der steuerlichen Betriebsprüfung. Deswegen sind Ansatzpunkte in der Regel Betriebsprüfungsberichte, die Durchsicht und Beurteilung noch nicht abgeschlossener Verfahren (schwebende Einsprüche, Klagen, Revisionen etc.).

Nicht zu verkennen ist, dass die meisten Wirtschaftsprüfungsberichte und Berichte über die Aufstellung von Jahresabschlüssen durch Steuerberater wenig brauchbare Aussagen über die steuerliche Situation des Unternehmens enthalten. Eine Reihe von Berichten nimmt dazu überhaupt nicht Stellung. Andere Berichte enthalten wenigstens Aussagen über abgeschlossene Prüfungszeiträume und gegebenenfalls noch offene Rechtsmittelverfahren. In den seltensten Fällen finden sich in Prüfungsberichten von Kapitalgesellschaften Eigenkapitalgliederungen. Gerade aus der Struktur der Eigenkapitalgliederung lassen sich jedoch wesentliche Informationen für Gestaltungsüberlegungen gewinnen. Insbesondere beim so genannten Share Deal sind zukünftige Ausschüttungen häufig das Ziel eines Erwerbers, der vom Veräußerer gebildete Rücklagen übernimmt. Er muss natürlich die Steuerbelastung bei der Ausschüttung übernommener Rücklagen kennen. Hierfür ist es wesentlich zu wissen, ob versteuertes Eigenkapital zur Ausschüttung verfügbar ist, ob eine künftige Ausschüttung aus unversteuertem Kapital (z.B. Investitionszulagen, Schachteldividenden, Gesellschaftereinlagen) gespeist werden muss, ob das so genannte EK 04 eines Unternehmens Ausschüttungspotenzial enthält und wie sich solche Ausschüttungen beim Erwerber steuerlich darstellen.

Inzwischen ist hierbei auch der geänderte Inhalt des § 50c Abs. 11 EStG zu beachten, der durch Gesetz vom 29.10.1997 mit Wirkung ab dem Veranlagungszeitraum 1997 eingeführt wurde. Dieser Sachverhalt betrifft Erwerbe von Anteilseignern von Kapitalgesellschaften, die zwar nicht vom steuerlichen Anrechnungsverfahren ausgeschlossen sind (anrechnungsberechtigte Anteilseigner), aber bei der Veräußerung der Anteile mit ihrem Veräußerungsgewinn nicht der Einkommensteuer unterlagen, weil z.B. die Voraussetzungen des § 17 EStG bei ihnen nicht erfüllt waren und – wie in der Regel – auch andere Tatbestände (§ 23 EStG = Spekulationsgeschäft oder § 21 UmwStG = einbringungsgeborene Anteile) nicht vorlagen.

Für diese Fälle hat der Gesetzgeber eine so genannte Sperrbetragsregelung eingeführt, wie sie vorher schon beim Erwerb von nicht anrechnungsberechtigten Ausländern bestand. Auf Grund dieser Regelung kann der Erwerber ausschüttungsbedingte Teilwertabschreibungen auf die Anteile nicht mit steuerlicher Wirkung vornehmen. Er kann aber auch das so genannte Umwandlungsmodell nicht nutzen.

In der Regel ergeben sich entsprechende Tatbestände nicht aus Prüfungsberichten und müssen im Rahmen der steuerlichen Due Diligence im Einzelnen ermittelt werden. Die steuerliche Due Diligence erschöpft sich somit bei weitem nicht nur in der Ermittlung des Risikopotenzials bei den betrieblichen Steuern, für die häufig im Kaufvertrag auch noch mehr oder weniger harte Gewährleistungsklauseln vorgesehen sind. Die Untersuchung ist umfassender und im Wesentlichen auch auf Sachverhalte gerichtet, die für den Erwerber Gestaltungspotenzial bieten oder – zumeist – einengen. Da der Erwerber dieses Gestaltungspotenzials in seine Kaufpreisüberlegungen einbezieht, sind entsprechende Untersuchungen jedenfalls bei größeren Erwerbsvorgängen unverzichtbar.

Die wesentlichen Anknüpfungspunkte der steuerlichen Due Diligence sind somit die Jahresabschlüsse der letzten drei bis fünf Jahre des zu erwerbenden Unternehmens, die Steuererklärungen und natürlich die Auskünfte des Veräußerers und dessen Berater.

3. Die Durchführung der steuerlichen Due Diligence

3.1 Ermittlung der Sachverhalte

3.1.1 Steuererklärungen, Steuerbescheide, offene Veranlagungen

In der Regel reichen die steuerlichen Berater die Unternehmenssteuererklärungen unter Ausnutzung der Fristverlängerungsmöglichkeiten in einem Zeitraum von neun bis etwa 15 Monaten nach Ablauf eines Geschäftsjahres (hier unterstellt = Kalenderjahr) beim zuständigen Finanzamt ein. Dieser Rhythmus hängt mit der Fristverlängerungspraxis der Finanzbehörden zusammen und wird auch durch die so genannte Vollverzinsung gemäß § 233a AO beeinflusst. Der Zinslauf der Steuernachzahlungen beginnt nach Absatz 2 dieser Vorschrift 15 Monate nach Ablauf des Kalenderjahres, in dem die Steuer entstanden ist. Die Entstehung der Steuern ist in den jeweiligen Einzelsteuergesetzen geregelt. Die relevanten Steuern entstehen in der Regel mit Ablauf des Veranlagungszeitraums (so z.B. die Einkommensteuer nach § 36 Abs. 1 EStG).

Werden keine Steuererklärungen abgegeben, ergehen nach erfolgloser Aufforderung und Fristsetzung Schätzungsbescheide. Bei Einsprüchen gegen diese Bescheide hat das Finanzamt seit dem 01.01.1996 die äußerst wirksame Möglichkeit, nach § 364b AO Ausschlussfristen zur Vorlage von Erklärungen und Unterlagen zu setzen, bei deren Überschreitung die so genannte „Präklusionswirkung" eintritt, die Unterlagen also nicht mehr zu berücksichtigen sind. Die gleiche Möglichkeit besteht in finanzgerichtlichen Verfahren nach § 76 FGO. Es ist somit im Rahmen der Due Diligence regelmäßig davon auszugehen, dass Steuererklärungen und Steuerbescheide für Vorjahre vorliegen.

Zeitnahe Unterlagen für Veranlagungszeiträume, für die die Erklärungsfristen noch nicht abgelaufen sind, erstellen die steuerlichen Berater zusammen mit der Steuerbilanz. Soweit nicht im Einzelfall eine von der Handelsbilanz abweichende Steuerbilanz aufgestellt wird, liegen entsprechende Unterlagen bereits für die Ermittlung der Steuerrückstellungen in der Handelsbilanz vor. Diese Unterlagen wurden auch schon von Wirtschaftsprüfern geprüft, sofern für den Jahresabschluss Prüfungspflicht besteht oder eine freiwillige Prüfung erfolgt. Bei der Nutzung von Arbeitspapieren Dritter ist vorher die Genehmigung einzuholen.

Ausreichende Unterlagen in Form von Steuererklärungen, Steuerbescheiden und Entwürfen zur Berechnung von Steuerrückstellungen liegen somit fast immer vor und sind – ggf. nach Genehmigung – zur Verfügung zu stellen. Eine ganz andere Frage ist, welche Schlussfolgerungen für den Erwerber aus diesen Unterlagen zu ziehen sind.

Steuererklärungen können falsch oder unvollständig sein. In ihnen wird naturgemäß die für den Steuerpflichtigen günstigste Auffassung vertreten. Aus diesen Gründen ist eine Prüfung jener Unterlagen in verfahrens- und materiellrechtlicher Hinsicht erforderlich.

3.1.2 Prüfung von Steuerbescheiden in rechtlicher Hinsicht

Eine verfahrensrechtliche Prüfung erfordert die Feststellung, für welche Steuerbescheide bereits die normale vierjährige Festsetzungsverjährung eingetreten ist. Sie sind dann regelmäßig nicht mehr änderbar.

Festsetzungsverjährung tritt bei den laufend veranlagten Steuern nach § 169 Abs. 2 der AO in der Regel nach Ablauf von vier Jahren ein. Nur für strafrechtlich relevante Sachverhalte beträgt die Frist fünf oder gegebenenfalls auch zehn Jahre. Bei der Ermittlung, ob Festsetzungsverjährung eingetreten ist, sind Anlaufhemmung und Ablaufhemmung zu beachten.

Die Festsetzungsfrist beginnt erst nach Ablauf des Jahres, in dem die Jahressteuererklärung eingereicht wurde. Da dies häufig erst nach mehr als zwölf Monaten geschieht, kann üblicherweise davon ausgegangen werden, dass einschließlich Anlaufhemmung ein Zeitraum von sechs Jahren nach Entstehung der Steuern verstreicht, ehe Festsetzungsverjährung eintritt.

Die Tatbestände der Ablaufhemmung sind im Allgemeinen angeordnete Betriebsprüfungen und laufende Rechtsbehelfsverfahren (siehe im Einzelnen § 171 AO). Bei Betriebsprüfungen besteht die Ablaufhemmung gewöhnlich bis zur Unanfechtbarkeit der auf Grund der Betriebsprüfung erlassenen, berichtigten Steuerbescheide.

Im Einzelnen sind die Fristabläufe oft schwer zu ermitteln, so dass für die steuerliche Due Diligence zu empfehlen ist, im Zweifel davon auszugehen, dass jedenfalls die für den Erwerber wichtigen Veranlagungen steuerlich noch änderbar sind, auch wenn die Steuerbescheide schon bestandskräftig sind. Bei größeren Unternehmen erteilt die Finanzverwaltung laufende Firmensteuerbescheide gewöhnlich ohnehin nur unter dem Vorbehalt der Nachprüfung. Diese Steuerbescheide sind innerhalb der Festsetzungsfristen jederzeit änderbar. Aus allem lässt sich schließen, dass verfahrensrechtliche Überlegungen selten zu einer Sicherheit über die Änderbarkeit der Steuerfestsetzungen im Rahmen der Due Diligence führen. Das Augenmerk ist deswegen in erster Linie auf die materiellrechtliche Behandlung der Sachverhalte in den Steuererklärungen zu legen. Hierbei kann sich ein Erwerber nicht darauf verlassen, dass das Finanzamt einen bestandskräftigen Steuerbescheid, in dem es zunächst der Steuererklärung gefolgt ist, nicht mehr ändern wird.

Da die steuerlichen Due Diligence Prüfungen meistens unter zeitlichem Druck stehen, empfiehlt es sich bereits im Vorfeld, das volle Risikopotenzial anhängiger Rechtsbehelfsverfahren aufzudecken, um hieraus Schlussfolgerungen für die Höhe der wahrscheinlichen Inanspruchnahme abzuleiten und eine ergebnisorientierte Prüfungsplanung durchführen zu können. Eine besondere Bedeutung für grundsätzliche Steuerrisiken haben anhängige Klagen vor den Finanzgerichten oder – seltener – vor dem Bundesfinanzhof.

Der Streitstoff ergibt sich aus den Klagebegründungen und den hierzu meist vorliegenden Erwiderungen des Finanzamts. In den Klagebegründungen sind die Klageanträge im Hinblick auf den Betrag beziffert oder jedenfalls errechenbar.

Verböserungsmöglichkeiten bestehen im finanzgerichtlichen Verfahren im Gegensatz zum Einspruchsverfahren vor dem Finanzamt nicht. Im Gegensatz zum Einspruchsverfahren ist das Finanzgericht an die Klageanträge gebunden, es kann hierüber nicht hinausgehen (Verböserung). Im Einspruchsverfahren ist die so genannte Verböserung möglich, allerdings nicht ohne Ankündigung des Finanzamts. Dadurch wird dem Steuerpflichtigen Gelegenheit gegeben, den Einspruch zurückzunehmen und den angegriffenen Bescheid auf diese Weise wenigstens in seinem Bestand vor der beabsichtigten Änderung zu erhalten. Im finanzgerichtlichen Verfahren besteht diese Möglichkeit der Finanzverwaltung nicht mehr.

Zur Risikoanalyse gehört neben der materiellrechtlichen Beurteilung insbesondere auch die Ermittlung des Streitwerts. Zu bedenken ist, dass solche Verfahren auch Folgewirkungen für noch nicht im Streit befindliche Veranlagungszeiträume haben können. Bei der Beurteilung der streitigen Sachverhalte ist also zu beachten, ob es sich um Einmalsachverhalte oder um Dauertatbestände handelt, die auch in späteren Veranlagungszeiträumen unverändert realisiert worden sind.

Da die im finanzgerichtlichen Verfahren streitigen Unternehmenssteuern häufig außer Vollziehung gesetzt sind, ist die Verzinsung mit in die Betrachtung einzubeziehen. Diese Überlegung gilt auch schon für das Einspruchsverfahren. Die Verzinsung beträgt zurzeit sechs von Hundert pro Jahr der streitigen Steuer oder 0,5 % je angefangenen Monat (Aussetzungszinsen §§ 238, 287 AO). Darüber hinaus sind die Verfahrenskosten in Betracht zu ziehen, sie können bei einem Streit über mehrere Instanzen im Unterliegensfall erheblich sein.

Bei streitigen Unternehmenssteuern ist im Übrigen nicht ohne weiteres davon auszugehen, dass das volle Risiko in den Steuerbilanzen zurückgestellt ist. Bei der Bemessung der Steuerrückstellungen ist die Wahrscheinlichkeit der Inanspruchnahme zu berücksichtigen. Aus diesem Grund ist die besonders sorgfältige Analyse der Steuerrückstellungen in den Jahresabschlüssen des Zielunternehmens erforderlich.

3.1.3 Ergebnis der vorangegangenen Betriebsprüfungen

In Betracht kommt insoweit die Außenprüfung nach § 193 der AO, deren Umfang sich aus der schriftlich zu erteilenden Prüfungsanordnung nach § 196 AO ergibt. Daneben werden häufig Sonderprüfungen durchgeführt zur Ermittlung von umsatz- und lohnsteuerrechtlichen Sachverhalten sowie von den Sozialversicherungsträgern zur Ermittlung sozialversicherungsrechtlicher Nachforderungen.

Bei größeren Unternehmen findet die Außenprüfung turnusmäßig statt und schließt an den letzten Prüfungszeitraum an. Es empfiehlt sich daher, mindestens die letzten beiden vorliegenden Prüfungsberichte einzusehen und auf Sachverhalte durchzusehen, bei deren Beurteilung durch die Außenprüfer sich in der Vergangenheit Steuernachzahlungen ergeben haben. Eine allgemeine Regel kann für die Beurteilung der der Außenprüfung unterzogenen Sachverhalte für Zwecke der Due Diligence nicht gegeben werden. Die Steuerrisiken hängen oft entscheidend von unternehmensspezifischen Sachverhalten ab.

Bei Fertigungsunternehmen werden häufig Garantierückstellungen, Vorratsbewertung, Forderungsbewertung und dergleichen Schwerpunkte bilden.

Bei kleineren Unternehmen und Personengesellschaften wird daneben die Abgrenzung zur Privatsphäre eine besondere Rolle spielen. Bei Kapitalgesellschaften liegen entsprechende Sachverhalte unter dem Oberbegriff verdeckte Gewinnausschüttung nicht selten in gleicher oder ähnlicher Form vor.

Gleiches gilt für die Feststellungen von Lohnsteuer-, Umsatzsteuer- und Sozialversicherungsträgerprüfungen. Auch diese richten sich hauptsächlich nach den strukturellen Gegebenheiten der zu prüfenden Unternehmen. Aus den hierzu ergangenen Prüfungsberichten lassen sich also regelmäßig Rückschlüsse auf branchentypische oder unternehmensspezifische Steuerrisiken ableiten.

Betriebsprüfungen sind vergangenheitsorientiert. Gesetzliche Änderungen kommen hierin nicht zum Ausdruck. Gerade das Steuerentlastungsgesetz 1999/2000/2002 hat wiederum erhebliche Veränderungen in allen Bereichen der Unternehmensbesteuerung nach sich gezogen.[2] Bei der Überprüfung der in der Vergangenheit steuerlich relevanten Prüfungssachverhalte ist also jeweils auch eine etwa geänderte Rechtslage in die Betrachtung einzubeziehen. So ist es möglich, dass in der Vergangenheit die Prüfer der so genannten Scheinselbständigkeit kein besonderes Augenmerk gewidmet haben. Auch die Behandlung der geringfügigen Beschäftigung hat bei Lohnsteuerprüfungen zwar schon immer eine Rolle gespielt, aber nicht eine so schwer wiegende, wie dies in Zukunft der Fall sein wird.

Bei der Beurteilung der Feststellungen der „normalen" Außenprüfung werden ebenfalls geänderte Bewertungsregelungen für die Zukunft bedeutsam. Beispielhaft sei nur die geänderte Behandlung von Beibehaltungswahlrechten erwähnt.[3] Hieraus kann sich für zu erwerbende Unternehmen ein erhebliches Besteuerungspotenzial ergeben, das sich aus der Durchsicht der bisherigen Prüfungsschwerpunkte der Betriebsprüfungen nicht erkennen lässt.

Bei der steuerlichen Due Diligence ist es daher wichtig, die in der Vergangenheit bei Außenprüfungen aufgetretenen Probleme zu analysieren. Es ist jedoch zukunftsorientiert zu prüfen. Durch die häufigen Gesetzesänderungen der letzten Jahre können steuerliche Probleme auftreten, die sich aus den Prüfungsberichten nicht erkennen lassen. Allgemein ist zu der Analyse der vorliegenden Prüfungsberichte zu sagen, dass sie zwar meist einen ziemlich zuverlässigen Einblick in den steuerlichen „Problembestand" geben, man sich jedoch nicht auf die Vollständigkeit der in den Berichten angesprochenen Probleme verlassen kann. Manche im Rahmen von Betriebsprüfungen gelösten Probleme werden in den Berichten bewusst knapp dargestellt, um zu vermeiden, dass zu späteren Zeitpunkten hierauf von der einen oder anderen Seite Bezug genommen wird.

3.1.4 Haftungstatbestände

Besonders wichtig ist es bei der steuerlichen Due Diligence überdies, Haftungstatbestände zu ermitteln, die dazu führen können, dass der Erwerber des Unternehmens für Schulden des Veräußerers zur Rechenschaft gezogen wird. Solche Haftungstatbestände ergeben sich zivilrechtlich aus verschiedenen Gesetzen. Daneben bestehen spezielle steuerliche Haftungstatbestände.

3.1.4.1 Zivilrechtliche Haftungsbestände

- Haftung des Kaufmanns bei Firmenfortführung (§ 25 HGB)

Nach § 25 HGB haftet für alle im Betrieb des Geschäfts begründeten Verbindlichkeiten eines früheren Inhabers, wer ein unter Lebenden erworbenes Handelsgeschäft unter der bisherigen Firma mit oder ohne Beifügung eines das Nachfolgeverhältnis andeutenden Zusatzes fortführt.

Eine abweichende Vereinbarung zwischen Veräußerer und Erwerber ist einem Dritten gegenüber nur wirksam, wenn sie in das Handelsregister eingetragen und bekannt gemacht oder von dem Erwerber oder dem Veräußerer dem Dritten mitgeteilt worden ist.

Regelmäßig wird eine Haftungsbeschränkung nicht in das Handelsregister eingetragen. Alsdann besteht für jeden Erwerber die vorgenannte Haftungslage. Der entsprechende Haftungstatbestand kann aber auch schon von dem Veräußerer erfüllt worden sein anlässlich eines vorhergegangenen Erwerbs von einem Dritten. Es ist deswegen erforderlich, entsprechende Ermittlungen anzustellen und Handelsregistereintragungen einzusehen, die vor der Übernahme im Handelsregister des veräußernden Unternehmers vorgenommen wurden.

- § 28 HGB, Haftung bei Eintritt in das Geschäft eines Einzelkaufmanns

Tritt jemand als persönlich haftender Gesellschafter oder Kommanditist in das Geschäft eines Einzelkaufmanns ein, so haftet die Gesellschaft, auch wenn sie die frühere Gesellschaft nicht fortführt, für alle im Betrieb des Geschäfts entstandenen Verbindlichkeiten des früheren Geschäftsinhabers. Auch hier ist eine abweichende Vereinbarung Dritten gegenüber nur wirksam, wenn sie ins Handelsregister eingetragen und bekannt gemacht worden ist.

Der vorstehende Sachverhalt ist in der Regel nur dann gegeben, wenn ein Einzelkaufmann eine Personengesellschaft gründet und einen weiteren Gesellschafter aufnimmt. Der Erwerb eines Unternehmens kann sich natürlich auch in der Weise vollziehen, dass ein Erwerber mit einem Einzelkaufmann zusammen eine Personengesellschaft gründet. In diesem Fall ist an die Haftung der neu gegründeten Personengesellschaft für die Schulden des früheren Geschäftsinhabers zu denken.

- § 613a BGB, Übergang von Rechten und Pflichten aus im Zeitpunkt des Betriebsüberganges bestehenden Arbeitsverhältnissen

Der vorstehende Haftungstatbestand wird häufig unerkannt realisiert. Er kann zu äußerst unangenehmen Folgen führen, wenn der übernommene Betrieb ein System der betrieblichen Altersversorgung unterhalten hat. In die entsprechenden Verpflichtungen tritt der Erwerber mit dem Betriebsübergang ein.

- Tatbestände der Konzernhaftung

In den letzten Jahren hat die zivilrechtliche Rechtsprechung die so genannte Haftung im qualifiziert faktischen Konzern analog §§ 302, 303 AktG festgestellt. Es handelt sich hierbei um eine aus dem Konzernrecht für Aktiengesellschaften hergeleitete Haftung, die in der Literatur als Konzernleitungshaftung bezeichnet wird und dadurch gekennzeichnet ist, dass eine Vielzahl von schädigenden Eingriffen bei einer Unternehmensgruppe meist in der Rechtsform der GmbH vorliegt, bei der das Einzelausgleichssystem versagt, weil vertragliche Ansprüche nicht mehr zu verwirklichen sind, da sich die einzelnen schädigenden Maßnahmen nicht mehr isolieren lassen. Voraussetzungen hierfür sind undurchsichtige Vermögensverschiebungen und betriebswirtschaftlich nicht motivierbare Eingriffe in einzelne Unternehmen zu Gunsten einer Konzernobergesellschaft.

Auf der Grundlage dieser Rechtsprechung sind Haftungstatbestände denkbar, die auch außerhalb des Unternehmensbereichs von aktienrechtlichen Konzernen, hauptsächlich im qualifiziert faktischen GmbH-Konzern. Entsprechende haftungsbegründende Tatbestände können bei dem Erwerb einer Obergesellschaft, bei der diese Tatbestände durch Eingriffe in die Substanz von Tochterunternehmen geschaffen wurden, schwer wiegende Konsequenzen haben, treffen aber einen Erwerber nur, wenn er die schädlichen Eingriffe fortsetzt oder die schädigende Obergesellschaft übernimmt und damit für die schädigenden Handlungen mit deren Vermögen einstehen muss.

3.1.4.2 Speziell steuerliche Haftung

Aus der Abgabenordnung ergibt sich eine Reihe spezieller Haftungstatbestände, die kurz zu erörtern sind:

- § 75 AO, Haftung des Betriebsübernehmers

Dieser Haftungstatbestand ist einerseits enger, andererseits weiter als der Tatbestand des § 25 HGB. Die Haftung betrifft nur so genannte Betriebsteuern, setzt aber keine Firmenfortführung voraus, sondern die Übernahme wesentlicher Betriebsgrundlagen. Außerdem ist die Haftung zeitlich und materiell begrenzt auf Betriebsteuern und Steuerabzugsbeträge, die seit dem Beginn des letzten, vor der Übernahme liegenden Kalenderjahres entstanden sind und bis zum Ablauf von einem Jahr nach Anmeldung des Betriebs durch den Erwerber festgesetzt oder angemeldet werden. Auch diese Haftung beschränkt sich auf die Höhe des übernommenen Vermögens. Sie gilt nicht für Erwerb aus Insolvenzverfahren.

- § 73 AO, Haftung bei Organschaften

Hiernach haften Organgesellschaften für die Steuern des Organträgers, die von der Organschaft betroffen sind (z.B. Umsatzsteuer oder Gewerbesteuer), die der Organträger auf die Bemessungsgrundlagen entrichten muss und die wirtschaftlich den Organgesellschaften zuzurechnen sind, aber steuerlich vom Organträger abgeführt werden.

- § 74 AO, Haftung des Eigentümers von Gegenständen

Dieser relativ seltene Haftungstatbestand betrifft Fälle der Betriebsaufspaltung oder des Sonderbetriebsvermögens bei Personengesellschaften. Voraussetzung ist, dass Gegenstände, die einem Unternehmen dienen, nicht dem Unternehmer selbst, sondern einer an dem Unternehmen wesentlich beteiligten Person gehören. Die Haftung besteht für solche Steuern, bei denen sich die Steuerpflicht auf den Betrieb des Unternehmens gründet. Der Haftung unterliegen hauptsächlich Mieterträge, die mit Grundbesitz erzielt werden, der wirtschaftlich dem Unternehmen dient.

3.1.4.3 Haftung auf Grund von Tatbeständen in einzelnen Gesetzen

- Lohnsteuerhaftung

Der bedeutendste Fall dieser Haftung ist die Lohnsteuerhaftung nach § 42d EStG. Hiernach haftet der Arbeitgeber für den zutreffenden Lohnsteuereinbehalt. In der Regel ergeben sich solche Haftungstatbestände insbesondere bei Sachbezügen (z.B. private Kfz-Nutzung von Arbeitnehmern).

- Sozialversicherungen

Auch hier sind spezielle Haftungstatbestände gegeben.

4. Ermittlung spezieller steuerlicher Problemstrukturen

4.1 Beziehungen zwischen Gesellschaft und Gesellschaftern bei zu erwerbenden Kapitalgesellschaften

Bei zu erwerbenden Kapitalgesellschaften spielt das Problem „verdeckte Gewinnausschüttung" für die steuerliche Beurteilung eine erhebliche Rolle. Eine Analyse der Beziehungen zu den Gesellschaftern und/oder zu deren verbundenen Unternehmen ist unerlässlich, um steuerliches Gefahrenpotenzial zu erkennen.

Daneben wird regelmäßig auch das Umstrukturierungspotenzial ermittelt, es hat Einfluss auf den Kaufpreis und die rechtliche Form der Abwicklung der Übernahme. Hierauf wird jeweils gesondert eingegangen.

Bei dem Risikopotenzial „verdeckte Gewinnausschüttung" geht es vor allem um die Frage, ob die Beziehungen zwischen Gesellschaft und Gesellschaftern und deren nahe stehenden Personen und Unternehmen so gestaltet waren, dass sie einer steuerlichen Prüfung standhalten.[4] Diese Überprüfung erfolgt primär anhand der vertraglich vereinbarten Bedingungen durch so genannten Fremdvergleich. Bei beherrschenden Gesellschaftern wird zusätzlich in einer formalen Prüfung ermittelt, ob eindeutige, klare und vor ihrer Durchführung rechtlich einwandfrei vereinbarte Leistungsbeziehungen vorliegen.

Stellt das Finanzamt nach der Übernahme der Anteile durch den Erwerber verdeckte Gewinnausschüttungen in der Vergangenheit fest, so erhöht sich körperschaftsteuerlich regelmäßig das steuerliche Einkommen der Kapitalgesellschaft mit der Folge der Erhöhung der Tarifbelastung. Bei der Gewerbesteuer steigt der Gewerbeertrag. Da verdeckte Gewinnausschüttungen gliederungsmäßig mit dem verwendbaren Eigenkapital am Ende der Ausschüttungsperiode verrechnet werden (§ 27 Abs. 3 KStG), ergibt sich zwar grundsätzlich und regelmäßig eine Belastung nur mit dem Ausschüttungstarif. Dies gilt jedoch insoweit nicht, als kein ausreichendes tarifbesteuertes verwendbares Eigenkapital zur Verfügung steht, um hieraus die Ausschüttungsbelastung herzustellen.

Da die verdeckte Gewinnausschüttung zu 100 % mit dem verwendbaren Eigenkapital am Schluss der Periode zu verrechnen ist, reicht das Eigenkapital aus dem Zuwachs an zu versteuerndem Einkommen nicht aus, um die verdeckte Gewinnausschüttung aus sich selbst heraus zu finanzieren. Der Zugang zum verwendbaren Eigenkapital kommt nämlich nur „netto" nach Abzug der Körperschaftsteuerbelastung bei den tarifbelasteten Teilbeträgen des verwendbaren Eigenkapitals an. Dennoch muss die volle verdeckte Gewinnausschüttung zu 100 % dem verwendbaren Eigenkapital entnommen werden.

Sind im verwendbaren Eigenkapital insoweit keine Reserven angelegt worden, so können verdeckte Gewinnausschüttungen je nach Eigenkapitalstruktur nicht nur gewerbesteuerliche, sondern für die Gesellschaft auch definitive körperschaftsteuerliche Mehrbelastungen auslösen, die das Eigenkapital des zu erwerbenden Unternehmens schmälern.

Aus diesem Grund ist es erforderlich, die Leistungsbeziehungen zwischen Gesellschaft und Gesellschaftern und deren nahe stehenden Personen daraufhin zu untersuchen, ob sie einem Fremdvergleich standhalten. Darüber hinaus ist regelmäßig bei beherrschenden Gesellschaftern auch die zivilrechtliche Form der bestehenden Vereinbarungen zu überprüfen. Bei beherrschenden Gesellschaftern erkennt die Finanzverwaltung selbst einem Fremdvergleich standhaltende Vertragsbedingungen dann nicht an, wenn sie nicht klar, eindeutig und vorher in der rechtlich einwandfreien Form abgeschlossen wurden.

Bei den Dienstverträgen mit Gesellschaftern und ihnen nahe stehenden Personen richtet die Finanzverwaltung in aller Regel das Augenmerk auch auf die Tantiemenvereinbarungen und die Altersversorgung. Bei Lieferbeziehungen werden die zugrundeliegenden Preise und Zahlungskonditionen einem Fremdvergleich unterzogen. Bei Kreditbeziehungen wird auf angemessene Verzinsung und Sicherheit geachtet.

Verdeckte Gewinnausschüttungen können in fast allen Bereichen von Leistungsbeziehungen zwischen Gesellschaft und Gesellschafter vorkommen und spielen selbst da eine Rolle, wo gar keine Leistungsbeziehungen bestehen, aber unter fremden Dritten begründet worden wären.

Das Problem des Verstoßes gegen das Wettbewerbsverbot von Gesellschaftern sei hier nur kurz angesprochen. Es kann wegen seiner Komplexität im Rahmen der vorliegenden Arbeit nicht näher dargestellt werden. Es sei auf die Ausführung in RL 31 der Körperschaftsteuerrichtlinien 1998 Abs. 8 verwiesen sowie auf die drei dort zitierten Schreiben des Bundesfinanzministeriums, die schnell durch die Rechtsprechung überholt wurden. Gerade diese Tatsache zeigt, wie komplex die Materie der verdeckten Gewinnausschüttungen ist und wie stark sich die Auffassungen von Rechtsprechung und Finanzverwaltung im Zeitablauf ändern.

Für die Due-Diligence-Untersuchung genügt es im Allgemeinen jedoch, Feststellungen zu treffen, in welchen Bereichen sich die Aktivitäten von Gesellschaftern und Gesellschaft überschneiden und welche Würdigung diese Beziehungen in der Vergangenheit durch die Finanzverwaltung erfahren haben. Bei kritischen und nicht bis in die Tiefe auszuleuchtenden Problemfeldern ist im Rahmen der Garantiebestimmungen des Übernahmevertrags Vorsorge zu treffen. Es ist nicht die Aufgabe der steuerlichen Due Diligence, Einzelsachverhalte detailliert aufzuklären und steuerlich abschließend zu würdigen.

4.2 Gestaltungspotenzial des Erwerbers

Unter dem Teilaspekt *Gestaltungspotenzial* wird im Allgemeinen das Abschreibungspotenzial für den zu entrichtenden Kaufpreis ermittelt.

Da GmbH-Geschäftsanteile Wirtschaftsgüter sind, die keiner planmäßigen Abnutzung unterliegen, ist das Potenzial der Abschreibung auf die Gesellschaftsanteile (Share Deal) zunächst begrenzt auf die Fälle, in denen sich die Investition als Fehlmaßnahme herausstellt. Insoweit kann bei nachhaltiger Wertminderung eine Teilwertabschreibung vorgenommen werden. Hierbei muss jedoch durch die allgemeine Teilwertvermutung entkräftet werden, dass das erworbene Wirtschaftsgut für den Kaufmann den gezahlten Kaufpreis wert ist.

Da die Teilwertabschreibung auf eine GmbH-Beteiligung steuerlich nur schwer durchzusetzen ist, sind in der Vergangenheit Gestaltungsvarianten entwickelt worden, die alle das Ziel haben, durch Umstrukturierungen den Kaufpreis auf die erworbenen Wirtschaftsgüter und gegebenenfalls einen erworbenen Firmenwert zu verteilen (Umstrukturierung in Asset Deal).

Die Gestaltungsmöglichkeiten, die in der Vergangenheit zur Umstrukturierung eines Share Deal in einen Asset Deal angewandt wurden, seien nachstehend kurz angesprochen. Sinn dieser Umstrukturierung (durch den Erwerber) ist es, den ursprünglich für Geschäftsanteile an Kapitalgesellschaften entrichteten Kaufpreis später in einen Kaufpreis für einzelne hinter den Geschäftsanteilen stehende Wirtschaftsgüter umzuwandeln, um die Bewertungsbestimmungen für diese – verschiedenen – Wirtschaftsgüter anwenden zu können.

Das so genannte „Kombinationsmodell“ setzt nach dem Erwerb der Kapitalgesellschaft in einer zweiten Stufe den Kauf der einzelnen Wirtschaftsgüter der erworbenen Gesellschaft durch den Erwerber oder eine zwischengeschaltete Gesellschaft voraus.[5] Bei diesem zweiten – nachgeschalteten – Erwerbsvorgang werden die in den Geschäftsanteilen der erworbenen Zielgesellschaft steckenden und im Kaufpreis für die Geschäftsanteile bezahlten Reserven aufgelöst und auf die einzelnen Wirtschaftsgüter der Zielgesellschaft aufgeteilt. Die so ermittelten Teilwerte der Wirtschaftsgüter werden in *Stufe zwei* aus der erworbenen Gesellschaft „herausgekauft". Sie bilden bei der Erwerbergesellschaft *Stufe zwei* Anschaffungskosten für einzelne Wirtschaftsgüter und unterliegen den hierfür vorgesehenen Bewertungsbestimmungen mit der Folge ihrer raschen Auflösung durch z.B. planmäßige Abschreibungen auf Sachanlagen.

In der erworbenen Gesellschaft entsteht ein Gewinn in Höhe der durch Veräußerung der Assets für die stillen Reserven erzielten Mehrerlöse. Dieser Gewinn wird an die Gesellschaft *Stufe zwei* alsbald ausgeschüttet. Die Erwerbergesellschaft *Stufe zwei* verrechnet diesen durch die Ausschüttung an sie erzielten Beteiligungsertrag sofort mit einer „ausschüttungsbedingten Teilwertabschreibung" auf die Anteile an der Zielgesellschaft, deren Wert sich durch die Realisierung und Auskehrung der stillen Reserven „ausschüttungsbedingt" mindert. Damit kompensiert die Teilwertabschreibung der *Stufe zwei* den Beteiligungsertrag aus der Ausschüttung der stillen Reserven und neutralisiert die auf die Reservenrealisierung entfallende Steuerbelastung. Es verbleibt das Abschreibungspotenzial in den aus der erworbenen Gesellschaft herausgekauften einzelnen Wirtschaftsgütern der Erwerbergesellschaft zur raschen Umwandlung in Steuerersparnis, was die Finanzierung des Kaufpreises erleichtert.

Dieses Kombinationsmodell, das nur in seinen elementaren Grundgedanken dargestellt wurde, hat durch das rechtlich weniger umständlich durchzuführende „Umwandlungsmodell" seinen Reiz verloren, das sich aber ebenfalls nicht der beim Kombinationsmodell unvermeidbaren Gewerbesteuermehrbelastung entziehen kann.[6]

Durch das UmwStG 1995 wurde der Vermögensübergang von einer Kapital- auf eine Personengesellschaft zu Buchwerten ermöglicht. Dieser Vermögensübergang kann beispielsweise durch Verschmelzung auf eine Personengesellschaft erfolgen. Bei einem solchen Vermögensübergang zu Buchwerten entsteht bei der übertragenden Kapitalgesellschaft kein steuerpflichtiger Gewinn. Bei der übernehmenden Personengesellschaft resultiert im Fall eines der Verschmelzung vorausgegangenen Kaufs der Anteile an einer Kapitalgesellschaft, bei der stille Reserven mitbezahlt worden sind, nach § 4 Abs. 4 UmwStG in Höhe der Differenz aus den Anschaffungskosten und dem Nettobuchwert der Wirtschaftsgüter der verschmolzenen Gesellschaft ein so genannter Übernahmeverlust. Dieser wird nach § 4 Abs. 5 um das in dem verwendbaren Eigenkapital gespeicherte Körperschaftsteuerguthaben sowie einen eventuellen Sperrbetrag im Sinne des § 50c EStG vermindert. Um einen verbleibenden Übernahmeverlust können die übertragenen Wirtschaftsgüter nach § 4 Abs. 6 UmwStG bis zu den Teilwerten aufgestockt bzw. es kann ein darüber hinaus gehender Betrag sofort als Aufwand geltend gemacht werden.

Beide Modelle wurden durch zwischenzeitliche Änderungen im Einkommensteuergesetz in ihren Anwendungsbereichen stark begrenzt. Durch Einführung des neuen § 50c Abs. 11 EStG wird sowohl die Teilwertabschreibung wegen ausschüttungsbedingter Teilwertminderung im Kombinationsmodell als auch die Möglichkeit der Einstellung der bezahlten stillen Reserven in eine Ergänzungsbilanz beim Umwandlungsmodell für die Fälle ausgeschlossen, in denen der Veräußerer seine Geschäftsanteile an der Gesellschaft steuerfrei veräußert hat, z.B. weil er nicht wesentlich im Sinne des § 17 EStG beteiligt war. Beim Umwandlungsmodell wird der auf diese Fälle in § 50c Abs. 11 EStG ausgedehnte Sperrbetrag nach § 50c Abs. 7 EStG vom Umwandlungsverlust gekürzt (§ 4 Abs. 5 UmwStG), so dass es in Höhe des Sperrbetrags nicht zu einem Aufstockungsbetrag in der Ergänzungsbilanz der Personengesellschaft kommt. Es wird in der Praxis des Unternehmenskaufs im Rahmen des Share Deal erforderlich, im Rahmen der steuerlichen Due Diligence Untersuchung das noch verbleibende Umstrukturierungspotenzial zu ermitteln und insbesondere beim Erwerb von natürlichen Personen sicherzustellen, ob und in welchem Umfang die Veräußerer den Veräußerungsgewinn versteuert haben oder ob sie dem Erwerber einen Sperrbetrag nach § 50c Abs. 11 i.V.m. § 50c Abs. 7 EStG „hinterlassen", der Umstrukturierungen mit dem Ziel, das Abschreibungspotenzial der gekauften stillen Reserven zu nutzen, blockiert.

4.3 Beziehungen zwischen Gesellschaft und Gesellschaftern bei zu erwerbenden Personengesellschaften/einzelkaufmännischen Unternehmen

Soweit ein einzelkaufmännisches Unternehmen erworben wird, bestehen natürlich keine Beziehungen der genannten Art. Beim Einzelkaufmann sind seine Beziehungen zwischen der unternehmerischen Sphäre und seiner Privatsphäre zu problematisieren. Der Einzelkaufmann entnimmt Gegenstände für seinen persönlichen Gebrauch aus dem Betriebsvermögen oder entnimmt Leistungen und Nutzungen für private Zwecke. Typische Beispiele sind beim Einzelhandelskaufmann die Entnahme von Gegenständen für den privaten Haushalt oder beim Gastwirt und Restaurantbesitzer die Einnahme von Speisen und Getränken, die im Betrieb hergestellt werden.

Bei den Nutzungsentnahmen ist immer wieder die private Nutzung des Firmen-PKW, des Firmentelefons und der Mitarbeiter (Reparaturen am Einfamilienhaus, Einsatz von Mitarbeitern für die Pflege der Gartenanlage usw.) heiß umstritten. Die Gepflogenheiten lassen sich aus den Jahresabschlüssen nicht entnehmen. Einen gewissen Anhaltspunkt ergeben aber die Betriebsprüfungsberichte vergangener Prüfungszeiträume.

Das Problem hat aber meist für die Due-Diligence-Untersuchung nur untergeordnete Bedeutung. Es berührt den Erwerber insoweit nicht, als dass erhöhte Einkommensteuern für nicht erklärte Privatentnahmen und private Nutzungen den Veräußerer allein treffen und die Übernahmebilanz hiervon nicht berührt wird. Betriebsprüfungstechnisch sind diese Fälle unter dem Stichwort „Mehrentnahme = Mehrgewinn" allgemein bekannt. Eine Gewerbesteuermehrbelastung besteht allerdings.

Bei der steuerlichen Due Diligence bedarf es insoweit keiner erhöhten Aufmerksamkeit. Die Übernahmebilanz wird nicht berührt. Haftungen bestehen regelmäßig nicht. Im Grundsatz gilt dies auch für die Übernahme von Personengesellschaften. Auch hier spielen die bisherigen Leistungsbeziehungen zwischen Gesellschaft und Gesellschafter keine besondere Rolle für den Erwerber.

Erkennt z.B. das Finanzamt sie nicht an, wird die Übernahmebilanz hiervon in der Regel ebenso wenig berührt wie beim Einzelkaufmann. Entnommene Gegenstände sind nicht mehr vorhanden. Ob hierbei Entnahmegewinne versteuert wurden oder nicht, spielt für den Erwerber keine Rolle. Das Gleiche gilt auch für Nutzungsentnahmen. Auch deren spätere Erfassung ist für die Besteuerung des Erwerbers später – abgesehen allerdings von Umsatzsteuer- und Gewerbesteuernachzahlungen – belanglos.

4.4 Gestaltungspotenzial des Erwerbers beim Erwerb von Anteilen an Personengesellschaften

Der Erwerber hat über die steuerlichen Buchwerte des Veräußerers hinausgehende Vergütungen für stille Reserven in einer Ergänzungsbilanz zu aktivieren.[7] Im Rahmen dieser steuerlichen Ergänzungsbilanz, die für den von ihm entrichteten Mehrbetrag erstellt wird, stellt er seine über die steuerlichen Buchwerte hinausgehenden Anschaffungskosten für die einzelnen Wirtschaftsgüter dar, die diejenigen stillen Reserven enthalten, für die der Erwerber einen Mehrpreis gegenüber dem Buchwert des übernommenen Gesellschaftsanteils bezahlt hat.

Der Bundesfinanzhof hat hierzu bestimmte Regeln aufgestellt, die im fachlichen Sprachgebrauch als Stufenmodell bezeichnet worden sind.[8] Danach sind die bezahlten stillen Reserven stufenweise wie folgt zu ermitteln: Zunächst werden die stillen Reserven im Bereich der materiellen Wirtschaftsgüter ermittelt und aufgedeckt. Es besteht kein Wahlrecht, die stillen Reserven bestimmten Wirtschaftsgütern überproportional zuzuordnen. Die Aufstockung hat gleichmäßig zu erfolgen.

Erst wenn der für die stillen Reserven entrichtete Kaufpreis die Reserven der materiellen Wirtschaftsgüter überschreitet, werden in einer zweiten Stufe die nicht bilanzierten immateriellen Wirtschaftsgüter zur Darstellung des höheren Kaufpreises herangezogen. In Betracht kommen insoweit selbst erstellte Patente, selbst erstellte Software, selbst entwickelte Rezepturen etc. In einer dritten Stufe ist ein verbleibender Unterschiedsbetrag dem originären Firmenwert zuzuordnen. Ist der gezahlte Mehrpreis höher als die Summe der in den vorgenannten drei Stufen ermittelten Reserven, kommt eine Sofortabschreibung des verbliebenen Mehrbetrags in Betracht, vor allen Dingen in den Fällen, in denen ein Gesellschafter einer Personengesellschaft die Kapitalanteile eines Mitgesellschafters übernimmt, weil dieser im steuerlichen Sinne als „lästiger" Gesellschafter zu beurteilen ist.

Zu beachten ist, dass die letztgenannte Möglichkeit für den Erwerber zwar sehr attraktiv ist: sie kann aber nur dann in Anspruch genommen werden, wenn das Abfindungsguthaben des ausscheidenden Gesellschafters nicht gesellschaftsvertraglich auf eine bestimmte Höhe begrenzt ist und nur der gesellschaftsvertragliche Auseinandersetzungsanspruch vergütet wird. Nur wenn der ausscheidende Gesellschafter mehr erhält als ihm gesellschaftsvertraglich beim Ausscheiden zusteht, kann die Mehrvergütung als Abfindung für einen „lästigen“ Gesellschafter gezeigt werden.

Das Drei-Stufen-Modell bietet im Detail einige Gestaltungsmöglichkeiten. Insbesondere bei der Verteilung der Mehrwerte in *Stufe eins* auf die materiellen Wirtschaftsgüter muss der Tatsache besonderes Augenmerk gewidmet werden, dass die mit stillen Reserven behafteten materiellen Wirtschaftsgüter häufig einer Abschreibung nicht zugänglich sind (Beteiligungen an Kapitalgesellschaften, Grund und Boden) oder nur eine sehr langfristige Abschreibung im Rahmen der Abschreibungssätze für Grundbesitz zulassen.

Bei der steuerlichen Due-Diligence-Untersuchung ist insbesondere das insoweit bestehende *Verteilungspotenzial* zu untersuchen und gegebenenfalls durch objektive Anhaltspunkte abzusichern, z.B. Einblicknahme in Bodenrichtwertkarten, Bewertungsgutachten für Grundbesitz oder in die Bewertung von Beteiligungen durch die Finanzverwaltung (Stuttgarter Verfahren). Diese Informationen sind im zu erwerbenden Unternehmen im Allgemeinen vorhanden und müssen bei der steuerlichen Due-Diligence-Untersuchung ermittelt werden.

Besonderes Augenmerk ist unter Umständen einer Fallkonstellation zu widmen, die in den letzten Jahren immer häufiger vorkommt: Aufgrund anhaltender Strukturschwäche werden Personengesellschaften oder einzelkaufmännische Unternehmen veräußert, bei denen der zu entrichtende Kaufpreis nicht einmal das steuerliche Eigenkapital des übernommenen Unternehmens oder des übernommenen Anteils an einer Personengesellschaft erreicht. Im Extremfall wird nur eine „symbolische“ Mark bezahlt. Steuerlich handelt es sich um eine „Abfindung unter Buchwert“. In diesem Fall ist für den Erwerber eine so genannte negative Ergänzungsbilanz aufzustellen, in der die nicht bezahlten Buchwerte dargestellt werden. Sie werden nach den gleichen Kriterien ermittelt, die auch bei der Aufteilung von über den Buchwert hinausgehenden Mehrzahlungen Anwendung finden.

Problematisch wird allerdings die Verteilung des „Abstockungspotenzials“, wenn sie auch das Umlaufvermögen tangiert. Werden z.B. für übernommene Vorräte nicht mehr die Buchwerte bezahlt, so entstehen für den Erwerber unter den Buchwerten des Umlaufvermögens liegende Anschaffungskosten. Bei der späteren Veräußerung des Umlaufvermögens realisiert der Erwerber sofort Gewinn, was für ihn meistens eine böse Überraschung darstellt. Aber auch wenn dieser sehr ungünstige Fall vermieden wird, beschneidet der Erwerber sein Abschreibungspotenzial, wenn er den Minderwert auf die Positionen des Sachanlagevermögens verteilen muss. Kann durch eine „Abstockung“ der Buchwerte der Übernahmebilanz der gezahlte Minderwert gar nicht dargestellt werden, so ist ein negativer Ausgleichsposten in die Übernahmebilanz einzustellen, der mit späteren Verlusten zu verrechnen ist.[9] Die misslichen Folgen für den Erwerber bestehen darin, dass er den bei der Übernahme der Gesellschaftsanteile nicht bezahlten Minderwert steuerlich in den auf den Erwerb folgenden Jahren zu realisieren hat. Hiermit hat er oft nicht gerechnet.

Es sind Fälle denkbar, in denen diese Minderwerte erheblich sind; dann sollte an die Stelle eines Asset Deal ein Share Deal treten. Es sind z.B. Lösungen denkbar, das zu erwerbende Unternehmen vorher umzustrukturieren, so dass es entweder vor dem Erwerb in eine Kapitalgesellschaft umgewandelt wird oder dadurch, dass bei dem Erwerb von Personengesellschaftsanteilen eine Kapitalgesellschaft vorgeschaltet wird, die ihrerseits zunächst die Buchwerte des Veräußerers übernimmt und deren Anteile in einer zweiten Stufe der Erwerber übernimmt, wobei er dann die Kapitalgesellschaftsanteile nicht mehr mit dem Nennwert vergütet, sondern mit einem geringeren Betrag. Solche Modelle sind im Allgemeinen steuerlich kritisch, weil die vorgeschaltete Umstrukturierung auf Veräußererseite eine erhebliche Mitwirkung voraussetzt und steuerlich an den Regeln des § 42 AO (Umgehungstatbestand) gemessen werden muss.

In den vorgenannten Ausnahmefällen ergeben sich bei dem Erwerb von Anteilen an Personengesellschaften oder einzelkaufmännischen Unternehmen für den Erwerber nicht unerhebliche steuerliche Probleme, die im Rahmen der steuerlichen Due Diligence Untersuchung ermittelt und dargestellt werden müssen.

5. Berichterstattung

Die Ergebnisse der Due-Diligence-Prüfung sind den an den Übernahmeverhandlungen Beteiligten zur Kenntnis zu bringen. Dabei wird in der Regel die Erwerberseite Auftraggeber der Due-Diligence-Prüfung sein. Die Berichterstattung muss ihr den Umfang der der Höhe nach bekannten oder unbekannten Steuerrisiken und die etwaige finanzielle Auswirkung in der Zukunft darlegen. Der Erwerber wird diese Ergebnisse in seine Kaufpreisverhandlungen einbringen und darüber hinaus die Gestaltung der Gewährleistungsbestimmungen im Übernahmevertrag an den Ergebnissen dieser Überprüfung ausrichten.

Je höhere Risiken der Erwerber übernehmen muss, desto mehr wird er sich entweder bei der Höhe des Kaufpreises oder der Ausformulierung der Garantiebestimmungen im Kaufvertrag absichern. Soll jede Gewährleistung des Verkäufers ausgeschlossen werden, auch insbesondere die Haftung aus „culpa in contrahendo“, also aus „Verschulden bei Vertragsverhandlung“, wird sich dies erheblich auf die Höhe des Kaufpreises auswirken.

Daneben erwartet der Erwerber Hinweise auf Umstrukturierungspotenzial, wenn hierdurch Abschreibungsvolumen gewonnen werden kann und damit Steuerersparnisse in naher Zukunft erzielt werden können. Ist das Potenzial groß, wird der Erwerber auf Grund der günstigen Finanzierung des Kaufpreises über Steuerersparnisse bereit sein, einen höheren Kaufpreis zu entrichten, als wenn er nicht abschreibungsfähige stille Reserven erwerben muss, die das investierte Kapital auf lange Zeit binden.

Für die äußere Form der Berichterstattung bestehen keine allgemein verbindlichen Grundsätze und auch noch keine berufsüblichen Gepflogenheiten. Die Form der Berichterstattung wird jedoch erheblich durch die Aufgabenstellung des Erwerbers beeinflusst. Wird er steuerlich gut beraten, kann der Bericht sich auf das Wesentliche beschränken. Umstrukturierungsmöglichkeiten müssen in einem solchen Fall nicht eingehend in ihren rechtlichen Grundlagen dargestellt werden. Es genügen in der Regel kurze Hinweise, die zwischen den beteiligten Steuerberatern (auf Seiten der Due-Diligence-Prüfung und auf der Käuferseite) ausgetauscht werden.

Eine Ausnahme bilden sicherlich ausländische Erwerber, die mit dem deutschen Steuerrecht nicht oder nur in den groben Zügen vertraut sind. In einem solchen Fall müssen auch grundlegende Ausführungen und insbesondere bei Gestaltungsempfehlungen Abwägungen der Risiken von Gestaltungsvorschlägen in den Bericht aufgenommen werden. Bei Gestaltungsempfehlungen wird der Berichterstatter sich dahingehend abzusichern haben, dass bei unsicheren Gestaltungen keine Gewähr für die Durchsetzbarkeit einer Empfehlung übernommen werden kann.

Anmerkungen

1 Bundesgesetzblatt 1997, I, S. 402.
2 Ebd.
3 Vgl. im Einzelnen Herzig, DB 1990, S. 134ff., Koenen/Gohr, DB 1993, S. 2541ff.
4 Definition siehe BFH-Urteil vom 02.02.1994, I R 78/92, BStBl II, 1994, S. 479.
5 Vgl. Schaumburg, 1997, 125ff.
6 Grundsätzliches hierzu vgl. z.B. Schmidt, 1999, Einkommensteuergesetz, 18. Auflage, Rz. S. 487ff. zu § 16 EStG.
7 Schmidt, 1999, Rz S. 488 mit weiteren Nachweisen zur Stufentheorie.
8 Schmidt, 1999, Rz S. 510ff.
9 Schmidt, 1999, Rz. S. 511.

Due-Diligence-Untersuchungen im Rahmen von Privatisierungsmaßnahmen der öffentlichen Hand

Dirk Sommer

1. Einleitung

Adolph Wagner beobachtete schon Mitte des 19. Jahrhunderts die Tendenz zur regelmäßigen Ausdehnung der Staatstätigkeit und formulierte dies im Gesetz der wachsenden Staatsausgaben. Empirisch konnte seine Behauptung nachgewiesen werden, wenngleich die Herleitung dieser These durch Verallgemeinerungen sowie kaum entwirrbare sozialpolitische Postulate und wissenschaftliche Analysen kritisiert wurde.[1] Mit der Expansion der Staatsausgaben stieg gleichzeitig das Maß der allgemeinen Aufgabenerfüllung. Angesichts dieser Tatsachen sowie des Gefühls, dass das öffentliche Budget bei einer enormen Abgabenbelastung zu groß geworden ist, wird der Ruf nach Abhilfe laut. Ein Bündel von Maßnahmen zur Einschränkung und zur Steigerung der Effizienz und Effektivität von öffentlichen Aktivitäten wurde geplant, verabschiedet oder zum Teil schon umgesetzt.[2] Eine dieser Verschlankungsmaßnahmen ist die Übertragung von Aufgaben auf die Privatwirtschaft.

Besonders dann, wenn die Gebietskörperschaften als Unternehmer tätig sind, wird die Frage aufgeworfen, ob diese Tätigkeit nicht effizienter und effektiver durch die Privatwirtschaft erledigt werden kann, ohne dass sich dabei der Grad der öffentlichen Aufgabenerfüllung verschlechtert.

Werden Aufgaben und Vermögen privatisiert, so hat der öffentlich-rechtliche Verkäufer auf einen angemessenen Verkaufserlös zu achten, wenngleich der Preis für die Veräußerung nicht allein ausschlaggebend ist. Im Gegensatz dazu wird der Käufer eines Privatisierungsobjektes den Preis möglichst niedrig zu halten versuchen.

Die Kaufpreisermittlung von Unternehmen und Unternehmensteilen gehört zu den schwierigsten Fragen der Betriebswirtschaftslehre und beschäftigt seit Jahrzehnten Wissenschaft und Praxis.[3] An theoretischen Lösungen mangelt es dabei nicht; deren Umsetzung ist jedoch auf Grund von Unsicherheiten in der Prognose zukünftiger Entwicklungen oft nicht ohne Komplikationen möglich. Um aussagekräftige Informationen zur Unternehmensbewertung zu erhalten, wird die so genannte „due diligence“ verstärkt eingesetzt. Übersetzen lässt sich „due diligence“ mit erforderlicher, angemessener oder gebührender Sorgfalt und entspricht in etwa dem in Deutschland verankerten juristisch geprägten Institut der „im Verkehr erforderlichen Sorgfalt“.[4] Sie ist die systematische, rechtliche und betriebswirtschaftliche Analyse zur Beurteilung der Vorteilhaftigkeit eines Vertragswerkes.[5] Dabei handelt es sich um eine weitgefächerte Prüfung des Kaufobjekts hinsichtlich seiner Chancen und Risiken, um die Werthaltigkeit insbesondere für den Käufer der Sache genauer bestimmen zu können bzw. diesen vor Fehlinvestitionen zu schützen.[6]

Die Interessen von privaten und öffentlichen Anbietern von einzelnen Vermögensgegenständen bis hin zu ganzen Unternehmen müssen sich im Hinblick auf die Kaufpreisermittlung nicht notwendigerweise überlagern. Privatwirtschaftlich steht überwiegend das Ziel eines möglichst hohen Verkaufserlöses im Vordergrund, weniger die Bedürfnisse anderer Interessengruppen. Bei Privatisierungen hat die öffentliche Hand dagegen Rücksichtnahme auf unterschiedlichste Interessengruppen zu nehmen. Besonders wenn weitere organisatorische und finanzwirtschaftliche Verbindungen im

Rahmen von Submissions- oder Konzessionssystemen zum Privatisierungsobjekt gepflegt werden, ist die Erzielung eines Verkaufserlöses nur eine Nebenbedingung. Angestrebt wird die Weiterführung der öffentlichen Aufgabe.

Grundsätzlich zeigt sich, dass die Preisfindung für den öffentlich-rechtlichen Verkäufer ähnlich schwierig ist wie für den privatwirtschaftlichen Käufer. Die angenommene Informationsasymmetrie, nach der Manager und Eigentümer des Verkaufsobjektes die besseren Kenntnisse über den Wert, die Chancen und Risiken des Unternehmens besitzen als der potenzielle Käufer, tritt unter Umständen nicht oder sogar umgekehrt auf. Das heißt, Käufer und Verkäufer sind gleich schlecht oder der Käufer ist sogar besser über den Wert des Verhandlungsgegenstandes informiert als der öffentlich-rechtliche Verkäufer.[7]

Im Rahmen von Privatisierungsentscheidungen stoßen die „traditionellen" Bewertungsverfahren an Grenzen, so dass weitere umfassende Informationen über Rechte und Pflichten der Vertragsparteien zur Kaufpreisfindung notwendig sind.

2. Privatisierung öffentlicher Aufgaben

2.1 Öffentliche Aufgaben

Sinn und Zweck der Finanzierung von Gebietskörperschaften (Bund, Länder und Kommunen) sowie aller ihnen zuzurechnenden Körperschaften des öffentlichen Rechts ist die Erfüllung öffentlicher Aufgaben. Dazu bedarf es zunächst der Formulierung der zu verwirklichenden Ziele, wobei die Ziele des öffentlichen Handelns auf das Allgemeininteresse zu fokussieren sind, d.h. sie sollen auf die Förderung des Gemeinwohls durch die Befriedigung kollektiver Bedürfnisse ausgerichtet sein.[8]

Die Aufgabenverteilung zwischen den verschiedenen Gebietskörperschaften ist rechtlich fixiert. Nach Art. 30 GG sind grundsätzlich die Länder für die Erfüllung staatlicher Aufgaben zuständig. Diese generelle Zuständigkeitsvermutung der Länder wird durch die Aufzählung der Bundesaufgaben im Grundgesetz beschränkt. Die Gemeinden und Gemeindeverbände regeln im Rahmen ihrer kommunalen Selbstverwaltung gem. Art. 28 Abs. 2 GG alle Angelegenheiten der örtlichen Gemeinschaft im eigenen Ermessen. Die Kompetenzabgrenzungen gelten unabhängig von der Aufgabenart, der Organisations- oder Handlungsform. Neben diesen allgemeinen und abstrakten durch das Grundgesetz formulierten Angaben sind die Aufgaben des Staates und der vollziehenden öffentlichen Verwaltung auf den drei föderativen Ebenen in weiteren Rechtsquellen festgeschrieben.[9]

Staats- und Kommunalaufgaben unterliegen jedoch dem stetigen Wandel. Gerade in jüngster Zeit hat die deutsche Wiedervereinigung die Verwaltungsträger von Bund, Ländern und Kommunen vor erhebliche finanzielle Probleme gestellt. Die Diskussion eines nachhaltigen Aufgabenwandels der öffentlichen Verwaltungen erfreut sich zusätzlich durch den Druck leerer Kassen neuer Beliebtheit. Im Kern geht es darum, die

Aufgabenteilung und somit die Arbeitsteilung zwischen der öffentlichen Verwaltung und der Privatwirtschaft grundsätzlich neu zu überdenken und die Verteilung der Aufgaben an die veränderte Umwelt anzupassen.[10] Bemühungen zur Steigerung von Effizienz und Effektivität in den Kernbereichen der öffentlichen Verwaltung werden begleitet von den Bestrebungen, die Staatstätigkeit nur auf Kernaufgaben zu beschränken und andere Leistungen vermehrt dem privaten Sektor selbstverantwortlich zu überlassen.

2.2 Der Staat als Unternehmer

Der Staat bedient sich zur Erfüllung seiner vielfältigen Aufgaben nicht allein seiner Kernverwaltungen, sondern auch der Hilfe von öffentlichen Unternehmen. Öffentliche Unternehmen werden in Form des öffentlichen und des privaten Rechts geführt. Die Spannweite der Rechtsformen reicht dabei von unselbständigen Regiebetrieben als Bestandteil der Verwaltungshaushalte über selbständige Regie- und Eigenbetriebe mit eigener Rechtspersönlichkeit bis zu Unternehmen in privatrechtlicher Rechtsform. Öffentliche Unternehmen sind Unternehmen, die sich im Eigentum von Gebietskörperschaften und ihrer Zweckverbände befinden.[11] Sie stellen selbständige Produktionsbetriebe zur entgeltlichen Fremdbedarfsdeckung dar, deren allgemeines Unternehmerrisiko von den Gebietskörperschaften und somit von der Gesellschaft bzw. der Gesamtheit der Steuerzahler getragen wird. Das Risiko der unternehmerischen Tätigkeit kann eingeschränkt werden, wenn durch Einwirkung hoheitlicher Macht Märkte reguliert werden.

Öffentliche Unternehmen lassen sich unterscheiden:

- nach dem öffentlichen Träger in Bundes-, Landes- und Gemeindeunternehmen.
- nach dem Wirtschaftssektor in Unternehmen, die dem primären, sekundären oder tertiären Sektor zuzurechnen sind. Die Vielfalt öffentlicher Unternehmen erstreckt sich auf weitgefächerte Tätigkeitsbereiche und Branchen von Berg- und Stahlwerken über Ver- und Entsorgungsgesellschaften, Verkehrs-, Wohnungsbaugesellschaften, Krankenhäuser bis hin zu Banken und Versicherungen. Das Hauptbetätigungsfeld liegt in den Bereichen Versorgung/Verkehr sowie bei den Kreditinstituten. Im produzierenden Gewerbe und in den meisten übrigen Dienstleistungsbereichen ist das staatliche Engagement nur von geringer Bedeutung.[12]
- nach der Rechtsform in privatrechtliche und öffentlich-rechtliche Unternehmen; öffentliche Unternehmen in privater Rechtsform sind Aktiengesellschaften und vor allem Gesellschaften mit beschränkter Haftung.[13] Die Gebietskörperschaften sind berechtigt, sich an privatwirtschaftlichen Unternehmen zu beteiligen, wenn die Unternehmensrechtsform eine Haftungsbegrenzung implementiert.[14] Ihnen stehen öffentlich-rechtliche Unternehmen in Form von Eigen- und Regiebetrieben, Anstalten, Körperschaften und Stiftungen des öffentlichen Rechts gegenüber.

Eine Besonderheit weisen gemischtwirtschaftliche Unternehmen auf.[15] Sie befinden sich nicht vollständig im Eigentum der öffentlichen Hand. Teile des Eigenkapitals sind dem Privatsektor zuzurechnen, dabei ist die Höhe der Beteiligung unbedeutend. Der europäische Zentralverband der öffentlichen Wirtschaft (CEEP) ordnet gemischtwirtschaftliche Unternehmen den öffentlichen Unternehmen dann zu, wenn sich mindestens 50 % der Kapitalanteile im öffentlichen Eigentum befinden oder die Mehrheit der Stimmrechte gewährleistet ist.

Öffentliche Unternehmen entstehen durch Gründung oder durch Verstaatlichung privater Unternehmen. Die Gründung erfolgt entweder durch Abspaltung von Verwaltungsaktivitäten und Umwandlung in öffentliche Unternehmen oder durch Erschließung neuer Tätigkeitsbereiche durch die Zuführung von finanziellen, sachlichen und unter Umständen auch personellen Mitteln. Bereits existierende privatwirtschaftliche Unternehmen werden in der Regel durch Anteilkauf, aber auch durch Enteignung gegen Entschädigung verstaatlicht.[16] Außerdem steht der Staat vor der Frage, ob er private und/oder öffentliche Unternehmen bzw. den Markt, den diese Unternehmen bedienen, durch Regulierungsbehörden beeinflussen will, um seinen Willen durchzusetzen.[17]

Neugründungen öffentlicher Unternehmen können zusätzlich im Zuge der Privatisierung entstehen. Sollen Aufgaben, die bisher allein durch Verwaltungen wahrgenommen wurden, privatisiert werden, so wird im Regelfall zunächst eine öffentliche Unternehmung gegründet.[18] Gründet oder beteiligt sich die öffentliche Hand an Unternehmen in privatrechtlicher Form, so sollten folgende Bedingungen erfüllt sein:[19]

1. es bedarf eines dringenden öffentlichen Zwecks zur Betätigung,
2. die Betätigung muss nach Art und Umfang in einem angemessenen Verhältnis zur Leistungsfähigkeit der Gebietskörperschaft stehen,
3. die Einzahlungs- bzw. Zuschussverpflichtung muss in einem angemessenen Verhältnis zur Leistungsfähigkeit stehen,
4. die Haftung muss beschränkt sein,
5. es muss ein angemessener Einfluss ausgeübt werden können,
6. das Unternehmen muss auf den öffentlichen Zweck ausgerichtet sein.

Öffentliche Unternehmen sind ebenfalls dem Gemeinwohl der Gesellschaft verpflichtet, wenngleich sie sich von den öffentlichen Verwaltungen diesbezüglich unterscheiden. Im Zusammenhang mit öffentlichen Unternehmen wird von der Gemeinwirtschaftlichkeit gesprochen. Die primären Aufgaben der gemeinwirtschaftlichen Unternehmen sind überwiegend darin zu sehen, förderungsbedürftige Bereiche zu stimulieren, kontrollbedürftige zu regulieren und ergänzungsbedürftige zu komplettieren.[20]

Die öffentliche Hand steht mit ihrer unternehmerischen Betätigung im Gegensatz zur Privatwirtschaft in einer getrennten Sphäre zwischen Staat und Gesellschaft. Nimmt der Staat als Unternehmer am Wirtschaftsleben teil, so dringt er in die gesellschaftliche Sphäre und damit in einen an sich staatsfrei vorgestellten Raum vor.[21]

2.3 Privatisierungen als Mittel zur langfristigen Konsolidierung der öffentlichen Haushalte

Die angespannte Lage der öffentlichen Finanzwirtschaft macht es erforderlich, alle öffentlichen Aufgaben von Grund auf zu überdenken, sie unter Umständen zu streichen, neu auszurichten und vor allem auch ihre Übertragbarkeit auf die Privatwirtschaft in Betracht zu ziehen. Ziel dieser Übertragungen ist eine effiziente Allokation von Eigentumsrechten, die an jene Individuen oder Institutionen vergeben werden sollen, bei denen die produktivste Verwendung zu vermuten ist.[22] Besonders die Forderung nach Verlagerung staatlicher Aufgaben in den privatwirtschaftlichen Sektor stützt sich auf die Erkenntnis und Erfahrung, dass die Privatwirtschaft diese Aufgaben in vielen Fällen effizienter und effektiver erfüllen kann als der Staat. Besonders in Sektoren mit hohem Wettbewerbspotenzial besitzt die privatwirtschaftliche Produktion von Gütern und Dienstleistungen erhebliche Vorteile gegenüber der staatlichen Leistungserstellung.[23] Somit lässt sich der finanzielle Aufwand der öffentlichen Haushalte bei Aufgabenauslagerung in die Privatwirtschaft im Vergleich zur öffentlichen Wahrnehmung senken. Die Kosteneinsparpotenziale müssen jedoch die zusätzlich anfallenden Transaktionskosten decken können.[24] Gleichzeitig wird die Fähigkeit der öffentlichen Verwaltungen reduziert, Einfluss auf Art, Qualität und Nebeneffekte zu nehmen.[25]

In jüngster Zeit sind Privatisierungen als Mittel der Finanzpolitik stark in den Mittelpunkt des Interesses gerückt. Bisher wurden allerdings mit den Verkaufserlösen überwiegend nur kurzfristige Haushaltslücken geschlossen. Dauerhafte Haushaltsentlastungen können nur dann erzielt werden, wenn die Verkaufserlöse zur Schuldentilgung verwendet werden und die damit verbundene Zinsersparnis größer ist als die entgangenen Beteiligungserträge.[26] Die konsequente Nutzung des Privatisierungspotenzials kann deshalb maßgeblich zur Rückführung der Staatsquote, der Staatsverschuldung und der Abgabenlast beitragen. Falsch wäre jedoch, die Privatisierung als einzige Möglichkeit zur strukturellen Erneuerung der öffentlichen Haushalte anzusehen. Auch der verbleibende Aufgabenbestand und ihre Erfüllung bedarf dringend einer Revision. Der Einsatz betriebswirtschaftlicher Instrumente insbesondere die Einführung einer Kosten- und Leistungsrechnung, Wirtschaftlichkeitsrechnungen, langfristig die Ablösung des kameralistischen Rechnungswesens, die Restrukturierung, aber auch Probleme der Personalführung und -vergütung, der Anreizsysteme usw. muss Hauptbestandteil der Verwaltungsmodernisierung sein.[27] Verschiedene Versuche die drängenden Probleme anzugehen, wurden mit Modellvorhaben auf allen Ebenen der Gebietskörperschaften aufgegriffen. Mit der Umsetzung des Gesetzes zur Fortentwicklung des Haushaltsrechts von Bund und Ländern (Haushaltsrechts-Fortentwicklungsgesetz) zum 01.01.1998 wurde eine grundlegende Umgestaltung der öffentlichen Finanzwirtschaft angestrebt. Auf Grund vielerlei (politischer) Kompromisse ist jedoch nur eine „kleine Reform“ in Kraft getreten, die dringend einer weit reichenden Ergänzung bedarf.[28]

Mit der Verabschiedung des ersten Gesetzes zur Umsetzung des Spar-, Konsolidierungs- und Wachstumsprogramms (1. SKWPG vom 21.12.1993) zum 01.01.1994 wurde das so genannte Interessenbekundungsverfahren in § 7 Abs. 2 S. 2 BHO kodifiziert.[29] Somit muss privaten Anbietern die Möglichkeit geboten werden darzulegen, ob öffentliche Aufgaben nicht ebenso gut oder besser durch sie erledigt werden können.[30] Das Interessenbekundungsverfahren dient der Markterkundung nach wettbewerblichen Grundsätzen, zwingt zum Vergleich von staatlichen und privaten Lösungsmöglichkeiten und beurteilt, ob die private Lösung wirtschaftlicher ist als die staatliche Lösung.

2.4 Formen der Privatisierung

2.4.1 Begriffsabgrenzungen

Mit dem Begriff der Privatisierung werden inzwischen unterschiedliche Aktionsfelder in Verbindung gebracht. Zum einen geht es um die Verringerung des Leistungsangebots öffentlicher Verwaltungen und Unternehmen und zum anderen um die Übertragung öffentlichen Eigentums auf private Personen oder Unternehmen. Die Diskussion um den Abbau öffentlicher Aufgaben wird unter den Stichwörtern Entstaatlichung, Entbürokratisierung und Entflechtung geführt.

Entscheiden sich die öffentlichen Verwaltungsträger gegen die Weiterführung bestimmter Tätigkeiten, dann können diese ohne Ersatz entfallen oder durch die Privatwirtschaft in eigener Aufgaben- und Finanzverantwortung ohne vertragliche Fixierung und ohne Veräußerung von öffentlichem Vermögen übernommen werden. Dies wird dann der Fall sein, wenn die Leistungen marktgerecht gegen Entgelte zu veräußern sind und zu einer üblichen Kapitalverzinsung führen. Dabei handelt es sich nicht um eine Privatisierung, weil nicht wirklich öffentliche Aufgaben oder öffentliches Vermögen an die Privatwirtschaft veräußert werden.

Ein weiteres Problem, das ebenfalls bei der Privatisierung eine Rolle spielt und zur hohen Staatsquote beiträgt, ist der Bürokratismus. Es existieren unzählige Regeln, die ohnehin nur selten Anwendung finden und äußerst kompliziert und aufwendig sind. Sie sind oft in all zu großen Detailregelungen ausformuliert und engen die Entscheidungs- und Handlungsspielräume bei der Umsetzung der öffentlichen Aufgabenbewältigung stark ein.[31] Entbürokratisierung beinhaltet allerdings nicht nur die Normenkritik, sondern umfasst auch den weitläufigen organisatorischen Wandel, „der das Übermaß an Formalien, Dienstwegen, Instanzenzügen, Besitzständen und Eigeninteressen auf ein ökonomisch vertretbares Niveau zurückführt“[32] und die Kompetenz- und Aufgabenbündelungen entwirrt. Auch hierbei kann nicht von Privatisierung gesprochen werden. Von Privatisierung ist in erster Linie erst dann die Rede, wenn öffentliche Aufgaben durch Private erledigt oder Vermögen und Kapitalanteile an öffentlichen Unternehmen an Private verkauft werden.

Privatisierungen sind, abhängig von ihrer Zielsetzung, auf verschiedenen Wegen mit unterschiedlichen Ausmaßen möglich. In der Literatur werden verschiedene Formen der Ausgestaltung genannt.[33]

2.4.2 Die formelle Privatisierung

Die geringste Intensität der Vermögensübertragung weist die formelle Privatisierung auf. Mit der formellen Organisationsprivatisierung (Scheinprivatisierung, unechte Privatisierung) bedient sich der Aufgabenträger lediglich der Formen des Privatrechts und überführt Aufgaben und Vermögen in die Rechtsform einer AG oder GmbH. Unzulässig sind Beteiligungen an einer OHG, KG oder BGB-Gesellschaft.[34] Die Aufgabe behält als solche ihren Charakter als öffentliche Aufgabe und verbleibt beim zuständigen Träger der öffentlichen Hand.[35] Mit dem Übergang in eine private Rechtsform wandelt sich nicht selten das Verhalten von Führungskräften und Mitarbeitern. Im Idealfall führt dies dazu, dass sich formal privatisierte öffentliche Unternehmen erwerbswirtschaftlicher verhalten als zuvor. Gleichwohl kann durch Blockade oder Überforderung von Management und Mitarbeitern ein gegenteiliger Effekt eintreten.

Zunehmende Bedeutung erlangt die Finanzierungsprivatisierung, vor allem bei Großinvestitionen im Infrastrukturbereich, insbesondere beim Straßen-, Wasser- und Abwasserbau. Vielfältige Leasingmodelle und Sonderfinanzierungsformen haben sich aus den unterschiedlichen Anwendungen herausgebildet. Auch hierbei handelt es sich um eine Form der formellen Privatisierung. Die Erledigung der öffentlichen Aufgabe verbleibt beim öffentlichen Träger.

Mit der formellen Privatisierung geht die Gefahr einher, dass das tatsächliche Ausmaß der öffentlichen Betätigung verschleiert wird. Die Gebietskörperschaften sind in der Lage, ihre Verschuldungsquote zu erhöhen, ohne dass dies im kameralistischen Jahresabschluss zu erkennen wäre. Ein weiterer Kritikpunkt liegt in der Führung von Tochterunternehmen. Die Möglichkeit des Durchgriffs auf mittelbare Beteiligungsunternehmen ist zweifelhaft, selbst dann, wenn die Einwirkungsmöglichkeiten des politischen Trägers im Gesellschaftsvertrag adäquat berücksichtigt werden.[36]

2.4.3 Die funktionale Privatisierung

Mit der funktionalen Privatisierung (Betreiberprivatisierung) können öffentliche Aufgaben auf Private übertragen werden, wobei die grundsätzliche Gewährleistungspflicht zur Erbringung der Leistungen weiterhin bei der öffentlichen Hand liegt. Die Aufgabe wird nicht mehr selbst, sondern durch private Unternehmer durchgeführt. Hier lassen sich wiederum zwei Formen unterscheiden:

- die Submissionsform und
- die Konzessionsform.

Die Submission schließt die Einbeziehung privater Unternehmen als Subunternehmer bzw. als Verwaltungshelfer mit ein.[37] Verwaltungshelfer nehmen unterstützend Vollzugsaufgaben im Auftrag und nach Weisung der Behörden wahr.[38] Sie sind Vertragspartner der öffentlichen Hand und leisten die öffentliche Aufgabe gegenüber den Bürgern.[39] Der Privatunternehmer erhält seine Erlöse von der Trägerkörperschaft und nicht aus der Beziehung zu den Bürgern.[40] Somit verbleibt nicht nur die inhaltliche, sondern auch die finanzielle Verantwortlichkeit in öffentlichen Händen. Im Außenverhältnis ist die Verwaltung Vertragspartner der Bürger. Diese Form der Privatisierung bietet sich insbesondere dann an, wenn die öffentliche Hand auch weiterhin großen Einfluss auf die Leistungsstandards nehmen soll.

Submissionssysteme beinhalten auch Kooperationsmodelle, d.h. sie bedienen sich insbesondere der Hilfe gemischtwirtschaftlicher Unternehmen, bei denen Private in der Regel Minderheitsbeteiligungen an formell privatisierten Unternehmen erhalten. Insofern besteht eine große Nähe zur formellen Privatisierung. Der öffentliche Träger behält einen entscheidenden Einfluss, wenngleich die Organe der Gesellschaft oft so besetzt werden, dass kein Beteiligter eine beherrschende Stellung erlangt. Für den Privatunternehmer werden zumeist Sperrminoritäten eingeführt.[41]

Mit der Konzessionsform wird nicht allein die organisatorische Aufgabendurchführung, sondern gleichzeitig auch die finanzielle Verantwortung auf die Privatwirtschaft verlagert. Vertragspartner des privatrechtlichen Unternehmens sind die jeweiligen Leistungsempfänger. Diese zahlen das Entgelt nicht mehr an den öffentlichen Träger, sondern direkt an den privaten Betreiber. Die öffentliche Hand beschränkt sich auf die Kontrolle der Leistungserstellung hinsichtlich Qualität, Kontinuität oder Preisgestaltung. Innerhalb des vertraglich festgelegten Rahmens bestehen für den Konzessionsnehmer Gestaltungsspielräume, die in erster Linie in der Wahl und Ausgestaltung des Produktionsverfahrens und in der Preisfindung liegen.[42] Ihre Einflussmöglichkeit behält die öffentliche Hand durch die Form der Vertragsgestaltung, indem sie sich bestimmte Rechte vorbehält. Für diesen Vorbehalt muss jedoch ein finanzieller Zuschuss gezahlt werden, insbesondere dann, wenn die Leistungen nicht zu Gewinn bringenden oder kostendeckenden Preisen abgesetzt werden können. Mit der Reduktion der Leistungstiefe im öffentlichen Sektor wird auch von „contracting out" oder „outsourcing" gesprochen.[43] Nach Ablauf der Vertragsfristen fallen die öffentlichen Aufgaben wieder zurück an die betreffende Gebietskörperschaft.[44] Dann stellt sich erneut das Problem der Aufgabenkritik und der eventuellen Erfüllungsform.

2.4.4 Die materielle Privatisierung

Im Gegensatz zur formellen Privatisierung impliziert die materielle Privatisierung eine echte und meist auch endgültige Aufgabenverschiebung in den Privatsektor.[45] Die öffentliche Hand verzichtet dann auf weitere Tätigkeiten, zieht sich vertraglich fixiert aus der Aufgabenerfüllung teilweise oder sogar vollständig zurück und überlässt es den Märkten, ob und in welcher Weise die Aufgabe überhaupt erfüllt wird.[46] Die Aufgabenverantwortung wird an die Privatwirtschaft abgegeben, so dass sich der Staat ganz aus der Finanzierung und Erfüllung zurückzieht und der Privatwirtschaft die Leistungserbringung überlässt. Wenn Gesellschafts- oder Vermögensteile veräußert werden, ohne dass der öffentlichen Hand weitere Eingriffsrechte gewährt werden, dann ist die Privatisierung i.d.R. endgültig.

Zwischen dem umfassenden Verkauf von öffentlichem Vermögen und der damit verbundenen Abtretung von öffentlichen Aufgaben bis zur Aufgabenerfüllung durch die öffentliche Verwaltung selbst liegen diverse Zwischenformen. Die Körperschaften behalten sich vertragliche Einwirkungsrechte oder zumindest ein Kündigungsrecht bei groben Verstößen gegen die gemeinwohlorientierte Aufgabenerfüllung vor, oder sie finanzieren oder subventionieren öffentliche aber auch private Unternehmen und wirken über Bewilligungsbedingungen, Auflagen und Kontrollen auf die Unternehmensführung ein.[47]

2.5 Share versus Asset Deal/Anteils- oder Vermögensübertragung

Bei der Privatisierung können verschiedene Ausgangssituationen gegeben sein. Teilweise kann die Vermögens- bzw. Aufgabenübertragung aus unselbständigen, in Kernverwaltungen integrierten Verwaltungseinheiten erfolgen. Andererseits liegt bereits ein Übergang aus der Staatlichkeit in die Privatwirtschaft vor, wenn schon formell privatisierte Unternehmen in Form von Kapitalgesellschaften übertragen werden. Nicht allein diese beiden Extreme, sondern alle Zwischenformen können Gegenstand von Privatisierungsphasen sein. Möglich wäre im Rahmen einer langfristigen Privatisierungsplanung der Durchlauf mehrerer Transformationsprozesse. Beispielsweise würde dann eine Aufgabe mit entsprechendem Vermögen aus der Kernverwaltung ausgegliedert, um zuerst einen Regiebetrieb und später einen Eigenbetrieb zu bilden. Der Eigenbetrieb kann dann durch Rechtsformwechsel formell privatisiert werden, bevor das materielle Eigentum und die Verfügungsmacht an die Privatwirtschaft übergehen. Es können weitere Transformationsformen zwischengeschaltet oder auch ausgelassen werden, so dass es, gleich welchem Ist-Zustand, direkt zu einer materiellen Privatisierung kommen kann.[48] Für einen möglichen Käufer von besonderer Bedeutung sind der Ausgangspunkt und der oder die Wechsel in der Rechtsform bis zum Abschluss des Kaufvertrages. Der Käufer wird im Regelfall versuchen, schnellstmöglich das Eigentum sowie die Verfügungsmacht zu erlangen und damit auf eine sofortige materielle Privatisierung drängen.

Öffentliches Eigentum kann als Share Deal oder als Asset Deal veräußert werden. Während beim Share Deal Gesellschaftsanteile übertragen werden, stehen beim Asset Deal einzelne Vermögensgegenstände und Rechte im Blickpunkt der Verhandlungspartner. Der Share Deal bietet rechtstechnische Vorteile der Vereinfachung.[49]

Der Share Deal ist nur dann möglich, wenn es sich beim Kaufobjekt um eine Gesellschaft handelt.[50] Da es den Gebietskörperschaften im Rahmen ihrer privatrechtlichen Betätigung nur offen steht, sich an Kapitalgesellschaften zu beteiligen bzw. diese zu gründen, kommt es bei Durchführung des Share Deals i.d.R. zur Veräußerung von Anteilen an Kapitalgesellschaften; sie können teilweise oder vollständig an den Käufer übertragen werden.

Der Asset Deal wird als Unternehmenskauf im engeren Sinne verstanden. Es handelt sich dabei im Regelfall um den Kauf von Unternehmen als Gesamtsache durch den Erwerb der ihnen dienenden Wirtschaftsgüter, der immateriellen Vermögenswerte und der durch den Geschäftsbetrieb begründeten Verbindlichkeiten.[51] Nicht nur das Gesamtunternehmen, sondern auch Unternehmensteile und sogar einzelne Vermögensgegenstände können Gegenstand des Asset Deal sein. Der Vorteil liegt dann in der möglichen Spezifizierung des Kaufgegenstandes, d.h. der Käufer kann im Idealfall exakt den Vermögensgegenstand abgrenzen, für den das Kaufinteresse besteht. Durch diese Entflechtung können marktfähige Unternehmenszuschnitte vorgenommen werden.[52] Im Gegenzug wird der öffentlich-rechtliche Verkäufer im eigenen bzw. öffentlichen Interesse Vermögenspakete zu schnüren versuchen, in denen Ertragsstärke, mit Zuschussbedarf gekoppelt, zur Haushaltskonsolidierung beitragen. Allein die Abgrenzung der Assets kann großes Konfliktpotenzial in sich bergen, zumal diese zum Teil durch Veräußerungsschutz langfristig an den Käufer gebunden sind.

3. Erwerbswege im Rahmen von Akquisitionen öffentlicher Unternehmen

3.1 Überblick über die Erwerbswege

Die Prüfungs- und Analysemöglichkeiten im Rahmen der Due Diligence werden maßgeblich auch von der Art des Erwerbsweges d.h. von den Privatisierungsverfahren beeinflusst.[53] Grundsätzlich können Privatisierungsverfahren in kaufpreislose und kaufpreisorientierte Varianten unterschieden werden. Die kaufpreislose Übertragung findet ihren Niederschlag in der Voucher-Allokation und der Naturalrestitution, die jedoch überwiegend in der Privatisierungsdiskussion der osteuropäischen Transformationsländer Bedeutung finden.[54] Die fehlende Beachtung der kaufpreislosen Verfahren bedeutet jedoch nicht, dass Vermögen, die für eine symbolische Geldeinheit übertragen werden bzw. für die der Verkäufer parallel mit der Veräußerung sogar finanzielle Mitte zuschießt, keiner umfangreichen Due Diligence bedürfen. Oft liegen gerade in diesen Fällen große Risiken im Verborgenen.

Die kaufpreisorientierten Verfahren unterscheiden sich wiederum in standardisierte Verfahren durch den Kauf/Verkauf über die Börse oder ihrer Auktionsverfahren und in nicht standardisierte komplexe informelle Verfahren, zu denen Exklusivverhandlungen mit externen und internen Interessenten gerechnet werden. Letzteres wird als Management-Buy-out bezeichnet.[55]

Ein anderes Einteilungskriterium zielt auf die Frage, auf wessen Betreiben Untersuchungen und Verhandlungen durchgeführt werden. Tritt der Verkäufer auf der Suche nach finanz- und/oder leistungsstarken Investoren als Anbieter auf oder geht die Initiative vom potenziellen Käufer aus? Feindliche Übernahmeversuche von Seiten der Käufer sind in der Privatwirtschaft des Öfteren zu beobachten, können im Rahmen von Privatisierungen allerdings generell ausgeschlossen werden.

3.2 Privatisierungen durch informelle bzw. exklusive Verhandlungen

Direkte Verhandlungen sind die in Deutschland am häufigsten gewählte Vorgehensweise zum Erwerb von Unternehmen oder Unternehmensteilen.[56] Die Übertragung von Eigentumsrechten durch Verhandlungen des Verkäufers mit einem oder mehreren Kaufinteressenten gilt als ein schnelles und insbesondere sehr flexibles Verfahren, gleichsam als der Standardfall der M&A-Branche. Dies kann ebenso für den Verlauf von Privatisierungsverfahren unterstellt werden.[57] In informellen bzw. exklusiven Verhandlungen kann der Verkäufer zunächst den oder die Kaufinteressenten auswählen, mit denen ein Vertragsabschluss am wahrscheinlichsten ist. Wird der Kreis der Bieter beschränkt, so sinkt für den Verkäufer der Koordinationsbedarf. Gleichzeitig besteht jedoch die Gefahr, dass zwischen den Bietern Absprachen getroffen oder potenziell zahlungskräftige Investoren von vornherein vom Erwerb ausgeschlossen werden. Geht die Kontaktaufnahme von Seiten des Käufers aus, so kann sich dieser direkt an die Eigentümer, also an Exekutive und/oder Legislative, wenden oder zunächst indirekte informelle Gespräche mit dem Management des Unternehmens führen. Die Übernahmekonditionen können individuell ausgehandelt werden, und der Zeitplan lässt sich bis zum Übergang flexibel gestalten, so dass der Käufer die Möglichkeit auf weit reichende Informationsbeschaffung und detaillierte Prüfungen im Rahmen der Due Diligence hat.[58]

Multidimensionale Informationen mit und ohne Preischarakter werden zwischen den Verhandlungspartnern ausgetauscht und müssen bei der Allokationsentscheidung berücksichtigt werden. Der Preis ist für den öffentlich-rechtlichen Verkäufer meistens nur eines von mehreren Entscheidungskriterien. Andere Vertragsinhalte wie Sanierungskonzept, geplantes Investitionsverhalten und Beschäftigungsvolumen sowie nicht zuletzt die Reputation des Bieters können zunächst die Entscheidung über die grundsätzliche Verhandlungsaufnahme und den späteren Verlauf der Verhandlungen stark beeinflussen.[59]

Informelle und exklusive Verhandlungen werden jedoch nicht ausschließlich mit externen Interessenten geführt. Auch intern kann seitens der Mitarbeiter oder des Management der Wunsch bestehen, Aufgaben und Eigentum zu erwerben und eigenständig fortzuführen. In diesem Fall wird im Allgmeinen vom Management-Buy-Out gesprochen.

Zum Erwerb durch das Management bzw. durch die Mitarbeiter werden ebenfalls ausführliche und komplexe Verhandlungen geführt. Es handelt sich insofern um einen Spezialfall der informellen und exklusiven Verhandlungen. Da die Gebietskörperschaften nicht zwingend an der Kaufpreismaximierung festhalten und durchaus andere Beweggründe in den Vordergrund stellen, kann die Privatisierung öffentlicher Unternehmen auch durch den Verkauf an „eigene“ Verwaltungs- oder Betriebsmitarbeiter erfolgen. Insbesondere dann, wenn der Käuferwettbewerb beschränkt ist und keine externen Bieter zum Kauf bereitstehen, kann es die Strategie der öffentlichen Entscheidungsträger sein, Regie- oder Eigenbetriebe an deren eigene Mitarbeiter zu veräußern. Gleichwohl können sich Mitarbeiter und Management mit einem Konzept am Bieterwettbewerb beteiligen und so zur Konkurrenz anderer Bieter werden.

Für den öffentlich-rechtlichen Verkäufer kann im Rahmen einer Management-Buy-Out-Strategie von Vorteil sein, dass er Mitarbeiter und Management sowie Stärken und Schwächen der zu privatisierenden Verwaltungseinheiten, Betriebe und Unternehmen kennt.[60] Das Management verfügt indes naturgemäß über bessere Informationen als der öffentlich-rechtliche Eigentümer. Es liegt eine umgekehrte Informationsasymmetrie vor.[61]

Hinderlich für einen Vertragsabschluss ist im Regelfall die mangelnde Vermögensausstattung der internen Bieter, so dass in einem Bieterwettbewerb allein über den Kaufpreis bzw. über die Eigenkapitalausstattung kaum ein Zuschlag an die internen Bieter zu erwarten ist. Ein Entgegenkommen in Form von Stundungen des Verkaufspreises, Krediten zu Sonderkonditionen, Kreditbürgschaften der öffentlichen Hand usw. oder gar durch massive Preisabschläge kann den Mangel in der Vermögensausstattung zumindest teilweise beheben.

Diese Konditionen werden von staatlicher Seite im besonderen Maße dann angeboten, wenn keine oder wenig Nachfrage nach dem Privatisierungsobjekt besteht.[62] Auch Zugeständnisse der Käufer in der Frage von Mitspracherechten können Auswirkungen auf den Gang der Verhandlungen haben. Die Repräsentanz durch Bevollmächtigte der Gebietskörperschaften in Aufsichtsorganen oder weitere Berichtspflichten über den Vertragsabschluss hinaus können den Verkäufer zu einem Zuschlag bewegen.[63]

3.3 Privatisierungen durch Auktionsverfahren

Die Auktionstheorie unterscheidet vier Standardverfahren:

- die Englische Auktion,
- die Niederländische Auktion,
- die versiegelte Höchstgebots-Auktion und
- die versiegelte Zweitgebots-Auktion.

Während bei der Englischen Auktion der Preis sukzessive so lange erhöht wird, bis der letzte Bieter das höchste Gebot hält und kein anderer bereit ist, dieses zu überbieten, beginnt die Niederländische Auktion mit dem Höchstpreis. Der Auktionator senkt dabei so lange den Preis, bis er von einem Käufer akzeptiert wird. In beiden Verfahren können die Teilnehmer das Verhalten der Mitbieter beobachten, wenngleich bei der Niederländischen Auktion der Bieterwettbewerb im eigentlichen Sinne nicht stattfindet. Im Gegensatz dazu bleiben bei den versiegelten Auktionen die rivalisierenden Angebote der Mitbewerber verborgen. Die Teilnehmer reichen simultan nur ein versiegeltes in der Regel verbindliches Angebot ein. In beiden Fällen erhält das höchste Gebot den Zuschlag. Der Kaufpreis richtet sich bei der Höchstgebots-Auktion nach der Höhe des höchsten Gebotes, bei der Zweitgebots-Auktion nach der

Höhe des zweithöchsten Gebotes.[64] Alle Verfahren sind anfällig für kooperatives Verhalten der Bieter. Durch Preisabsprachen kann der Kaufpreis gesenkt werden, zumal die Transaktionskosten bei einer geringen Anzahl von Bietern niedrig sind. Dabei gilt es die gesetzlichen Restriktionen zu beachten. Absprachen führen i.d.R. zum Ausschluss am Bieterverfahren.

Neben den genannten Auktionen können auch weitere Verfahren angewandt werden. Diese sind nicht immer unumstritten. Sie weisen insbesondere dann juristisch fragwürdige Tatbestände auf, wenn sich die öffentliche Hand unmittelbar oder mittelbar an den Auktionen als Bieter beteiligt. Der Preis kann dadurch erheblich in die Höhe getrieben werden.[65]

Auktionen sind im Regelfall öffentlich, d.h. jeder am Prozess der Versteigerung oder am Versteigerungsobjekt Interessierte kann unter Beachtung bestimmter Formalien an ihr teilnehmen und mitbieten. Öffentliche Auktionen wenden sich an einen anonymen Interessentenkreis und sollen möglichst viele potenzielle Bieter ansprechen.[66] Dagegen beschränkt der Verkäufer in einer kontrollierten Auktion die Anzahl der möglichen Käufer und selektiert in einer Vorauswahl den Interessentenkreis.[67] Wer im Rahmen der kontrollierten Auktion nicht als attraktiver Kaufinteressent identifiziert und angesprochen wird, hat keine oder unter Umständen nur eine indirekte Möglichkeit (über Dritte), an der Versteigerung teilzunehmen.

Oft werden Preise für Güter in Auktionen dann ermittelt, wenn für sie keine Standardpreise existieren.[68] Zu umfangreichen langwierigen Verhandlungen zwischen potenziellen Käufern und Verkäufer kommt es dabei nicht mehr. Das höchste Gebot erhält im Regelfall den Zuschlag, sofern keine anderen Aktionsparameter zugelassen sind. Wesen einer Auktion ist, dass mehrere Nachfrager um einen Vermögensgegenstand konkurrieren. Je größer die Anzahl der Bieter, desto eher glaubt der Verkäufer sein Ziel erreichen zu können,[69] d.h. in erster Linie den angestrebten Kaufpreis zu realisieren.

Der Verkäufer kann durch Versteigerungen dem Problem der Preisfestsetzung entgehen. Die Preisfestsetzung für den Veräußerer resultiert aus unvollkommenen Informationen. Der Reservepreis, den ein Bieter maximal zu zahlen bereit wäre, ist dem Verkäufer nicht bekannt. Die öffentliche Hand hat zusätzlich das Problem, dass keine oder kaum Aussagen über eigene Reservepreise gemacht werden können. Die eigene Preisuntergrenze, zu der der öffentliche Träger bereit wäre, das Objekt zu veräußern, lässt sich infolgedessen nicht oder nur eingeschränkt bestimmen.[70] Eine Due-Diligence-Untersuchung durch den öffentlich-rechtlichen Veräußerer kann diesen Mangel beheben.

Andererseits gilt für einen potenziellen Käufer öffentlichen Vermögens, dass er vor Eintritt in die Auktion den Vorgang der Due Diligence und damit die Ermittlung seines Höchstgebotes schon abgeschlossen hat, oder ihm wird ein eng begrenzter Zeitrahmen für mögliche Untersuchungen gesetzt. „Der Kaufinteressent muss sich auf die kurzen Fristen und strengen Bedingungen, insbesondere hinsichtlich der Begrenzung der zur Verfügung gestellten entscheidungsrelevanten Informationen, einstellen.“[71]

3.4 Privatisierungen durch Börsenkapitalisierung

Soll eine Privatisierung über die Börse vorgenommen werden, so bedarf es zunächst der formellen Privatisierung öffentlichen Vermögens durch Umwandlung in die Rechtsform einer Aktiengesellschaft. Die Anteile an der neu gegründeten Aktiengesellschaft befinden sich dann allein im Eigentum der öffentlichen Hand. Es handelt sich bei der Veräußerung um einen Share Deal.

Privatisierungen, die über informelle Verhandlungen bzw. Auktionen durchgeführt werden, laufen letztlich darauf hinaus, dass das Vermögen auf einen einzigen Käufer bzw. auf eine einzige Gesellschaft übergeht. Mit der Börsenkapitalisierung entsteht die Möglichkeit, das Privatisierungsobjekt auf Grund seiner Größe oder Bedeutung nicht allein an einen einzigen Käufer zu veräußern. Die Anteile können auch strategisch auf mehrere Anteilseigner, sei es mit der Absicht der Integration in das Käuferunternehmen und künftiger Einflussnahme oder nur als Finanzanlage, übertragen werden. Eine weitere Möglichkeit der Privatisierung liegt in der breiten Streuung der Anteile, so dass viele Aktionäre mit relativ geringen Anteilen am Unternehmen beteiligt sind. Beispiel einer solchen Privatisierung ist der Börsengang der Deutschen Telekom AG. Mit den Aktientranchen wurden Großteile der Papiere in den Streubesitz veräußert.[72]

Mit dem Verkauf von Aktien besonders großer Unternehmen wie der Deutschen Telekom AG oder zuletzt der Deutschen Post AG wird nach dem Bookbuilding-Verfahren auf dem Primärmarkt ein Emissionspreis bzw. -korridor festgelegt, der nach Einschätzung der Emissionäre möglichst hohe Verkaufserlöse, aber gleichzeitig den Zeichnern auch ausreichendes Kurssteigerungspotenzial bietet. Die Preisfindung auf dem Sekundärmarkt fußt auf der Widerspiegelung aller aktuellen Informationen sowie auf den Erwartungen über die zukünftige Entwicklung des Aktienkurses. Zusätzlich wird der Eröffnungspreis stark durch Spekulationen beeinflusst. Due-Diligence-Untersuchungen dürften im Falle solch großer Unternehmen extrem umfangreich und teilweise sogar nur beschränkt aussagefähig sein, könnten aber helfen, den Referenzpreis d.h. den eigenen Höchstpreis, zu bestimmen.

Mit abnehmender Größe der Unternehmen steigen auch die Kosten der Aktienemission.[73] Somit dürften kleinere Eigengesellschaften in Form von Aktiengesellschaften durch Staat und Kommunen in der Regel nicht an die Börsen geführt werden. Damit ist es in diesem Marktsegment zumindest beschränkt möglich, formell privatisierte Aktiengesellschaften zu erwerben. Zur Veräußerung werden im Regelfall informelle Verhandlungen oder Auktionsverfahren herangezogen.

4. Besondere Problemfelder der Due Diligence im Rahmen der Privatisierung

Der Due Diligence Review erstreckt sich auf diverse Prüfungsfelder. Neben dem eigentlichen Kernbereich der Leistungserstellung tritt eine Vielzahl weiterer Untersuchungsfelder zu Tage, von denen an dieser Stelle nur einige betrachtet werden sollen. Probleme für den potenziellen Erwerber ergeben sich vor allem aus der Qualität der zur Verfügung gestellten Informationen. Rechnungswesen, Organisation und Verhaltensweisen von Bund, Ländern und Kommunen entsprechen nicht denen der Privatwirtschaft, das Personal ist teilweise im Beamtenverhältnis beschäftigt, auf betriebsbedingte Kündigungen wird im Regelfall zu verzichten sein, und die eigentliche Unternehmensbewertung zur Bestimmung des Kaufpreises fußt auf einer zumeist mangelhaften Informationsgrundlage.

4.1 Die Abstimmung des Planungsprozesses

Dass einer Investition in öffentliches Vermögen allein auf Grund ihrer im Regelfall bedeutenden Größenordnung ein Planungsprozess vorausgehen sollte, bedarf keiner Erörterung. Neben der Planung der Due Diligence und somit dem Vorgang der eigentlichen Akquisition ist auch der Fortgang der unternehmerischen Tätigkeit des Privatisierungsobjektes zu planen und auf Risiken zu durchleuchten. Der Betriebsprozess ist vor der eigentlichen Realisation zu bestimmen, um ihn möglichst von Zufälligkeiten und Unzulänglichkeiten freizuhalten. Es handelt sich um einen systematisch-methodischen Prozess, der Fiktion und Fixierung zukünftigen Handelns.[74]

Für die Ziel- und Maßnahmenplanung ist eine detaillierte Ausarbeitung unerlässlich. Die Zielplanung muss alle Teilbereiche des neu entstehenden Unternehmens in die Gesamtplanung integrieren; dies bedeutet, dass der Handlungsrahmen für alle Aktivitäten des Käufers zu definieren ist, dass Produktpalette, Märkte, Finanzierung, Organisation, Mitarbeiterstruktur etc. festgelegt sowie Ziele und Konzepte für die einzelnen Funktionsbereiche des Privatisierungsobjektes bzw. des Gesamtunternehmens zu entwickeln sind. Zur Lösung dieser komplexen Aufgaben ist wiederum ein gut durchdachtes Unternehmenskonzept notwendig, aus dem sich die entsprechenden Maßnahmen ergeben.

Der Unternehmensplan beinhaltet sowohl strategische als auch operative Elemente. Die Ausrichtung des strategischen Planes richtet sich nach der neu zu definierenden Unternehmensstrategie. Auf ihrer Grundlage muss eine Organisationsstruktur gefunden und implementiert werden, mit der die Unternehmensziele zu erreichen sind. Gemäß der strategischen Ausrichtung unterteilt die operative, kurz- bis mittelfristige Planung die zu realisierenden Programme in einzelne Funktionsbereiche (Beschaffung, Produktion, Absatz, Personal, Verwaltung). Hier gilt es die vielen einzelnen Restrukturierungsmaßnahmen miteinander zu verknüpfen. Es handelt sich dabei um einen komplexen Prozess, der hohe Anforderungen an die Unternehmensführung stellt.

Nicht übersehen werden darf, dass in vielen Privatisierungskonzepten auch weiterhin die öffentliche Hand einen beträchtlichen Teil des Kapitals und/oder der Stimmrechte hält. Bei diesen gemischtwirtschaftlichen Unternehmen wird die Verfolgung des öffentlichen Zwecks im Allgemeinen durch entsprechende Positionen im Aufsichtsrat oder anderen Überwachungsorganen gesichert. Fraglich ist dabei, ob Legislative und Exekutive seine Aufsichtsratsvertreter anweisen können, in einem bestimmten Sinne abzustimmen.[75]

4.2 Das Rechnungswesen als elementare Entscheidungsgrundlage

Das betriebliche Rechnungswesen umfasst die Gesamtheit aller überwiegend mengen- und wertmäßigen Informationen zur Abbildung finanz- und leistungswirtschaftlicher Sachverhalte von Unternehmen.[76] Es beschreibt allgemein das Wertemodell eines Gütersystems beliebiger Unternehmen. Neben den Unternehmen müssen auch öffentliche Haushalte ihr Gütersystem abbilden. Dieses Wertemodell bedient sich zur Erfassung, Abbildung und Verarbeitung seiner relevanten Informationen des Mechanismus des Rechnungssystems. Das Rechnungssystem wiederum definiert sich

- durch die Art der Rechenelemente, die relevanten Vorgänge und Zustände sowie durch den Umfang, in dem sie abgebildet werden;
- durch die Art der Rechnungsgrößen, mit Hilfe derer diese Vorgänge und Zustände erfasst werden,
- durch die Art der Verknüpfung und Gruppierung dieser Rechnungsgrößen;
- durch die Verrechnungsprozesse, die für die Gewinnung der geforderten Rechnungsergebnisse notwendig sind.

Die geforderten Rechnungsergebnisse sollen sich an den Zielen des Rechnungswesens ausrichten. Materieller Kern des Rechnungssystems ist das Rechnungskonzept, mit Hilfe dessen konkretisiert wird, zu welchem Zeitpunkt welche Daten wie in welchen Teilrechnungen zu erfassen sind.[77] Im Mittelpunkt steht dabei die Art des Rechnungsstils bzw. die Buchhaltungsmethode, die kontinuierlich den Rechnungsstoff über das Kontensystem erfassen soll.

Das Rechnungswesen der öffentlichen Finanzwirtschaft entspricht im Regelfall nicht dem der Privatwirtschaft. Legen die Gebietskörperschaften extern Rechnung, dann erfolgt dies im kameralistischen Rechnungsstil.[78] Es handelt sich dabei um ein rein zahlungsorientiertes Rechnungssystem. Die Kameralistik dient vornehmlich dazu, den Vollzug der Haushaltspläne[79] über den Soll-Ist-Vergleich zu kontrollieren und über den finanzwirtschaftlichen Erfolg zu berichten. Dieser gilt als erreicht, wenn die Haushalte gedeckt sind, d.h. Einnahmen und Ausgaben einschließlich der Kreditaufnahmen in identischer Höhe getätigt wurden. Über leistungswirtschaftliche Erfolge vermögen öffentliche Jahresabschlüsse im Gegensatz zu kaufmännischen Abschlüssen nichts auszusagen. Weder eine Bilanz, in der Vermögen und Schulden ausgewiesen werden, noch eine Erfolgsrechnung, die über Erträge und Aufwendungen Auskunft gibt, werden geführt. Selbst die Kosten- und Leistungsrechnung als elementares internes Steuerungsinstrument wird nur vereinzelt angewandt, obwohl eine Durchdringung in geeigneten Verwaltungs- und Betätigungsbereichen vorgeschrieben ist.[80]

Bevor der Käufer die Situation des Objektes ausführlich analysieren kann, muss zunächst sichergestellt sein, dass das (kameralistische oder doppische) Rechnungswesen ein den tatsächlichen Verhältnissen entsprechendes Bild der abgebildeten Finanz-, wenn möglich auch der Vermögens- und Ertragslage liefert. Neben der Ordnungsmäßigkeit bedürfen insbesondere die materiellen Inhalte der Überprüfung.[81]

Wird Vermögen (im Rahmen eines Asset Deals) aus den Kernbereichen der Verwaltungen ausgegliedert, so kann der Käufer diesbezüglich nur auf kameralistisches Zahlenmaterial zugreifen. Zusätzlich werden in den so genannten Gebührenhaushalten Kosten- und Leistungsrechnungen geführt. Die Aussagekraft dieser Systeme hängt jedoch stark von deren Ausgestaltung ab. Solchermaßen bietet das öffentliche Rechnungswesen kaum die notwendige Entscheidungsgrundlage, um den Kauf öffentlichen Vermögens unter Beachtung der gebotenen Sorgfalt durchführen zu können.

Anders verhält es sich beim Kauf von öffentlichen Unternehmen in Rechtsform der Kapitalgesellschaft (Share Deal). Kapitalgesellschaften haben, gleich in wessen Eigentum sie sich befinden, nach handels- und steuerrechtlichen Vorschriften Rechnung zu legen.[82] Vom Wirtschaftsprüfer ausgestellte Testate erhöhen zudem die Vertrauenswürdigkeit und die Zuverlässigkeit der Jahresabschlüsse. Dies ist für den Käufer insbesondere dann interessant, wenn die Neugründung einer AG vorliegt und diese vom Gründungsprüfer testiert worden ist. Grundlegendes Problem bleibt somit das Privatisierungsobjekt, das bisher in öffentlich-rechtlicher Rechtsform geführt wurde und keine handels- und steuerrechtlichen Jahresabschlüsse aufgestellt hat.

Ziel der Auswertung des Rechnungswesens ist die detaillierte Darstellung der Vermögens-, Finanz- und Ertragslage des Privatisierungsobjektes. Aus der Bilanz, sofern sie im öffentlichen Sektor existiert, ergibt sich der Bestand des Vermögens und der Schulden. Es ist zu prüfen, ob die bilanzierten Vermögensgegenstände tatsächlich vorhanden und alle Verpflichtungen erfasst und entsprechend bewertet sind. Bei Neugründungen von Kapitalgesellschaften sind Sacheinlagen und Sachübernahmen zu prüfen.[83] Ferner sind die nachhaltigen Gewinne und Cash-flow der letzten Geschäftsjahre zu ermitteln.[84] In kameralistischen Haushaltsrechnungen muss der Käufer mit der eigenständigen Inventarisierung aller Vermögensgegenstände und der Schulden beginnen und für eigene Belange eine Art Veräußerungsbilanz aufstellen. Das öffentliche Vermögen und die öffentlichen Schulden werden zumindest ansatzweise bestandsmäßig geführt. Auskünfte über die Werthaltigkeit geben allein die Zahlungsmittelbestände und die Schulden, wenngleich selbst Letztere nicht vollständig ausgewiesen werden.

Eine Gewinn- und Verlustrechnung fehlt vollständig. Informationen über Aufwendungen und Erträge werden nicht aufgeführt, können jedoch teilweise aus der Kameralistik entnommen werden. Aufwendungen, sofern sie zu Ausgaben führen, werden in der Haushaltsrechnung teilweise vermerkt. Eine periodengerechte Abgrenzung der Aufwendungen und Erträge, deren Bedeutung dem Begriff „Doppik“ zu Grunde liegt, fehlt ebenfalls. Einnahmegleiche Erträge sind der Kameralistik dann zu entnehmen, wenn Produkte oder Leistungen gegen Entgelt die Verwaltung verlassen haben. Dabei entsteht das Problem, dass Einnahmen aus Gebühren und Beiträgen nicht den marktwirtschaftlichen Gepflogenheiten der Preisbildung unterliegen. Insbesondere dann, wenn mit der Privatisierung auch der Zwang zur Nutzung der öffentlichen Leistung durch die Bürger verloren geht, besteht die Gefahr, dass der Absatz und damit die Erlöse zurückgehen.

Ein weiteres Problem kann auch im innerbetrieblichen Leistungsaustausch liegen, wenn das Privatisierungsobjekt neben den nach außen gerichteten Leistungen, die Erlöse nach sich ziehen, auch Leistungen an die Kernverwaltungen erbringt, die aus dem Rechnungswesen nicht zu erkennen sind. Solche Verflechtungen sind im Rahmen einer Due Diligence aufzuzeigen, um das gesamte Ertragspotenzial aufzudecken, aber auch die Gefahren zu beleuchten, die mit einem möglichen Wegfall der Leistungsbeziehungen einher gehen.

4.3 Management und Personal

Management und Mitarbeitern des zu übernehmenden Objektes kommt eine erhebliche Bedeutung bei der erfolgreichen Umsetzung und Integration im Rahmen von Akquisitionen zu. Sie sind einer der bestimmenden Faktoren für den zukünftigen Erfolg des Unternehmens.[85] Die Einschätzung von Motivationen und Erwartungen, die Unternehmenskultur und -philosophie, das Verhalten bei Personalentwicklung und Entgeltpolitik beeinflussen Management und Mitarbeiter bzgl. deren zukünftiger Leistungsbereitschaft.

Die Angehörigen des öffentlichen Dienstes sind nach ihrem Rechtsstatus unterteilt in die Gruppen[86]

- der Beamten; sie befinden sich in einem öffentlich-rechtlichen Dienst- und Treueverhältnis, dessen Inhalte gesetzlich geregelt sind und das sich eher durch Unterordnung statt Gleichordnung kennzeichnen lässt;[87]
- der Angestellten und Arbeiter; es handelt sich um Arbeitnehmer, die auf Grund eines privatrechtlichen Vertrages beschäftigt sind; der Inhalt ihres Dienstverhältnisses ist durch tarifvertragliche Regelungen (BAT, Mantel- und Sondertarifverträge) in verschiedenen Punkten dem des Beamtenverhältnisses angenähert.

Privatisierungen lösen bei den von ihnen betroffenen Mitarbeitern nicht selten erhebliche Unsicherheiten und Ängste aus. Mit dem Übergang einer öffentlichen Einrichtung oder eines öffentlichen Unternehmens sind zumeist umfangreiche Veränderungen der Arbeitsinhalte verbunden. Die angestrebten Effizienzsteigerungen bedingen in vielen Fällen die Senkung der Personalkosten: Das öffentliche Dienstrecht ist nicht nur starr und unflexibel, sondern vor allem sehr teuer. Insofern ist für die betroffenen Beschäftigten die Veränderung ihrer Arbeitnehmerrechte von zentraler Bedeutung.[88] Im Allgemeinen gehen Privatisierungen von Staatsunternehmen mit dem Verlust von

Arbeitsplätzen einher; dies ist nicht auf das Privatisierungsverfahren an sich zurückzuführen, sondern basiert auf dem erforderlichen Abbau von Arbeitskraftüberkapazitäten im öffentlichen Dienst.

Im Rahmen von Privatisierungsentscheidungen tritt grundsätzlich die Frage auf, ob die öffentliche Hand mit der Veräußerung generell bereit ist, ihre Mitarbeiter in die Privatwirtschaft zu entlassen, oder dies sogar zur Grundvoraussetzung für den Verkauf macht. Nicht selten werden Arbeitsplatzgarantien für die übernommenen Mitarbeiter vertraglich fixiert.[89] Andererseits können Kündigungsschutz und Mitbestimmung bei Umstrukturierungen und Rentabilitätssteigerungen hinderlich sein. Der Investor hat zu prüfen, ob Mitarbeiter bzw. bestimmte Mitarbeitergruppen für die Fortführung der nun privatwirtschaftlichen unternehmerischen Tätigkeit überhaupt geeignet sind und übernommen werden können. Gleichwohl sollte der Käufer unter den betroffenen Beschäftigten auswählen, wer weiterhin im öffentlichen Dienst verbleiben oder künftig beim Erwerber sein Arbeitsverhältnis fortsetzen soll. Kündigungen wegen des Betriebsinhaberwechsels sind nach § 613a Abs. 4 S. 1 BGB i.V. mit § 323 Abs. 1 UmwG ausgeschlossen. Das Recht zur Kündigung aus wirtschaftlichen, technischen oder organisatorischen Gründen bleibt davon jedoch unberührt.[90]

Werden Investitions- und insbesondere Beschäftigungsgarantien nicht eingehalten, so muss der Käufer so genannte Unwirksamkeitsgründe belegen. Diese führen bei Eintritt zu einer eingeschränkten Vertragserfüllung.[91] Insofern sind sie in beiderseitigem Interesse in das Vertragswerk einzufügen.

Grundsätzlich kann der Erfolg der Übernahme auch davon abhängen, ob die Mitarbeiter des öffentlichen Dienstes überhaupt dazu bereit sind, in die Privatwirtschaft zu wechseln. Bei Beamten wird bei Unkündbarkeit die Sicherheit von Besoldung und Versorgung unter Umständen nur durch erhebliche Gehaltszuschläge kompensiert werden können. Ähnliches gilt auch für Arbeitnehmer. Angestellte im öffentlichen Dienst sind nach Vollendung des 40. Lebensjahres bei einer gleichzeitigen Beschäftigungsdauer von mindestens 15 Jahren unkündbar. Die notwendige Übernahme von Mitarbeitern aus dem öffentlichen Dienst kann allein aus Gründen der Arbeitsplatzsicherheit scheitern.

Daneben können auch die Höhe der Entgeltzahlungen, Tarifänderungen, Nebenleistungen und Altersversorgung zu Problemen führen. Gemäß § 613a Abs. 1 S. 1 BGB tritt der private Käufer auch in die Versorgungsrechte der übernommenen Arbeitnehmer ein. Neben der gesetzlichen Rentenversicherung bestehen zusätzlich Ansprüche aus Zusatzversorgungskassen.[92] Die Mitarbeiter im öffentlichen Dienst können z.B. Ansprüche gegenüber der Versorgungsanstalt des Bundes und der Länder (VBL) erwerben. Die Satzung der VBL nennt in § 19 folgende Voraussetzungen für die Mitgliedschaft von Wirtschaftsunternehmen:

- dem öffentlichen Dienst wesensgleiche Tarifverträge,
- maßgeblicher Einfluss durch die öffentliche Hand (mindestens 50 % der Stimmrechte),
- Wahrnehmung von öffentlichen Aufgaben.

Wird eines dieser Kriterien durch eine Privatisierung verletzt, so gewährt § 23 der VBL-Satzung ein entschädigungsloses Kündigungsrecht.

Die VBL arbeitet nach dem Abschnittsdeckungsverfahren, bei dem die aktiv Beschäftigten den jeweiligen Mittelbedarf für die Versorgungsempfänger der gleichen Periode aufbringen. Es werden keine Mittel angespart, die zur späteren Finanzierung der eigenen Anwartschaften der Versicherten verwendet und somit als Aktiva zur Deckung der Versorgungsverbindlichkeiten übertragen werden können. Das Beispiel der Lufthansa-Privatisierung macht deutlich, welch große Schwierigkeiten bei der Ablösung der Versorgungsansprüche auftreten können: Zum Bilanzstichtag 1994 wurden Versorgungsverbindlichkeiten von 4,6 Mrd. DM ermittelt. Bei Übernahme durch die Gesellschaft hätte dies zur bilanziellen Überschuldung geführt.[93]

Nicht zuletzt spielt die Motivation der zu übernehmenden Mitarbeiter für den Käufer eine große Rolle. Motivation und daraus resultierende Leistungsbereitschaft können als immaterielle Vermögensgegenstände bezeichnet werden, ebenso wie eine leistungsfeindliche Motivation als Passivposten gelten kann; eine Erhöhung bzw. Minderung des Kaufpreises kann die Folge sein.[94] Zusätzliche Risiken entstehen, wenn die Leistungsträger nicht bereit sind, den Wechsel aus dem öffentlichen Dienst in die Privatwirtschaft zu vollziehen bzw. einen anderen Arbeitgeber anstreben. Besonders die Phase des Übergangs aus der öffentlichen Wirtschaft in die Privatwirtschaft verlangt vom Management ein hohes Maß an Improvisation, Spontaneität und Kreativität.

Der Einsatz von Beamten in der Privatwirtschaft ist grundsätzlich nicht möglich, wenngleich durch Änderungen im Grundgesetz[95] und speziell geschaffene Modelle[96] auch Beamte ihren Dienst in privatwirtschaftlichen Unternehmen versehen können. Weder natürliche noch juristische Personen des Privatrechts können Dienstherren von Beamten sein, da ihnen die Dienstherrenfähigkeit fehlt. Bei Dienstausübung von Beamten in Gesellschaften des Privatrechts dürfen dienstrechtliche Befugnisse ohne spezialgesetzliche Ermächtigung nicht übertragen werden. Beamte können vorübergehend auch durch Zuweisung im gegenseitigen Einvernehmen außerhalb des Geltungsbereiches des Beamtenrechtsrahmengesetzes eingesetzt werden.[97]

Zunehmend regeln umfangreiche Vertragspakete durch so genannte Personalüberleitungs- und Personalgestellungsverträge die juristischen Unklarheiten bei der Übernahme und Weiterbeschäftigung der Mitarbeiter. So entsteht für die Arbeitnehmer ein höherer Schutz.[98] Solche Vertragswerke schränken im Regelfall die Flexibilität des Käufers ein, tragen andererseits jedoch zum Abbau der Unsicherheiten der Mitarbeiter bei und sorgen unter Umständen für eine reibungslose Abwicklung.

4.4 Die Übernahme ökologischer Altlasten

Eine zu befürchtende ökologische Belastung von Böden und Gebäuden der Betriebsgrundstücke gehört zu den wertmindernden Faktoren, die große Bedeutung für die Realisation von Privatisierungprojekten haben und entsprechend bei der Kaufpreisermittlung berücksichtigt werden müssen. Die Risiken sind unter Umständen schwer zu identifizieren und zu quantifizieren. Dabei kann die Schadenshöhe durchaus den Wert des Vermögensgegenstandes oder gar des gesamten Unternehmens übersteigen.[99]

Eine Umwelt-Due-Diligence wird in der Regel in drei Phasen durchgeführt.[100]

- In der ersten Phase werden sensible Bereiche mit vermuteten Problemen identifiziert.
- Die zweite Phase grenzt auf Grund der Ergebnisse der ersten Phase die kritischen Bereiche ein. Das Ausmaß tatsächlicher Risiken wird zunächst eingeschätzt, konkrete Untersuchungen durch Gutachter werden vereinbart.
- Phase drei umfasst die Untersuchung der abgegrenzten Problemfelder durch in der Regel externe, unabhängige Sachverständige, die vor Ort alle notwendigen Analysen durchführen und ihre Wertungen in Gutachten niederlegen.

Besonders in den Fällen, in denen die Belastung den Vertragsparteien unbekannt ist und somit im Privatisierungsvertrag nicht berücksichtigt wird, liegt je nach Umfang der Belastung eine wesentliche Änderung der Vertragsumstände vor.[101] Insofern sind auch Altlastenregelungen für bei Vertragsabschluss nicht bekannte Belastungen mit der öffentlichen Hand auszuhandeln. Ist der Verkäufer nur begrenzt bereit die Haftung für mögliche Sanierungsfälle zu übernehmen, bleiben dem Käufer erhebliche Risiken. Altlasten dürfen nicht zur Investitionsfalle für den Investor werden, andererseits darf eine Altlastenklausel nicht als Hebel dienen, um alle typischen Investitionsrisiken auf den öffentlich-rechtlichen Verkäufer abzuwälzen.[102]

4.5 Das abschließende Problemfeld der Unternehmensbewertung

Wenn während der Due Diligence spezielle Problemfelder mit der gebotenen Sorgfalt durchleuchtet und keine Deal Breaker entdeckt wurden, dann wird der Kaufpreis mit Hilfe von in der Regel standardisierten Verfahren ermittelt, die sich an Erfolgs-, Substanz- oder Marktwerten für Unternehmen, Unternehmensteile oder sogar für einzelne Vermögensgegenstände orientieren. Die Due Diligence bereitet für die analytische Bewertung alle wesentlichen Informationen vor und liefert zur standardisierten Kaufpreisfindung das notwendige Datenmaterial. Somit soll die Due Diligence nicht als eigenständiges Verfahren zur Wertermittlung, sondern als Vorstufe für die standardisierten Bewertungsmodelle dienen.[103]

Liegen objektive Marktpreise oder Ergebnisgrößen für verschiedene Referenzunternehmen vor, so ist es nahe liegend, die Bewertung durch den Vergleich des Untersuchungsobjektes mit einem dieser Unternehmen vorzunehmen. Die Anwendung weiterer Verfahren kann unter Umständen vernachlässigt werden.[104] Diese Vorgehensweise stößt jedoch dort an Grenzen, wo die Vergleichbarkeit der Unternehmen nicht mehr gegeben ist und zudem generell nur wenige Unternehmen bekannt sind, deren Werte exakt ermittelt werden können;[105] insbesondere im Rahmen von Privatisierungen ist die Zahl der Referenzunternehmen stark eingeschränkt. Werden Vergleichsobjekte identifiziert, so können bei den nach Gesellschaftsrecht rechnungslegenden

Unternehmen erhebliche bilanzpolitische Einflüsse vorliegen, die für die Vergleichbarkeit ggf. bereinigt werden müssen.

Unabhängig davon, ob ein Käufer in privatwirtschaftliche, öffentliche Unternehmen oder gar in einzelne Vermögensgegenstände investiert – er kauft sie um künftig Gewinne zu erzielen. Allein die in der Vergangenheit bewährte Substanz kann als Informationsgrundlage wichtige Erkenntnisse liefern und unter Umständen den Kaufpreis mindern oder in die Höhe treiben. Jedoch impliziert eine erfolgreiche Vergangenheit nicht automatisch den zukünftigen Erfolg. Der Substanzwert kann als Ausgabensubstitut, als der Betrag der Ausgaben gekennzeichnet werden, der, anders als beim Aufbau eines gleichartigen Betriebes nicht aufgebracht werden muss. Es handelt sich um einen Rekonstruktions- oder Wiederbeschaffungswert aller im Unternehmen vorhandenen Vermögensgegenstände und Schulden. Er führt dann zu einem aussagekräftigen Ergebnis, wenn der Barwert der Einnahmeüberschüsse bei unmittelbarer Liquidation und Veräußerung einzelner Vermögensteile größer ist als der Barwert der gleichen Überschüsse bei Fortführung des Unternehmens.[106] Somit sollten Unternehmen, deren Werte durch die Fortführung bestimmt werden, nach ihrer zukünftigen Ertragskraft, und solche, die mit der Absicht der Zerschlagung erworben werden, zumindest teilweise mit dem Liquidationswert beurteilt werden. In der Praxis wurde in der Vergangenheit oft eine Kombination beider Verfahren genutzt: Barwert der zukünftigen Gewinne plus Marktpreis der nicht benötigten Vermögensgegenstände.[107]

Da die öffentliche Hand Vermögenspakete zu schnüren versuchen wird, in denen mögliche Ertragsstärke mit Zuschussbedarf kombiniert wird, können Bestandteile einer so vereinbarten Privatisierung dauerhaft defizitär sein. Langfristig defizitäre Vermögensgegenstände oder Unternehmensteile werden nach betriebswirtschaftlichen Grundsätzen desinvestiert. Sie werden oft schon dann liquidiert, wenn eine gebotene Mindestrendite nicht erzielt werden kann. Im Rahmen einer Privatisierung könnte dies jedoch bedeuten, dass der Käufer die den Verwaltungen obliegenden öffentlichen Aufgaben nicht mehr oder nur in ausgewählten Bereichen erfüllen kann. Davor schützen sich die Gebietskörperschaften durch Veräußerungsverbote und Mindestgarantien.[108] Wenn jedoch Vermögensteile nicht verkauft werden dürfen und die Vorteilhaftigkeit der Akquisition allein von den zukünftigen Erfolgen abhängt, dann sind die Substanzwertverfahren zur Kaufpreisermittlung wenig geeignet.

Wegen der fehlenden Vergleichbarkeit mit anderen bekannten, objektiv bewerteten Unternehmen und der Nichtanwendbarkeit der Substanzwertverfahren muss die Ertragswertmethode zur Beurteilung herangezogen werden, wenn die Unternehmensfortführung angestrebt ist. Unter der Ertragswertmethode sind unterschiedliche Varianten subsumiert.[109] Gemeinsam ist allen Verfahren, dass sie die künftigen Gewinne bzw. Einzahlungsüberschüsse in den Mittelpunkt ihrer Betrachtungen stellen und somit dem Ansatz des Shareholder-Value-Gedankens[110] entsprechen. Der Unternehmenswert ergibt sich aus den kapitalisierten künftigen ausschüttbaren Ergebnissen bzw. den Cash-flows oder den Free Cash-flows.[111]

Eines der elementaren Probleme der Ertragswertverfahren liegt in der zuverlässigen Vorhersage der künftigen Ertrags- oder Einzahlungsüberschüsse. Sie können nicht mit Sicherheit prognostiziert werden, bleiben somit eine Variable im Rahmen des Unternehmenskaufs und können erst ex post auf ihre Richtigkeit hin überprüft werden.[112] Damit wird deutlich, dass Unternehmensbewertungen mit abnehmender Sicherheit der Prognose künftiger Ereignisse zunehmend an Exaktheit verlieren. Die Unsicherheit ist umso größer, je weiter die künftigen Ertrags- oder Einzahlungsüberschüsse in der Zukunft liegen.[113] Eine tragfähige Basis für Schätzungen liefern zunächst die zurückliegenden Ergebnisse. Nach Möglichkeit werden die bedeutenden Erfolgskomponenten einzeln analysiert, um pauschalierte Ergebnisse zu vermeiden.[114] Dieses Vorgehen ist bei der Privatisierung von öffentlichen Unternehmen kaum möglich, da Ergebniswerte nach betriebswirtschaftlichen Grundsätzen nicht oder nur ansatzweise existieren.[115] Selbst langwierig formell privatisierte Kapitalgesellschaften sind unter Umständen auf Grund ihrer öffentlichen Ausrichtung und der mangelnden ökonomischen Effizienz für die Prognose künftiger Einzahlungsüberschüsse wenig geeignet. Insofern scheinen auch die Ertragswertverfahren nicht allein für die Bewertung von Privatisierungsobjekten auszureichen.

Zusätzlich sind angemessene Abzinsungssätze und Risikofaktoren zu bestimmen. Die Kapitalisierung der Ertragsüberschüsse verlangt einen sorgsam ausgewählten Zinssatz. Schon kleine numerische Änderungen des Kapitalisierungszinssatzes führen zu erheblichen Unterschieden in der Wertfindung.[116] Der Risikofaktor ergibt sich aus der Gewichtung unterschiedlicher Umweltzustände mit ihren Eintrittswahrscheinlichkeiten.[117]

Auch die Ertragswertmethoden weisen Schwächen bei der Bewertung von Privatisierungsprojekten auf. Somit führen weder die Vergleichs- noch die Substanz- oder die Ertragswertverfahren zu uneingeschränkt aussagekräftigen Ergebnissen, wenngleich mit Hilfe der Ertragswertverfahren aus investitionstheoretischer Sicht die vernünftigsten Lösungen ermittelt werden können. Praktisch bringen sie jedoch große Umsetzungsprobleme mit sich. Bei zu privatisierenden öffentlichen Unternehmen besteht die Besonderheit, dass der Ertragswert des eingebrachten Vermögens durchaus geringer sein kann als dessen Substanzwert.[118] Bei andauernder Ertragsschwäche muss dann für den Käufer der niedrigere Ertragswert maßgeblich sein.

Die Praxis der Unternehmensbewertung ist sich bei der Taxierung von Privatisierungsobjekten jener Schwächen bewusst und versucht über die parallele Anwendung verschiedener Verfahren einen objektivierten Unternehmenswert zu ermitteln. Die unterschiedlichen Analysemethoden ergeben auf Grund ihrer unterschiedlichen Ergebnisse zumindest gewisse Bandbreiten für den Unternehmenswert. Eindeutige Lösungen können jedoch nicht ermittelt werden.

5. Schlussbemerkung

Privatisierungen sollen die Staatstätigkeit reduzieren und damit die Abgabenlast senken helfen. Ganze Aufgabengebiete und große Teile des öffentlichen Vermögens kann die Privatwirtschaft effizienter erfüllen bzw. bewirtschaften, als die öffentliche Hand. Diese Einsicht setzt sich auch zunehmend in Exekutive und Legislative durch;

die Folge waren jüngst einige spektakuläre Großprivatisierungen. Jedoch prägen nicht allein die durchgeführten oder angestrebten Veräußerungen der großen Bundesunternehmen wie Deutsche Telekom AG und Deutsche Post AG das Bild der Privatisierung. Vielmehr sind für private Investoren auch kleinere Objekte, besonders auf kommunaler Ebene von Interesse.

Der Entscheidungsfindung dienen zunehmend Due-Diligence-Untersuchungen, mit deren Hilfe Risiken und Schwächen der Privatisierungskonzepte erkannt und nach Möglichkeit vor Vertragsunterzeichnung behoben werden. Die Schwierigkeiten beginnen mit der Abgrenzung des Privatisierungsobjektes und enden mit der Integration in das Käuferunternehmen. Dazwischen findet sich ein weites Problemfeld, das in seinen Einzelheiten durchleuchtet werden muss. Es bleibt jedoch die Vermutung, dass mit dem Abschluss der Privatisierungsverträge nicht alle Probleme in vollem Umfang erkannt und vor allem künftige Risiken nicht sicher eingeschätzt werden können.[119] Die Durchführung der Due Diligence soll diese Fehleinschätzungen minimieren. Unter Umständen sollte das Vertragswerk Neubewertungsklauseln beinhalten, die auf Grund der schwierigen Preisfindung die Veränderungen des künftigen Geschäftsverlaufes widerspiegeln. Daraus kann für den Käufer bei positivem Geschäftsverlauf eine Nachzahlungspflicht und bei negativem Geschäftsverlauf eine Preisminderung bzw. Rücknahme von Investitions-, Beschäftigungs- oder sonstigen Zusagen resultieren.

Anmerkungen

1 Vgl. Andel, 1992, S. 185ff. Die Staatsquote stieg in der Bundesrepublik von knapp 30 % in den 50er Jahren auf über 50 % Mitte der 90er Jahre. Dieser Tatbestand ist vor allem auch auf die starke Expansion des Sozialversicherungssektors zurückzuführen: Die Transferausgaben stiegen stärker als die Ausgabenquote.

2 Die ersten Reformschritte gingen in der Bundesrepublik von den Kommunen aus. Orientierungen an ausländischen Projekten lieferten Vorgaben, die an entsprechende örtliche Verhältnisse angepasst werden mussten. Bund, Länder und Kommunen sind in ihren Reformvorhaben unterschiedlich weit fortgeschritten und fokussieren durchaus verschiedene Schwerpunkte. Eine der umfangreichsten Umsetzungen ist das Projekt „Landesverwaltung Hessen 2000". Vgl. dazu Hessisches Ministerium der Finanzen: Methodenkonzept – Budgetierung und betriebswirtschaftliche Steuerungsinstrumente für die Landesverwaltung Hessen, Skript, Nürnberg 1998.

3 Vgl. Wöhe, 1993, S. 815.

4 Pollanz, 1997, S. 1353.

5 Vgl. Barthel, 1999, S. 73.

6 Vgl. Berens/Strauch, 1998, S. 6. Der Begriff „Due Diligence" stammt aus dem US-amerikanischen Kapitalmarkt- und Anlegerschutzrecht und bezog sich ursprünglich auf die Problematik der Haftung von Wirtschaftsprüfern, Rechtsanwälten, Investmentbankern und anderen involvierten Experten im Zuge der Begebung neuer Wertpapiere an US-amerikanischen Kapitalmärkten. Die Durchführung des Review gilt als entscheidender Entlastungsbeweis und dient den an der Emission beteiligten Personengruppen als Schutz vor und in Rechtsstreitigkeiten. Die Due Diligence soll in erster Linie Informationsasymmetrien bzgl. der Ist-Zustände und der allgemeinen Unsicherheit betreffend die zukünftige Entwicklung von Umweltzuständen zwischen verschiedenen Vertragsparteien abbauen. Besonders bei dem Erwerb von Unternehmen und Unternehmensteilen wird sichtbar, dass in der Regel gut informierte Eigentümer/Manager relativ unzureichend informierten Kaufinteressenten gegenüberstehen, die zur verantwortungsvollen Beurteilung ihres Investitionsvorhabens umfassende Informationen benötigen.

7 Vgl. Brücker, 1995, S. 100. Insofern bestände insbesondere für den Veräußerer, also für die Gebietskörperschaften, die Pflicht zur Durchführung der Due Dilligence, um das Vermögen nicht unter Wert abzugeben.

8 Vgl. Erhard, 1989, S. 1003f.
9 Vgl. Streibl, 1996, S. 33; Stober, 1996, S. 58ff. Neben dem Grundgesetz sind in den Verfassungen der Länder die Aufgaben insbesondere im Verhältnis zu den Kommunen festgelegt. Die Gemeindeordnungen fallen in die Gesetzgebungskompetenz der Länder.
10 Vgl. Streibl, 1996, S. 34.
11 Vgl. Loesch, 1983, S. 27.
12 Vgl. Blankart, 1994, S. 411f.
13 Die privatrechtlichen Unternehmensformen werden in der Regel auch als Eigengesellschaften bezeichnet.
14 Vgl. Fiebig 1995, Rz 57.
15 Soweit die Satzungen von gemischtwirtschaftlichen Unternehmen nichts anderes ergeben, ist der Zweck regelmäßig auf Gewinnerzielung ausgerichtet. Der öffentlichen Hand ist es dann verwehrt, öffentliche Aufgaben dem Gewinninteresse der privaten Gesellschafter überzuordnen. Vgl. Habersack, 1996, S. 563.
16 Die Gründung öffentlicher Unternehmen zur Versorgung neuer Märkte sowie die Verstaatlichung privatwirtschaftlicher Unternehmen sollen nicht im Mittelpunkt dieser Betrachtungen stehen, da die Ausweitung der Staatstätigkeit generell fragwürdig ist.
17 Je umfangreicher die Reglementierung der Privatwirtschaft, desto weniger bedarf es der Verstaatlichung bzw. der öffentlichen Unternehmen. Dem Umkehrschluss, dass mit einer großen Regulierungsdichte die Staatsquote gesenkt und Ressourcen erfolgreich in den Produktionsprozess der Privatwirtschaft überführt werden können, kann nicht gefolgt werden.
18 Viele Mitarbeiter von Verwaltungseinrichtungen sehen in der Gründung von Eigenbetrieben beispielsweise in der Abspaltung von Bundes- oder Landesbetrieben nach § 18 HGrG und § 26 BHO/LHO einen Automatismus, der auf die vollständige Privatisierung abzielt.
19 Vgl. §§ 107, 108 GO NRW. Vgl. weiterhin auch Gern, 1994, Rz. 718ff.
20 Vgl. Strunz, 1993, S. 91.
21 Vgl. Spannowsky, 1996, S. 404.
22 Vgl. Brücker, 1995, S. 89.
23 Vgl. Wolf, 1996, S. 190ff.
24 Vgl. Scheele, 1998, Rz. 53ff. Die Transaktionskosten umfassen alle Kosten für Spezialisierung, Durchsetzung und Kontrolle der vertraglichen Vereinbarungen.
25 Vgl. Meyer-Renschhausen, 1996, S. 82.
26 Werden defizitäre Verwaltungs- oder Aufgabenbereiche privatisiert, dann ist darauf zu achten, dass der etwaige Zuschussbedarf durch die öffentliche Hand langfristig nicht die Kosten der Eigenfertigung übersteigt.
27 Vgl. Feundenberg, 1994, S. 404–411; Budäus/Buchholtz, 1997, S. 147–151; Harms, 1994, S. 92–95; Ziemske, 1997, S. 605–616.
28 Vgl. Lüder, 1998, S. 285–287.
29 BGBl. 1993 I S. 2353.
30 Vgl. VV-BHO zu § 7 BHO Rz. 3.
31 Vgl. Schleswig-Holsteinischer Landtag, Drucksache 14/973 vom 11.09.97, S. 41f. Der Schleswig-Holsteinische Landtag hat mit seiner 1996 durchgeführten Normenkritik bei der Durchleuchtung der Verordnungen 15 %, bei den veröffentlichten Verwaltungsvorschriften 33 % und den nichtveröffentlichten Verwaltungsvorschriften 46 % aller Regelungen für überflüssig und bereinigungsbedürftig eingestuft und den Großteil davon durch Aufhebung, Änderung oder Neufassung modifiziert.
32 Eichhorn/v. Loesch, 1989, S. 1304.
33 Vgl. Hill, 1998, S. 81f.; Peine, 1997, S. 354f.
34 Vgl. Gern, 1994, Rz. 758. Aus Gründen der Haftungsbeschränkung sind Beteiligungen an Personengesellschaften nicht möglich.
35 Vgl. Meyer-Renschhausen, 1996, S. 81f.
36 Vgl. Vest, 1998, S. 191.
37 Vgl. Schmidt, 1996, S. 347.
38 Vgl. König, 1999, S. 324. Den Verwaltungshelfern werden keine öffentlich-rechtlichen Zuständigkeiten übertragen. Somit rechnet man sie ihrer Tätigkeit nach den Verwaltungen zu.
39 Vgl. Gern, 1994, Rz. 767.
40 Vgl. Meyer-Renschhausen, 1996, S. 82.
41 Vgl. Simon, 1994, S. 18f.
42 Vgl. Steinheuer, 1991, S. 25.

43 Vgl. Hill, 1997, S. 82.
44 Vgl. Meyer-Renschhausen, 1996, S. 82.
45 Vgl. König, 1999, S. 324.
46 Vgl. Peine, 1997, S. 354.
47 Vgl. Bull, 1993, Rz. 45.
48 Vgl. Trümmer, 1998, S. 439.
49 Vgl. Horn, 1995, S. 310. Zwar gilt es bei GmbH-Anteilen den Kaufvertrag als auch die Übertragung notariell zu beurkunden. Insbesondere die Kündigungssperre gem. § 613a BGB kann mit dieser Form des Unternehmenskaufs umgangen werden.
50 Vgl. Wollny, 1994, S. 177ff.
51 Vgl. Berens/Mertes/Strauch, 1998, S. 26.
52 Vgl. Brücker, 1995, S. 96.
53 Vgl. Berens/Mertes/Strauch, 1998, S. 30.
54 Vgl. Brücker, 1995, S. 145ff.
55 Vgl. Brücker, 1995, S. 92.
56 Vgl. Pausenberger, 1989, Sp. 23.
57 Vgl. Brücker, 1995, S. 92.
58 Vgl. Berens/Mertes/Strauch, 1998, S. 32.
59 Vgl. Brücker, 1995, S. 92ff.; Schenk/Klindt, 1994, S. 77.
60 Vgl. Biedermann, 1991, S. 15f.
61 Vgl. Brücker, 1995, S. 100.
62 Auch externe Bieter können in den Genuss solcher Vergünstigungen kommen. In den Vertragsverhandlungen sind aus Sicht des Käufers nach Möglichkeit Zuschüsse, Preisabschläge, Bürgschaften und Sonderkonditionen ausführlich zu eruieren und festzulegen. Ein Teil des Risikos wird dann weiterhin vom Staat getragen („moral hazard").
63 Vgl. Brücker, 1995, S. 101.
64 Vgl. Brücker, 1995, S. 103.
65 Das Beispiel der UMTS-Lizenz-Versteigerung zeigt, dass der letztlich erzielte Allokationszustand in nahezu identischer Form schon zu einem weit geringeren Preis hätte erzielt werden können, sofern ein teilprivatisierter Wettbewerber nicht den Preis getrieben hätte. Die Vermutung liegt nahe, dass der staatliche Einfluss auf dieses Unternehmen zum Preistrieb genutzt wurde.
66 Vgl. Berens/Mertes/Strauch, 1998, S. 32f.
67 Vgl. Storck, 1993, S. 97f.
68 Vgl. Brücker, 1995, S. 102.
69 Vgl. Berens/Mertes/Strauch, 1998, S. 32f.
70 Vgl., Brücker, 1995, S. 101.
71 Vgl. Berens/Mertes/Strauch, 1998, S. 34.
72 Besonders der Bund hat mit seinen Privatisierungsvorhaben großes Interesse in der Öffentlichkeit hervorgerufen. Nach dem vollständigen Rückzug aus den Industriebeteiligungen (VW AG, VEBA AG, VIAG AG und Salzgitter AG) in den 80er Jahren fanden in den 90er Jahren weitere bedeutende Veräußerungen statt (IVG, Deutsche Pfandbrief- und Hypothekenbank, Rhein-Main-Donau AG, Neckar AG). Mit den Reformvorhaben der Deutschen Bundespost und der Deutschen Bahn wurden 1994 weitere Großprivatisierungen eingeleitet. Vorläufiger Höhepunkt in der Geschichte der Privatisierung ehemals öffentlicher Aufgaben war die Börseneinführung der Deutsche Telekom AG. Mit einem Emissionsvolumen von 20 Mrd. DM war diese Transaktion gleichzeitig eine der größten Aktienemissionen, die jemals auf den internationalen Finanzmärkten platziert wurde. Vgl. dazu Beteiligungsbericht (des Bundes), Bonn, 1998, S. 4ff.
73 Vgl. Schmidt, 1981, S. 203; Brücker, 1995, S. 117f. Untersuchungen zum britischen Privatisierungsprogramm ergaben, dass Aufwendungen für Werbung, Promotion und Gebühren je nach Unternehmen 2,8 % bis 11,2 % der Privatisierungserlöse ausmachten. In den osteuropäischen Transformationsländern sind Aufwendungen bis 25 % des Unternehmenswertes beobachtet worden.
74 Baetge, 1998, S. 13.
75 Vgl. Nagel, 1998, Rz. 469f.
76 Coenenberg, 1997, S. 8.
77 Vgl. Lüder/Hinzmann/Kampmann/Otte, 1991, S. 45.
78 Das Bundesland Hessen, aber insbesondere die Kommunen verstärken ihre Reformversuche, die auf die Implementierung der doppelten kaufmännischen Buchführung in öffentlichen Verwaltungen abzielen.

79 Bund, Länder und Kommunen stellen selbständig und voneinander unabhängig Haushaltspläne auf. Sie sind jeweils eigenständig für den Vollzug verantwortlich. Der Haushaltsplan ist das wichtigste Instrument staatlicher Planung. Er ist eine systematisch gegliederte Zusammenfassung, in dem für einen vorher festgelegten Zeitraum verbindlich (durch das Haushaltsgesetz) geplante Ausgaben und zu ihrer Deckung vorgesehene Einnahmen festgesetzt werden.
80 Vgl. § 6 Abs. 3 HGrG bzw. § 7 Abs. 3 BHO. Während im HGrG die Einführung der Kosten- und Leistungsrechnung nur Sollbestandteil des öffentlichen Rechnungswesens ist, wird gemäß der BHO die Einführung zwingend vorgeschrieben.
81 Vgl. Berens/Hoffjan/Strauch, 1998, S. 133.
82 Vgl. Bezzenberger/Schuster, S. 481f. Der BGH urteilte 1969, dass der Staat trotz seiner Bindung an das Allgemeinwohl keine Sonderstellung bzgl. der Rechte und Pflichten bei Führung von Kapitalgesellschaften einnehmen darf.
83 Vgl. BGH Urteil vom 27.02.1975, in: BGHZ, Band 64, S. 52–63. Der BGH urteilte, dass neue Unternehmen, die im Rahmen von Privatisierungen entstehen, bei der Gründung mit einer erfolgsversprechenden Substanz versehen sein sollen.
84 Vgl. Berens/Hoffjan/Strauch, 1998, S. 132. Für Eigengesellschaften in Rechtsform der Kapitalgesellschaft ist diese Form der Prüfung möglich, da Bilanz und Gewinn- und Verlustrechnung generell erstellt werden müssen. Ist das Privatisierungsobjekt dagegen keine Kapitalgesellschaft, dann sind Daten sowohl über den Vermögens- und Schuldenbestand als auch über die Gewinnerzielung zumindest wertmäßig aus dem Rechnungswesen nicht verfügbar.
85 Vgl. Gellert, 1990, S. 136.
86 Vgl. Bull, 1993, Rz. 864ff.; Andel, 1992, S. 199ff.
87 Als einzelne abgrenzbare Gruppen werden zusätzlich auch Richter und Soldaten aufgeführt. Das Richterrecht entspricht weitestgehend dem Beamtenrecht, ist jedoch in der Verfassung bzw. im Richtergesetz geregelt. Die Soldaten unterscheiden sich dagegen von dem klassischen Beamtenrecht durch eine weiter gehende Unterordnung.
88 Vgl. Blanke, 1998, Rz. 753.
89 Vgl. Beteiligungsbericht (des Bundes), Bonn 1998, S. 4.
90 Vgl. Blanke, 1998, Rz. 851f.
91 Vgl. Horn, 1995, S. 309.
92 Vgl. Blanke, 1998, Rz. 839ff.
93 Vgl. V. Ruckteschell, 1996, S. 370f. Die Lösung diese Problems sah wie folgt aus: Die VBL verpflichtete sich auch weiterhin die satzungsgemäßen Leistungen an die bestehenden Rentner der Lufthansa zu erbringen. Der Bund leistete dazu eine Gegenwertzahlung von 1,05 Mrd. DM. Weiterhin leistet die VBL die unverfallbar entstandenen Versicherungsrenten. Die Lufthansa übernahm die niveaugleiche Zusatzversorgung und stellte 1,6 Mrd. DM in die Pensionsrückstellungen ein.
94 Vgl. Berens/Hoffjan/Strauch, 1998, S. 138.
95 Vgl. in diesem Zusammenhang Art. 87d, e, und f, Art. 143a Abs. 1 S. 3 sowie Art. 143b Abs. 3 GG.
96 Vgl. Eisenbahnneuordnungsgesetz vom 27.12.1993; Postneuordnungsgesetz vom 14.09.1994.
97 Vgl. Blanke, 1998, Rz. 935ff.
98 Vgl. Blanke, 1998, Rz. 872f.
99 Vgl. Berens/Hoffjan/Strauch, 1998, S. 143.
100 Vgl. Berens/Hoffjan/Strauch, 1998, S. 144.
101 Vgl. Horn, 1995, S. 361.
102 Vgl. Horn, 1995, S. 361.
103 Vgl. Klein/Jonas, 1998, S. 169.
104 Vgl. Ballwieser, 1997, S. 187.
105 Vgl. Klein/Jonas, 1998, S. 158.
106 Vgl. Jung, 1993, S. 190.
107 Vgl. Jung, 1993, S. 180. Siehe dazu auch Peemöller/Meyer-Pries, 1995, S. 1202–1208. Weiter Peemöller/Bömelburg/Denkmann, 1994, S. 741–749.
108 Vgl. Horn, 1995, S. 363. Einzelveräußerungsklauseln sollen verhindern, dass der Käufer einzelne Vermögensgegenstände abweichend vom Zweck der Privatisierung veräußert. Damit soll möglichst jede Zweckentfremdung, insbesondere die spekulative Verwertung des Unternehmensvermögens, verhindert werden.
109 Vgl. Heurung, 1997, S. 837.
110 Die Diskussion, welche Interessen der am Unternehmen beteiligten Gruppen die Unternehmenspolitik beeinflussen sollen, wurde durch Alfred Rappaport entfacht. Seiner Meinung nach

ist die Unternehmensleitung unter Einhaltung aller gesetzlichen Verpflichtungen und der als zwingend empfundenen kaufmännischen Gepflogenheiten nur den Eigentümern des Unternehmens gegenüber verantwortlich.

111 Vgl. Klein/Jonas, 1998, S. 160ff. Dabei stimmen die normalen kurzfristigen Zahlungsvorgänge in der langfristigen Betrachtung von Aufwendungen und Auszahlungen bzw. Erträgen und Einzahlungen weitgehend überein. Langfristige Finanzierungsvorgänge, insbesondere in Form von langfristigen Investitionen, entsprechen diesem Ideal allerdings nicht. So sind zum Zwecke der Erfolgsermittlung für die jährliche Jahresrechnung die Einnahmen- und Ausgabenströme durch die auf das Periodenergebnis abzielende Erfolgsrechnung ersetzt worden. In der Gesamtbetrachtung entsprechen sich Einnahmen/Ausgaben und Erträge/Aufwendungen. Für die mittelfristige, in der Regel auf bis zu fünf Jahren in die Zukunft zielende Unternehmensbewertung steht die Erfolgsrechnung im Vordergrund, zumal eine Einnahmenüberschussrechnung in der privatwirtschaftlichen Praxis auf Grund der Jahresabschlussdaten eher zu zusätzlichen Schwierigkeiten führten. Doch gerade diese Schwierigkeiten bestehen bei zuvor kameral rechnungslegenden Privatisierungsobjekten nicht. Schwierigkeiten bestehen dort in der Gewinnermittlung bzw. in der Aufstellung der Erfolgsrechnung, eine Einnahmen-Ausgabenrechnung liegt vor.

112 Die aus der vergangenheitsorientierten Ergebnisanalyse entwickelte zukunftorientierte Ergebnisschätzung kann im Grunde niemals eine völlig sichere Eintrittswahrscheinlichkeit besitzen, denn das Einwirken exogener, nicht beeinflussbarer Variablen ist nicht kontrollierbar.

113 Vgl. Wöhe, 1993, S. 824.

114 Vgl. Jung, 1993, S. 230.

115 Vgl. Horn, 1995, S. 359.

116 Ob nun der höchste Alternativzinssatz, den der Erwerber an anderer Stelle erzielen könnte, der Zinssatz langfristiger Anleihen am Kapitalmarkt oder ein sonstiger Zinssatz, erhöht um einen Risikozuschlag und gemindert um einen Inflations- bzw. Wachstumsabschlag, angenommen wird, hängt vom subjektiven Ermessen und der Einschätzung des Bewerters ab. Gleichwohl unterliegt auch der gewählte Referenzzinssatz sowohl dem Prognose- als auch dem Eintrittsrisiko. Nicht allein der Ertrag, sondern auch das damit verbundene Risiko muss bei der Bestimmung des Abzinsungssatzes beachtet werden.

117 Vgl. Jung, 1993, S. 260. Der Kapitalisierungszinssatz wird mit Hilfe des Capital Asset Pricing Model (CAPM) bestimmt. Der so genannte Beta-Faktor gibt als Risikofaktor die Beziehung zwischen den überschüssigen Gewinnen einer Unternehmung (in diesem Fall des Kaufobjektes) und den überschüssigen Gewinnen eines Marktportfolios an. Mathematisch ergibt sich Beta aus der Kovarianz des Betrachtungswertes zur Varianz des Branchen- oder Aktienindexes. Beta ist somit ein Index des systematischen Risikos und beinhaltet das nicht durch Diversifikation innewohnende Risiko der Kapitalmärkte. Dieses Risikomaß lässt sich allerdings nur bei aktiv gehandelten börsennotierten Anteilen verwenden. Für kleinere, im privaten oder auch im öffentlichen Besitz befindliche Unternehmen ist die objektivierte Ermittlung von Beta oft unmöglich.

118 Als Beispiel kann die ehemalige Deutsche Bundesbahn angeführt werden. Mit sehr hohen Substanzwerten geht eine Ertragsschwäche einher. Ähnlich verhält es sich bei der Deutschen Post.

119 Vgl. Horn, 1995, S. 309.

Umwelt-Due-Diligence bei Unternehmenstransaktionen

Thomas König / Nils Zorn

1. Einleitung und Zielsetzung

Die Due-Diligence-Phase bei Unternehmenstransaktionen (Kauf, Fusion und Verkauf) schließt sich an eine erste strategische Entscheidungsphase an. Es wird mit der erforderlichen Sorgfalt (Due Diligence) geprüft, ob die strategischen Ziele und Vorgaben durch die zu prüfende Transaktion umgesetzt werden können. Traditionell war diese Phase auf die kaufmännischen, steuerlichen und rechtlichen Aspekte gerichtet. Mit der zunehmenden Bedeutung des Umweltschutzes entwickelte sich zunächst aus Risikobetrachtungen bei der Sanierung von Untergrundverunreinigungen (Boden, Bodenluft, Grundwasser) die Umwelt-Due-Diligence, die aber bald auf weitere relevante Umweltgesichtspunkte (Betriebsgenehmigungen, Umgebungsbedingungen sowie Gesundheit und Arbeitssicherheit) erweitert wurde.

Die Umwelt-Due-Diligence hat zum Ziel, alle aus der Perspektive Umwelt resultierenden Haftungsrisiken und Kosten offen zu legen, so dass der Erwerber eines Unternehmens seine wirtschaftliche Planung für die Zukunft mit größtmöglicher Sicherheit erstellen kann. Die Grundlagen hierfür werden im Allgemeinen im Rahmen eines Umwelt-Audits erhoben, das unabhängige Experten am Standort durchführen. In den letzten Jahren ergreift zunehmend auch der Verkäufer die Initiative und holt, im Bewusstsein, dass diese Prüfung ohnehin durchgeführt wird, ein Gutachten von unabhängiger Seite ein, und stellt es dem Kaufinteressenten zur Verfügung.[1] So kann dann die Mängelhaftung beschränkt oder schon vor den Verhandlungen der Preis realistischer bestimmt werden.

Die Umwelt-Due-Diligence wird im Idealfall vernetzt und koordiniert mit den anderen Due-Diligence-Aktivitäten durchgeführt, da der Umweltschutz neben seinen traditionellen Bereichen Boden, Wasser, Luft und Abfall auch Aspekte des Arbeit- und Sicherheitsschutzes sowie Produktions- bzw. Betriebsgenehmigungen und zugehörige Auflagen, Nutzungsgenehmigungen (Einteilung des Grundbesitzes in Industriegebiet, Mischgebiet etc.) und Verträge mit Dritten (Mietverträge etc.) betrifft – soweit sie umweltrelevant sind. Die Praxis hat gezeigt, dass der Dialog mit anderen Due-Diligence-Teams zu einem effizienteren Ablauf, der Vermeidung von Doppelarbeiten und einer Verbesserung der Qualität bei allen Teilprüfungen geführt hat.

Die Interessen des Auftraggebers der Umwelt-Due-Diligence – der Verkäufer möchte den Wert des Unternehmens nicht vermindern, der Käufer möchte möglichst alle Risiken kennen und quantifiziert haben – beeinflussen den Umfang und somit auch die Vorgehensweise der Prüfung. Hieraus resultiert ein weites Spektrum der Due Diligence und nicht zuletzt auch eine erhebliche Bandbreite der Kosten.

Dieser Beitrag stellt auf der Grundlage einer nunmehr zehnjährigen Erfahrung in der Umweltberatung das Vorgehen bei der Umwelt-Due-Diligence anhand von Beispielen aus der Praxis und Checklisten, die bei der Arbeit verwendet werden dar. Beraten wurden vornehmlich Käufer von multinationalen Firmen und Investmentbanken, die einzigen, die Anfang der 90er Jahre in Deutschland Umwelt-Due-Diligence forderten; hinzu kommen Erfahrungen mit deutschen multinationalen Großunternehmen sowie mittelständischen Unternehmen sowohl auf Käufer- wie auf Verkäuferseite.

2. Aufbau

Dieser Beitrag beschreibt den Umwelt-Due-Diligence, oder M&A-Prozess (M&A = Merger & Acquisition) von der Planungs- über die Durchführungsphase (einschließlich der Dokumentation) über die Ergebnisverwendung bis hin zu der außerhalb der Due Diligence liegenden und „post closure“ stattfindenden Implementierungsphase. Im Mittelpunkt stehen die Planungs- und die Durchführungsphase, wobei der Schwerpunkt auf die Elemente der Umwelt-Due-Diligence gelegt wird, die nach Meinung der Autoren den Erfolg der Umwelt-Due-Diligence maßgeblich beeinflussen.

Kapitel 3 stellt einige ausgewählte, aus Gründen der Vertraulichkeit geänderte Fallbeispiele aus der Praxis vor.

3. Definitionen und Abgrenzung

Bei der Umwelt-Due-Diligence wird zwischen der Phase I und der Phase II unterschieden. Das Phase-I-Umwelt-Audit (Phase I: Environmental Site Assessment) geht auf die Untersuchung gemäß ASTM 1527/1528 (American Society for Testing and Materials) zurück.[2] Hierbei handelt es sich um die Prüfung von am Standort vorhandenen und vorzulegenden Informationen und die professionelle Einschätzung potenzieller Gefahrenmomente und Risiken für die Umwelt im weiteren Sinn.

Die Phase II ist eine gegenständliche Untersuchung mit dem Ziel, eigene Daten dort zu gewinnen, wo im Verlauf der Phase I entweder Datenlücken oder aber auf der Folie bestehender Daten konkrete Risikomomente aufgetreten sind, die einer weiteren Analyse bedürfen. Daher folgt im Normalfall die Phase II auf die Phase I.

Erfahrungen in bestimmten geographischen Regionen oder aber bei bestimmten industriellen Aktivitäten und Kundengruppen sowie nicht zuletzt die oftmals gegebenen zeitlichen Beschränkungen lassen es häufig ratsam erscheinen, die beiden Phasen zu kombinieren (zu einem Phase-1.5-Audit). Aus didaktischen Gründen werden hier jedoch die Phase I und Phase II getrennt dargestellt.

Phase-I-Audit

Die Grundlage für die Umwelt-Due-Diligence wird in einem Phase-I-Audit am Standort gelegt. Das Audit umfasst die Standortbesichtigung, Interviews sowie die Dokumentendurchsicht und dient dem Zweck, die für das Gutachten erforderlichen Informationen und das Datenmaterial zu erhalten.

In der Phase I werden nur am Standort bzw. bei den Behörden verfügbare Daten und Unterlagen verwendet. Es werden keine Proben genommen und keine Analysen im Labor durchgeführt. Dieses Vorgehen ist in Deutschland auch als Umweltrisikobewertung bekannt. Eine Umweltrisikobewertung kann auch auf der Grundlage von Informationen aus einem sogenannten Data Room erstellt werden, hierbei fehlen jedoch zwei wesentliche Elemente des Phase-I-Audits: die Befragung von qualifiziertem Standortpersonal und die Standortbesichtigung durch erfahrene Gutachter.

- Phase-II-Audit

Das Phase-II-Audit ermittelt neue, eigene Daten und Messwerte. Dies sind im Allgemeinen Daten über die Boden- und Grundwassersituation, die in chemisch-analytischen Laboratorien anhand von Probematerial bestimmt werden. Diese Proben – etwa in Form von Bodensubstanz, Grundwasser oder Bodenluft (Porenluft aus dem Untergrund) – werden dem Untergrund des Standortes entnommen. Die Phase II kann sich aber auch auf andere Aspekte beziehen, z.B. das Funktionieren einer Abwasserbehandlungsanlage (Abwasserproben) oder einer thermischen Nachverbrennung (Emissionsmessungen). Ferner können Arbeitssicherheitsbestimmungen (z.B. MAK-Messungen) im Rahmen der Phase II überprüft werden.

Die weiteren Phasen einer Umweltuntersuchung gehören nicht mehr zur Due Diligence; der Vollständigkeit halber sollen sie jedoch erwähnt werden. Im Falle von Untergrundverunreinigungen findet in Phase III eine Abgrenzungsuntersuchung für identifizierte Kontaminationen im Untergrund statt, in Phase IV folgt die Sanierungsuntersuchung; mit den folgenden Phasen beginnen schließlich die Sanierungsüberwachung und -kontrolle.

4. Umweltbezogene Risiken von Unternehmen

Nachfolgend werden exemplarisch, d.h. ohne Anspruch auf Vollständigkeit, umweltbezogene Risiken von Unternehmen aufgeführt, die im Zuge der Umwelt-Due-Diligence identifiziert und soweit wie möglich quantifiziert werden müssen. Dabei wird eine Unterscheidung getroffen zwischen direkten Umweltrisiken und indirekten ökologischen Unternehmensrisiken.

- Direkte Umweltrisiken
  - Altlasten resultierend aus Kontamination von Boden, Grundwasser, Gebäuden oder verursacht durch Unfall, Havarien
  - Vernachlässigung des Standes der Technik
  - Fehlende erforderliche Genehmigungen und Erlaubnisse (BImSchG, WHG etc.)
  - Verstoß gegen gesetzliche Regelungen, Verordnungen, Genehmigungen, behördliche Auflagen etc.
  - Umwelthaftung (Gefährdungshaftung, Ursachenvermutung)
  - Umweltstrafrecht (z.B. durch Organisationsverschulden) für das Unternehmen und seine Führungskräfte

- Indirekte ökologische Unternehmensrisiken
  - Marktaussichten der Produkte aus ökologischer Sicht
  - Kostenwirksame Umweltrelevanz der Rohstoffbeschaffung
  - Kostenwirksame Umweltrelevanz der Entsorgung bzw. Verfügbarkeit geeigneter Entsorgungsverfahren
  - Verfügbarkeit von Umweltressourcen für die Aktivität (z.B. Smogzone und zu erwartende Luftverunreinigungen, Verfügbarkeit und Reinheit von Grundwasser, Erlaubnis zur Entnahme von Oberflächenwasser oder Grundwasser für Kühlzwecke, Direkteinleitgenehmigungen etc.)

5. Der Umwelt-Due-Diligence-Prozess

5.1 Übersicht

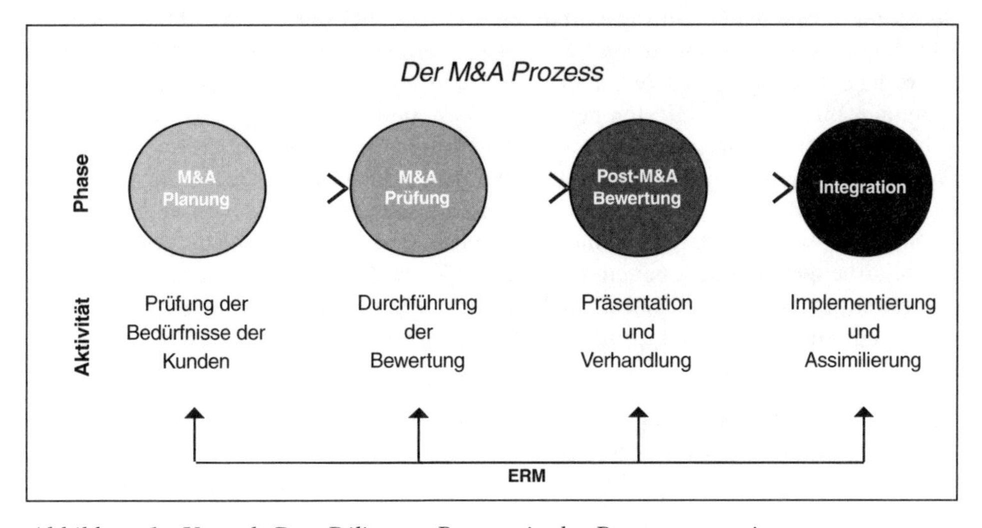

Abbildung 1: Umwelt-Due-Diligence-Prozess in der Beratungspraxis

Abbildung 1 veranschaulicht den Umwelt-Due-Diligence-Prozess (M&A-Prozess), wie ihn derzeit die Beratungspraxis in jeweils leicht abgewandelter Form kennt. Ausgehend von den ursprünglich in den USA in Anlehnung an ASTM 1527/1528 konzipierten Untersuchungen werden in Europa zunehmend maßgeschneiderte Untersuchungsprogramme definiert und durchgeführt. Ferner wird der Vorbereitungsphase, wohl wissend, dass hier der Grundstein zum Erfolg gelegt wird, deutlich mehr Beachtung geschenkt.

5.2 Vorbereitungsphase

In der Phase der Vorbereitung oder Planung der Umwelt-Due-Diligence müssen zunächst einmal die Voraussetzungen für die Annahme eines solchen Projektes geprüft werden. Bevor ein Due-Diligence-Projekt begonnen werden darf, muss, ausgehend von einem Minimum an Informationen über den Auftraggeber und das zu begutachtende Objekt (Target) – ein „Conflict of interest check" – durchgeführt werden. Hierbei prüft der Gutachter, ob unter Berücksichtigung der Randbedingungen und Interessen gemäß der eigenen Firmenethik an dem Projekt überhaupt gearbeitet werden darf.

Im Falle eines Interessenkonfliktes wenn etwa der Gutachter schon in die Transaktion für den Verkäufer oder eine dritte Partei eingebunden ist oder für das zu prüfende Unternehmen am Standort Dienstleistungen erbracht hat und nun seine eigenen Resultate untersuchen würde sollte der Gutachter von dem Projekt absehen. Auf jeden Fall muss der Auftraggeber hierüber informiert werden, um dann zu entscheiden, ob er an diesem Gutachter festhalten will.

Bei einem identifizierten Interessenkonflikt können nur alle beteiligten Parteien den Gutachter von seinem Auftrag entbinden (Release Letter). Dieser Release Letter sollte dann auch die Bedingungen für das Tätigwerden des Gutachters enthalten. Man unterscheidet grundsätzlich zwischen Full Disclosure, d.h. alle bereits zur Verfügung stehenden Informationen dürfen genutzt werden, und dem Prinzip der Chinese Wall, wobei imaginäre Informationsmauern aufgebaut werden, was bedeutet, dass die bei einem Gutachterunternehmen schon vorhandenen Informationen als nicht existent angesehen werden und der Auftrag mit einem neuen, unvoreingenommenem Team durchgeführt wird. Es darf zu keinem Informationsaustausch zwischen den befangenen Mitarbeitern und dem neuen Team kommen. In der Praxis lassen sich viele Interessenkonflikte im Vorfeld lösen, indem der Verkäufer sich mit dem potenziellen Käufer auf einen Gutachter einigt, wodurch zugleich der Personalaufwand reduziert wird

In der Vorbereitungsphase muss der Gutachter ferner die Transaktion und die Risikophilosophie des Kunden verstehen. Der Umfang und die Tiefe der Untersuchung werden sowohl von zeitlichen und logistischen Rahmenbedingungen als auch maßgeblich vom Objekt, der Art der Transaktion und der Risikophilosophie des Kunden beeinflusst. Außerdem bestehen bezüglich der möglichen Haftungsrisiken deutliche Unterschiede zwischen dem vollständigen Kauf einer Unternehmensgruppe und beispielsweise dem Ankauf einer Geschäftseinheit ohne Grund und Boden (Share Deal oder Asset Deal). Darüber hinaus gibt es kein standardisiertes, optimales Untersuchungsprogramm, weil es sowohl von seiner Tiefe als auch vom Umfang her auf den Kunden und die Transaktion zugeschnitten sein muss. Hierbei gibt es in der Praxis deutliche Unterschiede zwischen institutionellen Anlegern und Industriekunden. Unterschiedliche Kundenstrategien beruhen nicht zuletzt auch auf eigenen Erfahrungen, z.B. in dreistelliger Millionenhöhe sanierte Altlasten.

Der nächste Schritt definiert gemeinsam mit dem Auftraggeber das Ziel[3], das, wie eingangs dargestellt, beim Verkäufer durchaus anders sein wird als beim Investor; nur wenn bei Fusionen der Gutachter für beide Parteien tätig wird, können die Zieldefinitionen identisch sein. Viele Auftraggeber verfügen über sogenannte Due Diligence Procedures, Firmenrichtlinien, die sowohl die Zielsetzung als auch die Vorgehensweise festlegen. Andere Kunden lehnen sich stark an internationale Standards an. Hierbei ist wiederum ASTM 1527/1528 zu benennen. Diese Vorgabe ist jedoch nicht unmittelbar auf europäische Verhältnisse zu übertragen, weshalb es sich empfiehlt, die Zielsetzung der Untersuchung explizit mit dem Kunden zu diskutieren, d.h. den genauen Informationsbedarf und die Erfordernisse der Berichterstellung zu ermitteln. Diese Diskussion führt schließlich zur Definition von *Untersuchungsumfang* und *Untersuchungstiefe*.

Die „klassische“ Umwelt-Due-Diligence umfasst die folgenden Themenkomplexe:

- Umgebungsfaktoren: anthropogene sowie physische (natürliche) Umgebung, Untergrundverhältnisse (Boden- und Grundwasser)
- Standortfaktoren: Lage und Umgebung des Standorts, Zonierung
- Standorthistorie: frühere Nutzungen des Standortes
- Standortaktivitäten: aktuelle Nutzung und gegenwärtiger Betrieb
- Umweltmanagement am Standort
- Luftemissionen
- Wasserversorgung und Abwasserbehandlung/-entsorgung
- Abfallentsorgung (Sammlung, Bereitstellung bzw. Lagerung, Transport und Entsorgung/Wiederverwertung)
- Umgang mit und Lagerung von Gefahr-, Brenn- und wassergefährdenden Stoffen
- Tanks (oberirdisch und unterirdisch), Fassläger
- Asbest und asbesthaltige Stoffe
- Polychlorierte Biphenyle
- Radioaktive Materialien
- Ozonschicht abbauende Stoffe
- Umweltlärm, Geruchs- und Staubbelästigung
- Betriebliches Erscheinungsbild (Sauberkeit und Ordnung am Standort)

Dieser Katalog kann – entsprechend dem Transaktionsobjekt, den spezifischen Kundenwünsche und unter Einbeziehung der zeitlichen und logistischen Randbedingungen – um einige Themen erweitert werden:

- Arbeitssicherheit und Gesundheitsschutz
- Brandschutz
- Technische Anlagensicherheit
- Standortsicherheit/Facility Management
- Gebäudesubstanz
- Managementsysteme
- Energie
- Infrastruktur
- Geschäftsrisiken

Ferner ist zu beachten, ob bereits von Anfang an Boden- und Grundwasseruntersuchungen oder weitere gegenständliche Untersuchungen (Phase II) geplant sind (was bei manchen Firmen grundsätzlich, bei anderen erst bei einem ausreichenden Verdachtsmoment der Fall ist); dann muss das Team über spezifisches technisches Fachwissen verfügen.

Hinsichtlich der *Untersuchungstiefe* benötigen alle Arten von Audits einen Referenzrahmen, der vorgibt, worüber innerhalb eines begrenzten Zeitraums zuverlässige und tragfähige Informationen ermittelt werden soll und nach welchen Kriterien sie ausgewählt werden sollen. Das sogenannte „level of materiality" definiert in runden DM oder Dollars die Signifikanzschwelle für die anstehende Untersuchung. In der Regel verfolgt die Umwelt-Due-Diligence Haftungs- und Kostenrisiken, die umweltbedingt sind. Als *Referenzrahmen* werden häufig die gesetzlichen und Verwaltungsvorschriften sowie unter Umständen der Stand der Technik verwendet. Ferner sind die internen Standards von Kunden (z.B. Konzernrichtlinien) oftmals von Bedeutung.

Weitere wichtige Themen in der Planungsphase fallen unter die Stichworte *Vertraulichkeitsstatus, „Tarngeschichte" (Cover Story)* und *Kommunikation*. Der Vertraulichkeitsstatus betrifft die Publizität der Transaktion, in manchen Fällen haben nur wenige oder gar kein Mitarbeiter auf Verkäuferseite Kenntnis von der anstehenden Transaktion und Prüfung. In solchen Fällen müssen der Standortbesuch und die mit der Prüfung verbundene Informationsbeschaffung besonders vorbereitet und begründet werden; hierzu wird eine „Tarngeschichte" konstruiert. Die Informationen werden generell vertraulich weitergegeben. Gegebenenfalls muss der Gutachter dafür Sorge tragen, dass nur ausgewählte Personen im eigenen Unternehmen Kenntnis von dem betreffenden Projekt haben, und alle Informationen müssen zugangssicher gelagert werden, was sowohl für materielle (Tresor) als auch für immaterielle Informationen (z.B. eigener Server mit zugangsgeschütztem Speichermedium) gilt. Ferner müssen die Kommunikationsart, die Medien und die Wege der Kommunikation geklärt werden. Besonders neue (elektronische) Medien können nicht uneingeschränkt sicherstellen, dass die Vertraulichkeit vollends gewahrt bleibt.

Auf der Grundlage der bisherigen Ergebnisse wird dann die *Vorgehensweise* definiert, die standardmäßig aus einer Vorbereitungsphase, der Arbeit am Standort und der Berichtsphase besteht. Hierauf wird später näher eingegangen. In der Praxis muss diese Standard-Vorgehensweise häufig auf Grund von Randbedingungen (z.B. Zeitplan, Verfügbarkeit von Informationsträgern etc.) modifiziert werden, auch die Kooperation mit anderen Due-Diligence-Teams kann eine Abweichung vom Standort bewirken *(Schnittstellendiskussion)*. Des Weiteren muss die gewählte Vorgehensweise natürlich die Zielfunktion reflektieren und zu den gewünschten tragbaren Informationen führen.

Die Mitarbeiter des Umwelt-Due-Diligence-Teams werden meist nach spezifischen Kriterien ausgewählt,[4] etwa nach ihren Erfahrungen mit dem Auftraggeber, ihrer Kenntnis der Umweltpolitik und Risikophilosophie des Auftraggebers, ihren Erfahrungen in der betreffenden Branche (z.B. Automobil, Chemie oder Elektronik) oder auf Grund ihrer spezifischen technischen Kenntnisse. Neben dem technischen Expertenwissen und dem branchenspezifischen Erfahrungshintergrund gibt es weitere sowohl harte als auch weiche Faktoren, die die Teamauswahl beeinflussen. Ein harter Faktor ist beispielsweise die interne Qualifizierung und Akkreditierung als Lead Assessor. Entscheidende weiche Faktoren sind Persönlichkeitsattribute der Auditoren (z.B. das Auftreten, die Kommunikationsfähigkeit, das Beherrschen von und das Verhalten in Konfliktsituationen).

In die Teams werden nur Personen aufgenommen, die die jeweilige Landessprache beherrschen, dadurch wird lokalen und nationalen Aspekten, in einigen Fällen auch kulturellen Gegebenheiten, Rechnung getragen. Eine zentrale Projektleitung sowie ein einheitlicher, projektspezifischer Fragenkatalog und ein vorgegebenes Berichtsmuster sichert die Qualität der Tätigkeit, auch und insbesondere bei Multi-Site-Assessments.

Der Gutachter benennt nach Projektvergabe einen Teamleader, über den die gesamte Kommunikation zu laufen hat und der die Kommunikation mit den Beteiligten führt. Dies sind der Auftraggeber, der Ansprechpartner am Standort, die anderen Due-Diligence-Teams und, wenn benannt, der Transactionleader, der seitens des Auftraggebers für das Projekt verantwortlich ist.

Es muss vorab geklärt werden, ob der Teamleader mit der anderen Partei Informationen austauschen darf, die über ein rein logistisches Organisieren und Abstimmen der Aktivitäten hinausgehen. Wenn die Mitarbeiter am Standort noch nicht informiert sind, ist die „Tarngeschichte" (*Cover Story*) abzustimmen, nach der das Audit durchgeführt wird. Es muss überdies vorab festlegt werden, ob, wann, in welcher Form und von wem die Mitarbeiter am Standort Informationen erhalten dürfen.

Wünschenswert, aber bisher noch die Ausnahme, ist die Einbindung aller Teamleader in fortlaufende Besprechungen durch den Transactionleader, in denen dann die Zwischenresultate der verschiedenen Due-Diligence-Projekte miteinander abgestimmt werden.

5.3 Durchführungsphase

Die Durchführungsphase oder das eigentliche Audit umfasst die Vorbereitungsphase, die Vor-Ort-Phase und die Phase der Berichterstellung.

Die Vorbereitungsphase schließt sich unmittelbar an die beschriebene Planungsphase an und umfasst das Zusammenstellen von Vorab-Informationen um die Vor-Ort-Phase effizienter zu gestalten. Vorab-Informationen können auf unterschiedliche Weise zusammengetragen werden, etwa über sogenannte „data rooms" (insbesondere bei größeren Transaktionen) oder über das Versenden von Vorab-Fragebögen bzw. Dokumentenanforderungslisten oder die Internetrecherche.

Es ist eine illusionäre und nur in ganz wenigen Ausnahmefällen bestätigte Annahme, dass methodisch ausgefeilte und detaillierte Vorab-Fragebögen ohne weitere Anleitungen richtig und in der gewünschten Form bearbeitet werden. Die Dokumentenanforderung hat sich in der Praxis als effizienter erwiesen, sie soll zum einen Vorab-Informationen auf einem relativ hohen Abstraktionsniveau ermitteln, zum anderen den Partner vor Ort auf den Untersuchungsumfang und die -tiefe einstellen. (Ein Beispiel einer solchen Dokumentenanforderung findet sich im Anhang zu diesem Beitrag.) Hierbei wird unterschieden zwischen vorab zur Verfügung zu stellenden Informationen (z.B. Firmenbroschüren, Lage- und Werkspläne, Luftbilder, Organigramme etc.) und das eigentliche Audit vorbereitende Informationen. In den unterstützenden Vorarbeiten in dieser Phase gehören Standortanalysen oder die Zusammenstellung von Daten- und Gesetzesübersichten.

Die *Vor-Ort-Phase* besteht im Wesentlichen aus drei zentralen Elementen:

1. Befragungen
2. Dokumentendurchsicht
3. Physische Inspektion/Begehung

Anhand dieser Aktivitäten sollen tragfähige Informationen bezüglich des Untersuchungsumfangs gewonnen werden. Die Befragungen werden anhand eines Fragebogens durchgeführt, das Gespräch übersichtlich strukturiert sowie die Vollständigkeit der Informationen gesichert und dokumentiert. Der Fragebogen ändert sich je nach Umfang und Tiefe des definierten Scope of Works, bei spezifischen Kundeninteressen (Corporate Standards); ferner kann er branchenspezifische Teile enthalten. Es muss betont werden, dass diese Fragebögen nur so gut sein können wie der Anwender, d.h. der Auditor. Spezifische Interviewtechniken sind daher Teil seiner methodischen Ausbildung.

Die Elemente können etwa in folgenden Schritten verknüpft werden:

1. Eröffnungssitzung (Vorstellung des Teams und des Prüfungsumfangs, (ggf. einschließlich Cover Story*)*, der Auditplanung, der Interviewpartner; kurze Einführung in das Untersuchungsobjekt, Abgleich der Dokumentenanforderungsliste mit tatsächlich vorbereiteten Informationen)
2. Erste kurze Standortbegehung (Orientierung, „Helikopter-Perspektive")
3. Befragungen anhand von Fragebögen
4. Auswahl und Durchsicht relevanter Dokumente
5. Vertiefende physische Inspektion
6. Abschlussgespräch, wenn vereinbart.

Die Vor-Ort-Tätigkeit wird von einem erfahrenen Expertenteam durchgeführt, das mit den lokalen Aktivitäten und mit den gesetzlichen Rahmenbedingungen vertraut sein muss. Ein Audit ist ein permanenter Verifizierungsprozess, wobei die über die Befragung, die Dokumentendurchsicht und die physische Inspektion gewonnenen Informationen miteinander verglichen und geprüft werden müssen.

Die *Berichterstellungsphase* schließt sich unmittelbar an das Standort-Audit an. Der Bericht kann eine knappe Zusammenfassung der Prüfung und ihrer Ergebnisse sein, die als Entscheidungsgrundlage für den Kunden dient; er kann aber auch umfassend alle in Frage kommenden Gesichtspunkte diskutieren sowie Schlussfolgerungen, Empfehlungen und Kostenschätzungen enthalten oder Korrekturmaßnahmen vorschlagen.

Um den in der Regel engen Zeitplan einhalten zu können, werden häufig verschiedene Stufen der Berichterstattung definiert:

1. Verbale Rückmeldung (auch über Fax oder elektronische Medien, soweit im Vorfeld vereinbart) unmittelbar nach Abschluss der Vor-Ort-Phase, d.h. innerhalb von 24 Stunden, über den generellen Eindruck, die Prüfung vor Ort und die signifikantesten Befunde.
2. Entwurf des Berichtes innerhalb einiger Tage (meist drei bis vier Tage).
3. Endbericht nach Diskussion der Befunde und Einarbeitung möglicher Kommentare.

Zwischen den einzelnen Stufen finden in der Praxis häufig Telefonate, zumeist in Konferenzform, mit dem Auftraggeber und anderen an der Transaktion beteiligten Parteien (Transactionleader, Anwälten und Due-Diligence-Teams) statt, um die Haftung- und Kostenrisiken, anstehende Verbesserungsmaßnahmen und deren Kosten sowie die Notwendigkeit weiterer Untersuchungen zu diskutieren.

Zunehmend häufiger werden Ergebnispräsentationen der beteiligten Due-Diligence-Teams im Vorfeld der Entscheidungsfindung als Form der Ergebnisdokumentation gewünscht.

5.4 Ergebnisverwendung

Die Ergebnisse der Umwelt-Due-Diligence werden von der beauftragenden Partei unterschiedlich genutzt. Die Ergebnisse der im Käuferauftrag durchgeführten Due Diligence beeinflussen in der Regel den Kaufpreis bzw. das Angebot, das unterbreitet werden soll. Die festgestellten Haftungs- und/oder Kostenaspekte werden in die Verhandlungen eingebracht und oftmals über Rückstellungen adressiert. Die vom Verkäufer beauftragten Untersuchungen prüft der Käufer auf Plausibilität, was in manchen Fällen dazu führt, dass der Käufer zusätzliche Prüfungen in Auftrag gibt.

Die Berichte oder auch zusammenfassende Abschnitte und Tabellen werden häufig als Anhang dem Vertrag beigefügt und als Referenz für Haftungsklauseln verwendet.

Darüber hinaus können die Ergebnisse zu einer Risikovorsorge (Bildung von Rückstellungen) beitragen, die, sofern plausibel nachgewiesen, auch steuerrechtliche Konsequenzen (Einsparungen) zur Folge haben.

5.5 Integration

Diese letzte Phase betrifft die mittel- und langfristige Umsetzung von Empfehlungen und notwendigen Korrekturmaßnahmen sowie die Optimierung der operativen Aktivitäten. Diese Phase schützt den Erwerber letztlich vor Schäden und Forderungen.

Zunehmende Bedeutung gewinnen die Einführung von genormten Umweltmanagementsystemen bzw. die Kompatibilität der Managementsysteme, des Käufers und des Verkäufers.

Ein Prüfprogramm für Umweltmanagementsysteme berücksichtigt die Umweltpolitik, die Umweltprogramme und die internen Audits,[5] ferner Schulungen und Kommunikation.

Regelmäßige Rechtskonformitätsprüfungen werden immer wichtiger, um den Status des Standortes hinsichtlich lokaler, regionaler und bundesweiter Regularien zu ermitteln. Ein Vergleich mit internationalen Referenzen (Benchmarking) und Konzernrichtlinien ist ebenfalls möglich. Rechtskonformitäts-Audits legen einen größeren Schwerpunkt auf potenzielle Haftungsrisiken, Firmenpolitik und Umweltmanagementsysteme.

Des Weiteren können auf eine Transaktion weitere Transaktionen folgen, etwa wenn bestimmte Unternehmensteile oder Liegenschaften nach dem Erwerb wieder veräußert werden sollen.

6. Fallbeispiele

6.1 Fall A: Sanierungskosten

Im vorliegenden Fall verfügt die zuständige Behörde unmittelbar nach der Unternehmenstransaktion eine Sanierungsanordnung. Sie betrifft eine Liegenschaft (ca. 15.000 m^2) mit früherer industrieller Nutzung (ehemalige Feuerzeugfabrik bzw. Metallverarbeitung); Boden und Grundwasser waren mit Lösungsmittel kontaminiert.

Das zwischenzeitlich neu errichtete Gebäude muss während der Sanierung des Standortes aufgegeben werden; die Sanierungskosten belaufen sich insgesamt auf 3,2 Mio. DM.

Während der Verhandlungsphase wird der Kaufpreis infolge des durch die Umwelt-Due-Diligence identifizierten Problembereichs um insgesamt 2 Mio. USD reduziert.

6.2 Fall B: Erhöhte Baukosten

Auf dem Gelände eines ehemaligen Gaswerkes soll ein modernes Verwaltungsgebäude gebaut werden. Bei Tiefbauarbeiten wird eine ehemalige Teergrube angeschnitten. Das kontaminierte Material lässt sich nicht als unbelasteter Bodenaushub entsorgen; es muss vielmehr als besonders überwachungsbedürftiger Abfall behandelt werden.

Auf der Baustelle sind Bauhilfsmaßnahmen erforderlich (z.B. Schwarz-weiß-Bereich, erhöhte Auflagen, Arbeitsschutz, Einschränkung der Arbeitszeiten etc.). Die unvorhergesehenen Maßnahmen führen ferner zu einer deutlichen Verzögerung der Fertigstellung und somit der Nutzung des Objektes. Die erhöhten Entsorgungskosten belaufen sich auf ca. 2 Mio. DM.

Eine profunde Umwelt-Due-Diligence hätte diese Haftungs- und Kostenproblematik mit hoher Sicherheit identifiziert.

6.3 Fall C: Nachrüstung von Produktionsanlagen I

Bei der Umwelt-Due-Diligence wird festgestellt, dass verschiedene Anlagen des technischen Umweltschutzes (Abwasserreinigung, Abluftreinigung) nicht dem in den behördlichen Genehmigungen geforderten Stand der Technik entsprechen. Das Thema wird umfassend erörtert und in der Vertragsgestaltung gewürdigt. Die Behörde ordnet schließlich die Nachrüstung der Anlagen an und verfügt ein Verbot der Einleitung bis zur Nachrüstung der betriebseigenen Abwasserbehandlungsanlage. Damit werden die Behandlung und die Entsorgung von Betriebsabwässern bei Dritten notwendig. Die resultierenden investierten Kosten belaufen sich auf mehr als 10 Mio. DM, gedeckt durch Rückstellungen, die während der Transaktion für diesen Zweck auf Grund der Due Diligence gebildet wurden.

6.4 Fall D: Nachrüstung von Produktionsanlagen II

Im Zuge der Umweltprüfung wird festgestellt, dass bei einem Hersteller von medizinischen Geräten der geforderte Stand der Technik nicht eingehalten werden kann. Dies ist insbesondere bei der unter das BImSchG fallenden Lackieranlage der Fall. Die Umrüstung entsprechend dem Stand der Technik, d.h. die Umstellung von lösemittelhaltigen Lacken auf Wasserlacke erfordert eine Investition von 1,9 Mio. DM, die vom Kaufpreis abgezogen und somit noch vom Veräußerer getragen wird.

Zusätzlich können durch diese Maßnahme die Kosten des laufenden Betriebs signifikant gesenkt werden (Einsparung Materialkosten ca. 45 %, Einsparung Entsorgungskosten mehr als 50 %). Weitere Einsparungen werden im Energiebereich erzielt, da die Dimensionierung der Anlage optimiert werden kann.

6.5 Fall E: Nachrüstung von Produktionsanlagen III

Bei einem Unternehmen für Spezialchemikalien wird im Rahmen der Umwelt-Due-Diligence die nicht sichergestellte Einhaltung der Abwassereinleitbedingungen diskutiert. Der bestimmungsgemäße Betrieb der mit Forschungsmitteln errichteten Pilotanlage zur Abwasserreinigung ist nur unter Bedingungen zu erzielen, die dauerhaft nicht einzuhalten sind. Ein großmaßstäbliches Verfahren ist auf dem Markt nicht verfügbar. Die mögliche Hochtemperaturverbrennung ist – unter den gegebenen Marktbedingungen – unwirtschaftlich.

Der Käufer sieht von einem Erwerb ab.

7. Zusammenfassung

Die Umwelt-Due-Diligence ist in der Regel ein unverzichtbares Instrument, um bei Transaktionen einschlägige Haftungs- und Kostenrisiken aufzudecken. Dies gilt sowohl für den Käufer, der Risiken und Investitions- wie Folgekosten vor Vertragsabschluss kennen muss, als auch für den Verkäufer, der an einer seriösen Wertermittlung interessiert ist. Ferner sind beide Parteien bestrebt, mögliche Imageschäden oder langwierige Gerichtsprozesse zu vermeiden.[6] Die Ergebnisse einer Umwelt-Due-Diligence sind daher ein wesentlicher Beitrag für jede Transaktionsverhandlung. Die Umwelt-Due-Diligence kann bei einem geplanten Börsengang, bei Fusionen oder engen strategischen Partnerschaften als wesentliche vertrauensbildende Maßnahme und darüber hinaus als Risikovorsorge angesehen werden.

Anmerkungen

1 Engelau, 1999, S. 13–14.
2 ASTM, 1994, E 1527–94, E 1528–93.
3 König/Fink, 1999, S. 527–528.
4 König/Fink, 1999, S. 6.
5 Betko/Reiml/Schubert, 1998, S. 331–344.
6 König, 1998, Oktober.

Due Diligence bei der Akquisition von Immobiliengesellschaften

Sabine Haustein

1. Einleitung

Die im Rahmen einer Exklusivverhandlung durchgeführte Due Diligence bietet dem Käufer die Möglichkeit, sich mit Informationen über die zu akquirierende Immobiliengesellschaft zu versorgen; sie können wesentlich die Kaufentscheidung und den Kaufpreis mitbeeinflussen. Dieser Beitrag stellt die Aufgaben dar, die die baufachlichen Sachverständigen übernehmen, die ein Due-Diligence-Team, das die Bereiche Recht, Steuern und Finanzen prüft, unterstützen. Auf der Basis des Wesentlichkeitsgrundsatzes werden Chancen und Risiken aufgezeigt, die sich bei der Analyse des Grundstücks- und Immobilienbestands in Bezug auf den Ist-Zustand und im Hinblick auf die strategischen Ziele des Käufers herausarbeiten lassen.

2. Due Diligence im Rahmen der Exklusivverhandlung

Liegen der Wertfindung bei der Akquisition von Immobiliengesellschaften in aller Regel Unternehmensbewertungen nach der Ertragswertmethode oder der Discounted-Cash-flow-Methode zugrunde, so zeigt sich, dass diese klassischen Verfahren, insbesondere unter strategischen Unternehmensgesichtspunkten, nicht ausreichen, da sie die mit der Akquisition verfolgten Ziele nicht berücksichtigen.

Die Due Diligence als Analyse und Prüfung, die den Entscheidungsträger mit Information im Rahmen der Vorbereitung des Kaufs eines Unternehmens versorgen will, begegnet diesem Defizit.[1] Dabei ist das „Abbildungsobjekt der Due Diligence (...) das Unternehmen selbst, seine Struktur, die Fähigkeiten seiner Mitarbeiter sowie seine Marktchancen und -risiken“ und nicht in erster Linie die Eintrittswahrscheinlichkeit zukünftiger Renditen.[2]

Der Erwerb einer Immobiliengesellschaft im Rahmen einer Auktion wird hier auf Grund der eingeschränkten Möglichkeit zur Durchführung einer Due Diligence nicht gesondert betrachtet. Hingegen kann sich der Käufer bei der Exklusivverhandlung, die zudem in Deutschland den häufigsten Erwerbsweg bei der Unternehmensakquisition darstellt,[3] mit Hilfe des Prüfungsteams, das die entsprechenden Prüfungsgebiete der Due Diligence auswählt, detailliert Informationen beschaffen und sie analysieren. „Die Bedeutung dieser Untersuchung zeigt sich darin, dass im Falle ihrer Nichtdurchführung signifikante wirtschaftliche Nachteile auf Seiten des Erwerbers eintreten können“.[4] Die Due Diligence wird in den Akquisitionsprozess eingebunden, nachdem der Erwerber im Letter of Intent seine Kaufabsicht dokumentiert und die Bedingungen für ihre Durchführung festgeschrieben hat.[5] Der Umfang der Prüfung ist abhängig von der Bereitschaft des Verkäufers, die notwendigen Einblicke zu gewähren. Ein weiterer Restriktionsfaktor liegt in der für die Untersuchung zur Verfügung stehenden Zeit. Nach Abschluss des Kaufvertrags („signing“) kann eine „post completion due diligence“ in Bezug auf den Liegenschafts- und Immobilienbestand auf der Basis dann zusätzlich zur Verfügung stehender Daten prüfen.

3. Organisation des Due-Diligence-Teams

Bei der Übernahme eines Unternehmens, dessen Portfolio sich durch einen hohen Immobilienanteil auszeichnet, unterstützen Sachverständige und Gutachter aus der Branche des zu akquirierenden Unternehmens das Due-Diligence-Team, das die Bereiche Recht, Steuern und Finanzen abdeckt. Die Koordination des Teams sowie die Steuerung des Projekts verlangen ein gut geleitetes Projektmanagement.[6] Es empfiehlt sich, ein Projekthandbuch, das den Charakter einer Zielvereinbarung hat und somit als Arbeitsgrundlage für alle Projektbeteiligten bindend ist, anzulegen,[7] um alle projektrelevanten Ziele, Rahmenbedingungen und Vereinbarungen zusammenzufassen. Des Weiteren macht es die während des Projekts auftretenden Änderungen transparent und legt die Basis für das Berichtswesen. Folgenden Mindestinhalt sollte das Projekthandbuch enthalten:

1. **Ziele**
   Definition der mit dem Kauf verfolgten Ziele und des daraus abgeleiteten Profils der Anforderungen an das Akquisitionsobjekt[8] (problematisch sind die Unschärfe bei der Zieldefinition und das Nachsteuern während des Projektablaufs); Festlegung der Termin- und der Kostenziele.

2. **Aufbauorganisation des Projektteams**
   Klare Kompetenz- und Aufgabenverteilung (die Verantwortung wird Personen eindeutig zugeordnet); die Regelung der Verantwortlichkeiten vermeidet Doppelbearbeitungen oder Versäumnisse.

3. **Ablauforganisation**
   Koordination der Teilprojekte und eindeutige inhaltliche Definition der Meilensteine; sinnvolle Meilensteine sind die Memoranden, die als schriftliche Arbeitsberichte die Zwischenergebnisse der einzelnen Prüfungsgebiete dokumentieren, und Zwischenberichte (Review Meetings) bis zum Abschlussbericht (Due Diligence Report).[9]

4. **Terminsteuerung**
   Terminplan als Meilensteinplan; die terminliche Vernetzung der einzelnen Prüfungsbereiche der Due Diligence ist sorgfältig zu planen, damit möglichst frühzeitig kritische Bereiche und so genannte „deal breakers", Faktoren, die zum Projektabbruch führen, erkannt werden können.

5. **Kostensteuerung**
   Die Kosten für die Analysen unterliegen wie bei jeder anderen Prüfung dem Wirtschaftlichkeitsprinzip. Sie können neben den Terminen ausschlaggebend für den Projektumfang sein.

6. **Information und Dokumentation**
   Festlegung des Inhalts und der Form der Memoranden sowie des Abschlussberichts.

Das Projekthandbuch muss stets dem aktuellen Stand des Bearbeitungsprozesses entsprechen und jederzeit von den Beteiligten eingesehen werden können.

Die Einführung eines Projektmanagements erleichtert wesentlich die Zusammenarbeit eines interdisziplinär zusammengesetzten Teams, indem es auf Kommunikation und Koordination setzt, was zumal unter dem Aspekt kurzer Prüfungszeiten und beschränkter Einsatzmittel dem Ziel zuträglich ist.

4. Branchenbezogener Analyseschwerpunkt

Im Folgenden werden die einzelnen Bereiche der Due Diligence zum einen im Hinblick auf Risiken und Chancen, die sich aus dem Ist-Zustand eines Grundstücks- und Immobilienbestands ableiten lassen, zum anderen vor dem Hintergrund der Strategie des Erwerberunternehmens analysiert, und zwar auf der Folie des Prüfungsbereichs des baufachlichen Sachverständigen und im Kontext juristischer, technischer und strategischer Fragestellungen. Die Due Diligence einer Immobiliengesellschaft aus bilanzieller, steuerlicher und finanzwirtschaftlicher Sicht ist somit nicht Thema dieser Betrachtung.

4.1 Sichtung der Unterlagen und Datenerhebung

4.1.1 Erfassung der Liegenschaften

Zunächst müssen durch Einsichtnahme in die Grundbücher sämtliche Liegenschaften mit ihren Eigentumsverhältnissen, der Größe ihrer Flurstücke, den Rechten Dritter (Vorkaufsrecht, Wiederkaufsrecht, Erbbaurecht und Dienstbarkeiten), den Grundpfandrechten und öffentlichen Lasten und anderen Eigentumsbindungen in einem Liegenschaftskataster erfasst werden; alternativ ist das Kataster des Verkäufers zu überprüfen. Ergänzt wird diese Aufstellung um die vom Eigentümer übernommenen öffentlich-rechtlichen Verpflichtungen, die – als Baulasten festgeschrieben – dem Baulastenverzeichnis zu entnehmen sind. Der belastete Grundstücksteil kann in anderer als der dort festgelegten Weise nicht mehr genutzt werden. Solche als Baulasten eingetragene Nutzungsbeschränkungen sind etwa die Übernahme der fehlenden Abstandsfläche des Nachbargebäudes, die öffentlich-rechtliche Sicherung der Zufahrt zu einem Nachbargrundstück, das nicht an einer öffentlichen Straße liegt und somit sonst nicht erschlossen wäre, oder die Vereinigungsbaulast, die bewirkt, dass zwei oder mehrere rechtlich selbständige Grundstücke baurechtlich als ein Grundstück behandelt werden. Bei Liegenschaften, die sich in einem der neuen Bundesländer befinden, wird zusätzlich die Frage nach noch offenen Restitutionsansprüchen über die Ämter für offene Vermögensfragen zu klären sein.

4.1.2 Grunddaten der Gebäude

Um einen Überblick über die Gebäude und Produktionsstätten zu erhalten, müssen im nächsten Schritt die Unterlagen der in den Grundbüchern erfassten Liegenschaften gesichtet werden. Hierzu gehören neben dem amtlichen Lageplan, Zeichnungen des Bestandes, ergänzt um aktuelle Farbfotos, Daten wie das Baujahr der Gebäude, die Gliederung der Flächen nach Flächenarten (Hauptnutzfläche, Nebennutzfläche, Verkehrs- und Funktionsfläche) sowie der Bruttorauminhalt nach DIN 277.

Bei Baumaßnahmen, die sich in der Planung oder Ausführung befinden, muss zunächst der Leistungsstand erfasst werden.

4.2 Umfang der Due Diligence

Auf der Basis der vollständigen Erfassung aller Liegenschaften und der Ergänzung durch die wesentlichen Gebäudedaten sind die Liegenschaften auszuwählen, die einer weiteren Betrachtung unterzogen werden sollen. Die Analyse soll feststellen, ob das Unternehmen mit seinem Immobilienportfolio den strategischen Vorstellungen und Zielen des Käufers entspricht und wie hoch der „innere" Unternehmenswert ist.

Grundlage hierfür sind die entscheidungsrelevanten Aspekte des Unternehmenskaufs. Somit kann nicht das Ziel die vollständige Prüfung des Grundstücks- und Immobilienbestandes sein. Entscheidend für die Auswahl der Informationen ist die Wesentlichkeit (Materiality). Der Wesentlichkeitsgrundsatz beinhaltet sowohl eine Minimal- als auch eine Maximalforderung. „Ausgangspunkt ist die Überlegung, dass nicht alle Informationen für den Entscheidungsträger die gleiche Bedeutung besitzen und demnach nur solche Informationen zu beschaffen sind, die für die Entscheidung ‚material' (wesentlich) sind. Andererseits sind sämtliche Informationen zu beschaffen und auszuwerten, die einen Einfluss auf die Entscheidung haben."[10] In der Planungsphase der Due Diligence werden Kriterien für die Wesentlichkeit benötigt, auf deren Grundlage zunächst der Prüfungsumfang festgelegt wird. Voraussetzung sind immer quantitativ erfassbare Daten.

Materiality-Grenzen können im Kontext der Immobilienprüfung sein:

- Immobilienstandorte, die für die Unternehmensstrategie von Bedeutung sind, ab einer bestimmten Größe der Liegenschaften;
- Objekte mit einem bestimmten Prozentsatz am Gesamtvermögen, die nach der Sichtung und Datenerhebung auf definierte Risiken schließen lassen;
- Grundstücke und Immobilien mit einem bestimmten Prozentsatz am Gesamtvermögen;
- Bauverträge mit einem bestimmten Auftragsvolumen;
- Unterschreitung von Renditen der Immobilien, die einen bestimmten Anteil der Ertragssituation ausmachen.

Mit Hilfe der ABC-Analyse, die aus der Verteilungstheorie[11] von M. O. Lorenz abgeleitet ist, lässt sich der weitere Untersuchungsumfang festlegen. Die ABC-Analyse basiert auf der Feststellung, dass eine kleine Anzahl von Einheiten das betrachtete Ergebnis stark beeinflusst (A); umgekehrt gibt es eine große Anzahl von Einheiten mit nur einem geringen Anteil am Ergebnis (C). Dazwischen liegt die dritte Gruppe (B).[12] In der Praxis haben sich nach Burghardt folgende Bereichsgrenzen bewährt:

	A-Bereich	B-Bereich	C-Bereich
Bandbreite der Wertigkeit	65–80 %	10–30 %	5–10 %
Anzahl der Einheiten	10–20 %	20–35 %	50–70 %

Abbildung 1: Bereichsgrenzen der ABC-Analyse (nach Burghardt 1993)[13]

Der notwendige Prüfungsumfang wird nach Erstellung des Liegenschaftskatasters zunächst gemäß dem Wesentlichkeitsgrundsatz mit Hilfe der ABC-Analyse fixiert. Während der Prüfung müssen – sollten sich nach Sichtung der Verträge und des Schriftverkehrs oder nach Besichtigung der Objekte Hinweise auf besondere Risiken oder Chancen ergeben – Umfang und Schwerpunkte der Untersuchung angepasst werden.

4.3 Juristische und technische Fragen zur Immobilien-Due-Diligence

Für den festgelegten Prüfungsumfang werden alle Sachen, Rechte und Verpflichtungen erfasst, die in Abhängigkeit von der Zielsetzung benötigt werden, um die Entwicklung des Immobilienportfolios in der Vergangenheit und für die Zukunft zu analysieren. Eine Checkliste kann zunächst dazu dienen, die Vollständigkeit bei der Zusammenstellung in Bezug auf die einzelnen Liegenschaften zu gewährleisten.

So wie der Immobilienmarkt einem Kreislaufmodell unterliegt, steht auch die einzelne Immobilie oder das bauliche Objekt in einem „Lebenszyklus" – von der Objektvorbereitung und -planung über die Erstellung, die Nutzung, den Umbau oder die Nutzungsänderung, die Sanierung und Modernisierung bis hin zum Abriss. An diesem Lebenszyklus orientiert sich die Reihenfolge der Prüfungsschwerpunkte in den nächsten Abschnitten.

4.3.1 Verträge

Bestehende Verträge und Absprachen werden einschließlich einer kurzen Erläuterung des Inhalts nach Umfang, Beginn, Dauer, Kündigung, möglicher Verlängerung und Konventionalstrafen erfasst. Darüber hinaus müssen spezielle Verträge hinsichtlich der Notwendigkeit ihres Leistungsumfangs, der Angemessenheit der Kosten und der Einhaltung des Vertrags geprüft werden, um insbesondere Kostenrisiken zu ermitteln. Die im Folgenden ausgewählte Liste der Verträge erhebt keinen Anspruch auf Vollständigkeit; sie soll exemplarisch Untersuchungsschwerpunkte und mögliche Risiken aufzeigen.

Erschließungsverträge

Erschließungsverträge nach § 124 BauGB dienen der Erstentwicklung oder Neuordnung einer dem Verkäufer gehörenden größeren Grundfläche. Sie verpflichten den Vorhabenträger als Investor zur Übernahme der Kosten für die innere Erschließung, d.h. für die Herstellung aller Verkehrs-, Ver- und Entsorgungsanlagen eines Baugebiets. Ferner ist der Vorhabenträger verpflichtet, die Erschließungsanlagen in einer angemessenen Frist abnahmereif zu erstellen und die nun bebaubaren Grundstücke innerhalb einer weiteren Vertragsfrist zu bebauen oder durch Dritte bebauen zu lassen. Die Verträge sind hinsichtlich ihres Erfüllungsgrads, der Höhe der Kosten sowie der Zielvorstellungen des Käufers anhand seiner strategischen Intention zu analysieren.

Architekten- und Ingenieurverträge

In den Architekten- und Ingenieurverträgen sind die wesentlichen vertraglichen Regelungen, nämlich der Gegenstand des Vertrags, der Leistungsumfang, die Einordnung in die Honorarzone, der Honorarsatz und Vereinbarungen zu besonderen Leistungen auf ihre Richtigkeit und Angemessenheit zu überprüfen; darüber hinaus muss der bestehende Versicherungsschutz untersucht werden. Der Leistungsstand ist mit dem Zahlungsstand abzugleichen. Gestiegene Baukosten führen – mit Ausnahme bei Pauschalverträgen – zwangsläufig auch zur Steigerung der Baunebenkosten. Bei laufenden Baumaßnahmen genügt es nicht, den Planungs- oder Ausführungsstand des Objekts zu begutachten; entscheidend ist vielmehr, dass die vertraglich vereinbarten wesentlichen Grundleistungen, die zur Erreichung eines vorgegebenen Planungs-/Ausführungsstands erbracht werden müssen, dokumentiert sind. Wurden die Überwachung und Beseitigung von Mängeln während der Gewährleistung (längstens fünf Jahre nach Abnahme der Bauleistungen) vereinbart, können noch offene Forderungen aus den Verträgen bestehen, wenn die Honorare nicht durch Vorauszahlungsbürgschaften abgelöst wurden.

Auf Architektenverträge bei zu entwickelnden Grundstücken sollte gesondert hingewiesen werden, damit juristisch überprüft wird, ob auf Grund der vorgesehenen Erwerbsmethode des Immobilienunternehmens das Verbot der Koppelung von Grundstückskaufverträgen mit Ingenieur- und Architektenverträgen greift.[14]

Urheberrechtsfragen können sich ergeben, wenn für Umbaumaßnahmen nicht mehr der ursprüngliche Planverfasser des Neubaus beauftragt wurde.

Als Alternativen zu den Einzelverträgen in der Planungs- und Ausführungsphase sind vertragliche Konstellationen mit Generalübernehmern, Generalplanern und Generalunternehmern denkbar, die – oftmals als Pauschalverträge geschlossen – einer genauen Betrachtung des Leistungsumfangs bedürfen.

Bauverträge

Bei Bauverträgen, die vollständig einschließlich der Unbedenklichkeits- und Versicherungsbescheinigungen vorliegen müssen, wird ebenfalls der Erfüllungsstand zunächst mit dem Zahlungsstand abgeglichen. Vielfach werden zusätzliche Leistungen nicht nachbeauftragt. Wenn die Leistungen jedoch unstrittig im Nachhinein anerkannt oder für die Bauausführung ohnehin notwendig wurden, besteht ein Anspruch auf Vergütung, der zur Kostenüberschreitung bei den beauftragten Summen führt. Wurde ein Projektsteuerer eingeschaltet, ist der voraussichtliche Abrechnungsstand der Kostenkontrolle zu entnehmen. Ansonsten müssen bei Verträgen, deren Schlusszahlung noch nicht anerkannt wurde, neben dem Schriftverkehr auch die Protokolle der Baubesprechungen auf mögliche Risiken, z.B. die Überschreitung von Auftragssummen, durchleuchtet werden. Ferner sollten zum Zeitpunkt der Übergabe des Objektes sämtliche technischen Abnahmen protokolliert und festgestellte Mängel beseitigt worden sein. Die ordnungsgemäße Führung der Gewährleistungskartei sowie ein Verzeichnis der Sicherheitseinbehalte und Gewährleistungsbürgschaften auf der Basis der Schlussabnahme und der Schlusszahlung stellen sicher, dass Gewährleistungsmängel als solche erkannt und somit kostenneutral behoben werden.

Wartungsverträge

Wartungsverträge müssen für technische Anlagen abgeschlossen worden sein, um Gewährleistungsansprüche geltend machen zu können. Vollständigkeit und Einhaltung der Verträge sind zu prüfen; zudem bieten die Wartungsberichte Aufschlüsse darüber, wie schadensträchtig die Anlagen sind.

Mietverträge

Mietverträge für gewerblich genutzte Flächen werden im Hinblick auf die Marktgerechtigkeit der Miethöhe, die Konditionen der Mietsteigerung, die Aufstellung über die Betriebskosten, Vereinbarungen zu den Kosten für Reparaturen, Instandhaltungen und Verwaltung sowie hinsichtlich der Mietdauer analysiert. Für die strategischen Ziele können ferner Festlegungen zum Mietzweck bedeutsam sein. Als weitere wichtige Vertragskonditionen gelten Verkehrssicherungspflichten, Vereinbarungen zu Mietsicherheiten, Rückgabevereinbarungen oder die Abtretung baulicher Veränderungen oder Vereinbarungen zu Untervermietungen.

Versicherungsverträge

Für die Objekte, die sich in der Bauphase befinden, muss der Bauherr eine Bauherrenhaftpflicht und eine Bauwesenversicherung abgeschlossen haben. Für den Gebäudebestand sind Haftpflicht-, Feuer-, Sturm-, Wasser- und ggf. Inventarversicherungen auf ihre Prämienhöhe zu prüfen. Etwaige Erstattungsfälle müssen geklärt werden; erhöhte Aufmerksamkeit sollte angedrohten Versicherungskündigungen oder Prämienerhöhungen geschenkt werden.

Weitere Verträge, die einer Prüfung unterzogen werden sollten, sind Berater-, Projektsteuerer-, Makler-, Pacht- oder Leasingverträge.

Verträge, die Sicherheit bezüglich der zukünftigen Kosten und Erlöse vermitteln, sollten weiter Bestand haben. Erscheint auf Grund von Änderungen in der Unternehmenszielsetzung dennoch eine Kündigung sinnvoll, müssen die Kündigungsbedingungen juristisch geprüft werden.

4.3.2 Unbebaute Grundstücke

Zunächst ist auf der Grundlage des Liegenschaftskatasters zu ermitteln, ob die unbebauten Grundstücke als Bauland zu verwerten sind, d.h. ob es sich um Grundstücke handelt, die in einem verbindlichen Bauleitplan als Baugebiete festgesetzt wurden; trifft dies zu, ist die Art der zulässigen Nutzung festzustellen; des Weiteren, welches Maß die Grundstücksbebauung einhalten muss, und ferner, ob die Erschließung als Grundvoraussetzung für die Bebaubarkeit gesichert ist. Der aktuelle Bodenrichtwert ist bei den Gutachterausschüssen zu erfragen.

Ergeben sich im Rahmen der Prüfung erste Verdachtsmomente hinsichtlich schädlicher Bodenveränderungen oder Altlasten,[15] sind sie insbesondere auf Grund ihrer rechtlichen und wertbeeinflussenden Relevanz[16] einer Umwelt-Due-Diligence zu unterziehen. Verdachtsmomente können sich aus früheren Nutzungen der Grundstücke ergeben, aus Unterlagen zum Bauplanungsrecht, das risikobehaftete Unternehmen zulässt, oder aus den Versicherungsunterlagen zu entnehmenden Korrespondenzen mit Umweltbehörden.[17] Die Umweltproblematik betrifft bebaute Grundstücke gleichermaßen.

4.3.3 Grundstücke und Gebäude während der Objektplanung und -ausführung

Werden vorliegende Planungen hinsichtlich ihrer Einbindung in die Strategie des Erwerbers positiv gewertet, sind Wirtschaftlichkeit und Zweckmäßigkeit der Planung zu untersuchen. Ferner muss geprüft werden, ob wesentliche risikoträchtige Grundlagen wie unterirdische Bauten, die Tragfähigkeit des Baugrunds, der höchste zu erwartende Grundwasserspiegel usw. ermittelt und bei der Planung berücksichtigt wurden.

Der Abrechnungsstand der Baumaßnahmen muss auf Übereinstimmung mit dem Planungsstand untersucht werden. Mehrkosten ergeben sich etwa aus Abweichungen der Baumaßnahmen von der genehmigten Planung. Außerdem können bei einer Finanzierung, für die z.B. auch Landesmittel bewilligt wurden, Abweichungen von den Förderrichtlinien dazu führen, dass Mittel zurückerstattet werden müssen.

4.3.4 Grundstücke und Gebäude während der Nutzungsphase

Für die fertig gestellten Baumaßnahmen müssen die Protokolle über Bau-, TÜV- und Brandschutzabnahmen sowie die Betriebsgenehmigungen vorliegen. Die Bestandsunterlagen sind auf Vollständigkeit und auf Übereinstimmung mit der Baugenehmigung zu prüfen. Ein Vergleich der letzten Genehmigung mit den Bestandsplänen zeigt, ob genehmigungsbedürftige Veränderungen wie Nutzungsänderungen, Veränderungen an der Tragkonstruktion, Gebäudeerweiterungen oder Veränderungen der Fassade vorgenommen wurden.

Bestandsunterlagen meinen nicht nur die für die Gebäudeerrichtung notwendige Genehmigungsplanung (im Maßstab 1 : 100). Für mögliche bauliche Veränderungen können die Revisionszeichnungen einschließlich der Betriebsanweisungen der technischen Ausrüstung für Heizungs-, Sanitär-, Raumluft- und Elektrotechnik sowie die Tragwerksplanung (Positionszeichnungen und statische Berechnungen, die Prüfstatik sowie die Schal- und Bewehrungspläne) notwendig werden. Nicht mehr vorhandene Zeichnungsunterlagen sind oftmals nicht vollständig wiederzubeschaffen und lassen sich nur durch umfangreiche Bestandsaufnahmen rekonstruieren.

Auf dieser Basis wird man unter Hinzunahme der Wartungs- und Instandhaltungskosten der letzten Jahre den Zustand der Gebäude durch Besichtigungen überprüfen. In der Praxis ist dabei häufig festzustellen, dass Arbeiten fachtechnisch nicht einwandfrei durchgeführt wurden, bei Reparaturen zum Teil nur improvisiert wurde. Das Alter der Gebäude und der technischen Gebäudeausrüstung bilden zusammen mit dem Bauzustand sowie der Beurteilung der Bauschäden und der durchgeführten Arbeiten die Grundlage zur Einschätzung des Instandhaltungsstaus und der Sanierungskosten. Folgende Faktoren verdienen dabei besondere Beachtung: Ältere Gebäude bergen häufig Kostenrisiken in Bezug auf ihren baulichen Brandschutz. Die in den Landesbauordnungen geregelten Brandschutzvorschriften greifen immer dann, wenn durch Umbaumaßnahmen der Bestandsschutz entfällt. Unabhängig davon besteht Handlungsbedarf, wenn von der Mangelhaftigkeit des Brandschutzes Gefahr für Leib und Leben ausgeht. Derartige Risiken bergen z.B. über mehrere Geschosse reichende Installationsschächte, deren Wände keine oder nur zu geringe Feuerwiderstandsklassen aufweisen; nicht an die Rohdecke angeschlossene, sondern mit der abgehängten Flurdecke abschließende Wände von Fluren, die als Fluchtwege dienen; brennbares Isolationsmaterial in Deckenhohlräumen von Fluchtwegen. In der Praxis wird man bei der Besichtigung der Gebäude die risikoträchtigen Bereiche durch Revisionstüren und -klappen inspizieren.

Ein ähnlich hohes Investitionskostenrisiko besteht, wenn die Bausubstanz verunreinigt ist. Wurden asbesthaltige Materialien etwa für Wellplatten oder Lüftungskanäle verwandt, müssen die Kosten für den abfallrechtlich vorgeschriebenen Rückbau, die rechtskonforme Beseitigung der Baustoffe sowie Planungs- und Genehmigungskosten berücksichtigt werden.[18] Weitere Kontaminationen, die ein hohes Investitionsrisiko darstellen können, sind in Gebäuden, die vor den achtziger Jahren errichtet wurden, durch Verwendung von PCB-haltigen Kondensatoren oder Dichtungsmassen verursachte Emissionen in der Raumluft.

4.4 Organisation und Information

Bei der Erstellung des Liegenschaftskatasters, der Prüfung der Verträge und der Aufnahme der wesentlichen Gebäudedaten wird vornehmlich auf interne Informationsquellen des Verkäufers zurückgegriffen. Bei der Aufnahme des Ist-Zustands erhalten die Prüfer und Prüferinnen Einblicke in die Organisation und Koordination der Arbeitsabläufe sowie in das Qualitätsmanagement der Fachabteilungen. Sind Organisationshandbücher und Organigramme vorhanden, liefern der Zustand des zur Verfügung gestellten Aktenmaterials oder die Einsichtnahme in ein EDV-gesteuertes Gebäudemanagement Aufschlüsse darüber, wie jene Vorgaben in die Praxis umgesetzt werden.

Bei Objekten, die sich in der Gewährleistungsphase befinden, bilden nicht ordnungsgemäß geführte Bestandsakten, die neben den Abnahmeprotokollen, Schlusszahlungserklärungen und Gewährleistungsfristen mit Gewährleistungsunterbrechungen die Höhe der Gewährleistung enthalten, ein wirtschaftliches Risiko, da möglicherweise Bürgschaften zu früh zurückgegeben werden und Gewährleistungsmängel nicht als solche erkannt werden.

Werden bei der Ist-Analyse, die immer vergangenheitsbezogen ist, hohe Risiken festgestellt, bedeutet dies im Umkehrschluss auch einen hohen Verbesserungsbedarf; ihn abzubauen wird sich mittelfristig positiv auf die Steuerung des Immobilienportfolios auswirken.

Betreibt das Unternehmen indes ein gut eingeführtes Facility Management, das den gesamten Lebenszyklus der Gebäude umfasst, wird die Schnittstellenproblematik zwischen Ausführung (Erstellung) und Nutzung durch diesen ganzheitlichen Ansatz minimiert. Umschliesst ein EDV-gestütztes Gebäudemanagement (während der Nutzungsphase) zudem das technische, infrastrukturelle und kaufmännische Gebäudemanagement, entstehen Synergieeffekte allein schon dadurch, dass Daten, die in allen drei Bereichen benötigt werden, nur einmal erfasst werden müssen.

Ein technisches Gebäudemanagement,[19] das seine Daten der Objektdokumentation mit denen der Gebäudeautomation, der Betriebsführung Technik, der Unterhaltung, der Versorgung und mit einem Energiemanagement verknüpft, pflegt und analysiert sowie die Ergebnisse umsetzt, dürfte in organisatorischer und technischer Hinsicht kaum verbesserungsbedürftig sein.

Dennoch ist insgesamt die Angemessenheit des eingesetzten EDV-Systems, bezogen auf die Größe des Immobilienbestands, zu hinterfragen: Wird angesichts der Komplexität solcher Programme bei der Auswahl der Daten, die gepflegt werden sollen, der Materiality-Grundsatz beachtet? Wie viele Mitarbeiter sind mit der Pflege der Daten beschäftigt, und werden die Daten tatsächlich ständig aktualisiert? Wie gut funktioniert der so genannte Work-flow zwischen der technischen Abteilung, der Kosten- und Leistungsrechnung und der Anlagenbuchhaltung?

4.5 Strategische Fragen der Immobilien-Due-Diligence

„Basis einer strategischen Due Diligence ist neben der Analyse der Vergangenheit und der Gegenwart die Zukunft des Unternehmens in Form der strategischen Unternehmensplanung.“[20] Die Planungen des Erwerbers hinsichtlich der zukünftigen Entwicklung des Grundstücks- und Immobilienbestands werden auf der Folie von Vergangenheits- und Gegenwartsanalysen überprüft. Je nach strategischer Ausrichtung werden unterschiedliche Untersuchungsfelder relevant.

Im Immobilienkreislauf[21] können die Immobilien den verschiedenen Phasen zugeordnet werden. Dieser Phaseneinteilung liegen Kriterien zugrunde, die wichtige Aufschlüsse über die Verwertungsmöglichkeiten der Immobilien geben, wie etwa der Gebäudetyp mit dem jeweiligen Baujahr des einzelnen Gebäudes und dem Stand der Modernisierung, unter zusätzlicher Berücksichtigung des Standorts, des Marktes, der Mieterfluktuation und der Rendite.

4.5.1 Standort- und Marktanalyse

Auslöser für die Standort- und Marktanalyse können, je nach Ziel des Erwerbers, z.B. die Steigerung der Renditen der Immobilien oder Strategien zur weiteren Verwertung der Grundstücke oder Gebäude sein.

Da jede Art von Gebäudenutzung ihre eigenen Anforderungen an den Standort stellt, ist zunächst zu prüfen, inwieweit die vorhandenen Standortfaktoren die bisherige Nutzung unterstützen. So ist für ein Bürogebäude in der Innenstadt die Anbindung an den ÖPNV, in der Stadtrandlage hingegen die Erreichbarkeit mit dem PKW einschließlich vorhandener Parkplätze als so genannter harter (physischer) Standortfaktor zu nennen. Nutzungsbeschränkungen können des Weiteren auf Lärm- oder Geruchsbelästigungen umliegender Gewerbebetriebe beruhen. Einen weichen (sozioökonomischen) Faktor markiert die Akzeptanz der „Adresse“, das Image des Standorts. Liegen die Faktoren nicht mehr im tolerablen Bereich, dürfte die Vermietung des Objekts unter Beibehaltung der Nutzungsart entsprechend schwierig sein. Standortkriterien, die für die eine Nutzungsart so genannten k.o.-Kriterien darstellen, können jedoch für die andere Nutzungsart eine wesentliche Bedingung sein.[22] In diesem Fall wird die Analyse in ein Stärken-Schwächen-Profil des Standorts münden und aufzeigen, welche Nutzungen zum jeweiligen Standort passen. Die planungsrechtlichen Voraussetzungen sind anhand der Bauleitplanung (Flächennutzungs- oder Bebauungsplan mit seinen textlichen Festsetzungen) im ersten Analyseschritt zu überprüfen.

Die Immobilienmarktanalyse stellt fest, wie sich der Bedarf der zu untersuchenden Gebäudenutzungsart in den letzten Jahren entwickelt hat. Als Informationsquellen kommen Regionalanalysen, Raumordnungsberichte zuständiger Länderministerien, Immobilienmarktberichte großer Maklerbüros usw. in Betracht. Das Immobilienangebot im Einzugsbereich des Standorts wird überprüft (Konkurrenzprojekte) und der Entwicklung des Nutzungssektors gegenübergestellt (für Dienstleistungen wären hier neben dem Wachstum des Dienstleistungsbereichs eine mögliche Zunahme des Flächenbedarfs pro Arbeitsplatz oder ein Ersatzbedarf auf Grund veränderter Arbeitsbedingungen zu nennen).

Die Standortanalyse muss ermitteln, ob die derzeitige Nutzung optimal am Standort eingebunden ist oder welche anderen Nutzungen die Standortqualität langfristig begünstigt. Die Marktanalyse bildet auf dieser Grundlage die Chancen der Umsetzbarkeit unter Einbeziehung kurzfristiger Perspektiven ab.

Parallel zur Standort- und Marktanalyse muss überdies das Gebäude selbst bezüglich seiner Vermietbarkeit sowohl unter Beibehaltung der Nutzungsart als auch unter der Option, dass eine Nutzungsänderung beabsichtigt ist, beurteilt werden.

4.5.2 Objektanalyse

Ursachen für geringe Renditen können außer den bereits aufgeführten Standort- und Marktfaktoren, die einer bestimmten Nutzungsart entgegenstehen, auch im Objekt (Gebäude) selber zu finden sein, wenn der Standort durchaus für die Nutzungsart geeignet ist und eine entsprechende Nachfrage am Markt besteht. Für eine Objektanalyse liefern die Bestandszeichnungen und die Daten des technischen Gebäudemanagements erste Aufschlüsse über die haustechnischen Anlagen; ferner zeigen sie, ob die Raumaufteilungen funktionalen Anforderungen genügen und ob das konstruktive System in Hinblick auf eine Umstrukturierung flexibel ist. Eine Besichtigung liefert weitere Erkenntnisse über den Mietermix, die Ausstattungsstandards und den Zustand der Gebäude. Unter Hinzunahme der Aufwendungen für Reparaturen und Instandhaltung und des Mietpreises lässt sich ein Urteil über die Marktfähigkeit des Objekts fällen.

Das Ergebnis muss zeigen, ob die Probleme des Objekts in der Vermietung liegen, ob ein Instandhaltungsstau zu beseitigen ist oder ob umfangreiche Umbau- und Modernisierungsarbeiten notwendig werden, um die Vermietbarkeit zu verbessern; es muss ferner vermitteln, ob die Gebäudesubstanz die zeitgemäßen Anforderungen, die ihre Nutzung an sie stellt, womöglich nicht mehr erfüllen kann und durch einen Neubau ersetzt werden muss.

5. Zusammenfassung

Der Ertragswert erfasst nicht alle beim Unternehmenskauf wichtigen Sachverhalte und Ziele des Käufers, so dass er zur Entscheidungsfindung allein nicht ausreicht. Der Due Diligence kommt einerseits die Aufgabe zu, „als vorbereitende Phase die Datenbasis zur Aggregation zu einem Unternehmenswert zu liefern“[23]; andererseits führt sie zu einem Informationsstand insbesondere hinsichtlich der Chancen und Risiken und der Frage nach der Kompatibilität des zu akquirierenden Unternehmens und des Erwerberunternehmens. Dieser Informationsstand bliebe ungenutzt und zudem unterbewertet, wenn er lediglich zu einer einzigen Kennzahl bei der Ertragswertberechnung verdichtet würde (Komplexitätsreduktion). Die inhaltliche Qualität des Unternehmens muss im interdisziplinär zusammengesetzten Due-Diligence-Team, das durch Sachverständige, die über die jeweilige Branchenkenntnis verfügen, verstärkt wird, im Zuge der Analyse herausgearbeitet werden.

Mit Abschluss der Analyse sollten alle Problembereiche des untersuchten Immobilienbestands, der auf der Basis des Wesentlichkeitsgrundsatzes als Untersuchungsgegenstand festgesetzt worden war, definiert worden sein. Die auf Grund der Due Diligence gewonnenen Erkenntnisse helfen dem Käufer, den Nutzen des Unternehmens für seine eigenen finanziellen und strategischen Ziele zu beurteilen. Deckt die Due Diligence Chancen auf und treten die Risiken in den Hintergrund, so wird der Käufer einen höheren Wert des Unternehmens im Sinne des subjektiven Grenzpreises festlegen. Ermittelte Risiken hingegen können bei der Auswertung zu unterschiedlichen Lösungsansätzen führen, etwa zu einer Kaufpreisreduzierung, zu einer vertraglichen Vereinbarung von Garantien oder zum Ausschluss risikobehafteter oder auf Grund der strategischen Ausrichtung nicht in das Portfolio passender Immobilien bei einem Teilerwerb des Unternehmens.

Anmerkungen

1 Ganzert/Kramer, 1995, S. 577.
2 Berens/Strauch, 1998, S. 18.
3 Berens/Mertes/Strauch, 1998, S. 31.
4 Spill, 1999, S. 1786.
5 Eiffe/Mölzer, 1993, Anhang 4.
6 Platz, o.J., S. 3.
7 Röbler/Risch, 1998, S. 144.
8 Berens/Mertes/Strauch, 1998, S. 51.
9 Berens/Hoffjan/Strauch, 1998, S. 150.
10 Berens/Schmitting/Strauch, 1998, S. 67.
11 Die Verteilungstheorie nach Lorenz gilt als die gebräuchlichste Form zur Darstellung von Eigentumsverhältnissen. Die Lorenzkurve veranschaulicht, wie viel Prozent (X) der kleineren Merkmalsträger wie viel Prozent (Y) des Gesamtmerkmalsträger auf sich vereinigen. Fasst man die kleineren Merkmalsträger in Gruppen zusammen, so ergibt die Lorenz-Kurve, wie viel Prozent des Volkseinkommens (Y) auf welche Gruppe (X) entfallen.
12 Pannenbäcker, 1998, S. 852.
13 Ebd.
14 Artikelgesetz zur Regelung von Ingenieur- und Architektenleistungen i. d. F. vom 4. November 1971, S. 1749.
15 Bundes-Bodenschutz- und Altlastenverordnung (BBodSchV) i. d. F. vom 12. Juli 1999.
16 Dodt/Kerth/Marke/van de Griendt, 1997, S. 360.
17 Turiaux/Knigge, 1999, S. 916.
18 Grunewald, 1997, S. 296.
19 GEFMA, 1996, S. 2.
20 Brauner/Grillo, 1998, S. 179.
21 Muncke, 1996, S. 138.
22 Stegner, 1998, S. 93.
23 Berens/Strauch, 1998, S. 18.

Die kulturelle Due Diligence, insbesondere im Hinblick auf internationale Unternehmensakquisitionen

Cornelia Scott

1. Einleitung

Das Phänomen des Globalisierungsfiebers, welches Mitte der achtziger Jahre einsetzte, wird von einer steigenden Anzahl internationaler Unternehmensakquisitionen begleitet.[1] Der weltweite Anteil grenzüberschreitender Übernahmen stieg insgesamt von 7.500 Transaktionen und 440 Milliarden Mark im Jahr 1992 auf 24.000 Transaktionen mit einem Volumen von 3,8 Billionen Mark im Jahre 1998.[2] Die deutschen Unternehmer sind am Akquisitionsmarkt besonders aktiv und haben 1998 zwei Drittel aller europaweiten Transaktionen durchgeführt.[3] Weltweit wird die Entwicklung der deutschen Gesellschaften wie folgt eingeschätzt (Abbildung 1):[4]

Jahr	Transaktionen	Volumen in Mrd. DM
1980	575	54
1985	1070	148
1990	1340	214
1995	2125	382
1997	2615	407
1998	3820	610
1999	5040	870
2000	6200	1040

Abbildung 1: Deutsche Unternehmen am Akquisitionsmarkt

Die Erfahrungen aus der Praxis zeigen aber, dass die Ergebnisse der Fusionen nicht immer positiv sind. Die zum Ziel gesetzten Synergieeffekte treten häufig mit zeitlicher Verzögerung ein und erreichen selten das gewünschte Ausmaß. Jedoch sind detaillierte quantitative Analysen bereits im Vorfeld der Fusionen durchgeführt worden. Es stellt sich somit berechtigterweise die Frage, ob Finanzanalysen eine ausreichende Informationsgrundlage für den Erfolg von bevorstehenden Unternehmenskäufen darstellen.

Das Unternehmen nur als Wertschöpfer zu betrachten und somit lediglich die Zahlungsströme zu untersuchen kann nicht mehr zeitgemäß sein. Ein Unternehmen sollte als Bestandteil der Gesellschaft verstanden werden, in dem sich eigene unternehmensinterne Werte und Normen, bewusst und unbewusst, entwickelt und zum gesamten Unternehmenserfolg beigetragen haben. Eine Due-Diligence-Untersuchung, die nur auf einer wirtschaftlichen Analyse beruht, kann keine ausreichenden Ergebnisse für einen erfolgreichen Unternehmenskauf liefern. Soziale Komponenten, die einen Teil der Unternehmenskultur ausmachen, sollten unbedingt untersucht werden, um zu klären, ob die Unternehmenskulturen der Käuferunternehmen und der zu übernehmenden Gesellschaften kompatibel sind bzw. ohne großen Aufwand kompatibel gemacht werden können. Insbesondere bei internationalen Unternehmensakquisitionen sollte der kulturellen Due Diligence besondere Aufmerksamkeit zukommen, da die Landeskultur einen erheblichen Einfluss auf die Entwicklung der Unternehmenskultur hat.

Der folgende Beitrag soll dazu dienen, die Praxis auf die Bedeutung der kulturellen Due Diligence, insbesondere im Hinblick auf internationale Unternehmenstransaktionen aufmerksam zu machen. Der zweite Abschnitt erläutert kurz die häufigsten Gründe für internationale Unternehmensakquisitionen. Im Anschluss daran werden die Ursachen für Misserfolge aufgeführt, woran die Bedeutung der Unternehmenskultur für den Erfolg einer Unternehmensakquisition deutlich werden soll. Der vierte Abschnitt befasst sich ausschließlich mit der Unternehmenskultur. Zunächst entwickelt er eine Begriffsdefinition, sodann behandelt er die Beziehung zwischen Unternehmens- und Landeskultur, um deren besondere Rolle für internationale Unternehmensakquisitionen herauszustellen. Nach einer kurzen Darstellung der Zielsetzung und Untersuchungsmethoden werden im Anschluss einige wichtige Elemente der kulturellen Due Diligence vorgestellt und in ihren Kernpunkten erarbeitet.

2. Gründe für internationale Unternehmensakquisitionen

2.1 Größenvorteile und internationale Unternehmensakquisitionen

Internationale Unternehmensakquisitionen können in allen Bereichen der Wirtschaft unternommen werden, um Größenvorteile zu nutzen. Größenvorteile entstehen durch Skalen- und Verbundvorteile und führen zu beträchtlichen Einsparungsmöglichkeiten. Insbesondere Unternehmen mit hohen Ausgaben im Forschungs- und Entwicklungsbereich bieten sich hier attraktive Möglichkeiten. Als Beispiel dafür lassen sich die internationalen Megafusionen der vergangenen Jahre in der Chemie- und Pharmaindustrie anführen, etwa die 32 Milliarden Dollar schwere Fusion zwischen den in Großbritannien ansässigen Unternehmen Zeneca und Astra oder die genehmigte Verbindung zwischen Hoechst Spezialchemikalien mit dem Schweizer Unternehmen Clairant.

Die Auswirkungen des Größenvorteils machen sich in sämtlichen Teilbereichen des Unternehmens spürbar bemerkbar. Im Produktionsbereich können Skalen- und Verbundvorteile entstehen, wenn die Produktion durch die Auslandsakquisition umstrukturiert wird. Die einzelnen Unternehmenseinheiten können sich auf bestimmte Produktlinien spezialisieren und Größenvorteile erzielen, indem sie durch die Bedienung des Weltmarktes größere Mengen produzieren und absetzen können. Des Weiteren können sich Lernkurveneffekte durch die Spezialisierung der Produktion und die bessere Auslastung der Produktionsfaktoren ergeben.

Skalen- und Verbundeffekte sind auch im Marketingbereich möglich, wenn die fusionierten Unternehmen sich für ein einheitliches Vertriebssystem entscheiden. Konzentrationsvorteile lassen sich im Bereich der Werbung erzielen; ferner kann ein optimales Distributionsnetz mit einem umfassenden Kundendienst aufgebaut werden.

Im Beschaffungsbereich sind Kosten für den Einkauf zu reduzieren, indem die gestärkte Verhandlungsposition der Unternehmenseinheit gegenüber den Lieferanten genutzt wird. Weitere wirtschaftliche Vorteile lassen sich durch die Nutzung von besonderen Beziehungen zu Lieferanten und durch ein größeres Beschaffungs-Know-how erzielen.

Das Ausmaß der Skalen- und Verbundeffekte wird im Forschungs- und Entwicklungsbereich vom Grad der Zentralisierung bestimmt. Durch das Zusammenlegen von bislang selbständig geführten Abteilungen werden Kosten direkt eingespart und überdies Erfahrungswerte ausgetauscht.

Auch im Organisationsbereich wird effizienter gearbeitet, wenn sich durch die Akquisition die Organisationsstruktur verändert und die Koordination verbessert wird. Funktionale Strukturen auf nationaler Ebene, in denen die Organisationseinheiten nach den traditionellen Betriebsbereichen aufgeteilt sind, entwickeln sich zu multidivisional strukturierten internationalen Unternehmen, die regional oder nach Produktgruppen gegliedert sind.

2.2 Transaktionskosten und internationale Unternehmensakquisitionen

Internationale Akquisitionen können getätigt werden, um Transaktionskosten zu reduzieren. Transaktionskosten sind definiert als die mit den Vereinbarungen über einen Leistungsaustausch verbundenen Kosten und entstehen auf Grund mangelnder Informationen der am Güter- und Leistungsaustausch beteiligten Wirtschaftssubjekte.[5] Im Rahmen von internationalen Geschäften haben Transaktionskosten bei dem Verkauf von Know-how eine besondere Bedeutung, da der Unternehmer möglicherweise mit der wichtigen Frage konfrontiert wird, ob er das unternehmensinterne Know-how (z.B. in den Bereichen Marketing, Management, Forschung und Entwicklung) in der Form von Lizenz-, Management- oder Franchise-Verträgen verkaufen oder ob er es selber nutzen und durch Auslandsakquisition weiter ausbauen soll. Entscheidet sich der Unternehmer für den Verkauf des unternehmensinternen Know-how, muss er sich zunächst über wesentliche Faktoren (Preise, Bedingungen, Qualität) informieren, um anschließend geeignete Verträge entwerfen zu können. Durch den Verkauf des Know-how können erhebliche Informations- und Transaktionskosten für die Definition, die Übertragung, die Durchsetzung und die Überwachung von Eigentumsrechten anfallen. Der genaue Umfang dieser Kosten ist von der gegenwärtigen und zu erwartenden Komplexität der Rahmenbedingungen abhängig. Bei den Vertragsverhandlungen können Bewertungsprobleme auftreten, da es schwierig ist, unternehmensinternes Wissen zu quantifizieren, für das es zum Beurteilungszeitpunkt keinen kommerziellen Wert gibt. Nach Vertragsabschluss sind weitere Probleme zu lösen, die sich meistens auf ungenaue Vertragsklausen sowie mangelhaften Schutz der Eigentumsrechte des Lizenzgebers zurückführen lassen. So können z.B. Nachahmer den Wettbewerb verzerren, weil der Patentschutz sich als mangelhaft herausstellt. Ein Großteil dieser Transaktionskosten lassen sich jedoch einsparen, wenn die Lizenzen beim Unternehmenskauf übernommen werden. Hierdurch hat der Unternehmer den entscheidenden Vorteil, dass das Know-how seinen Vorstellungen entsprechend eingesetzt werden kann. Kontrollen und Sanktionen können einfacher durchgesetzt und Informationskosten eingespart werden.

2.3 Konkurrenzanalyse und internationale Unternehmensakquisitionen

Unternehmer müssen ihre Konkurrenz ständig beobachten, wenn sie ihre Marktposition behalten oder ausbauen wollen. Wird die Konkurrenz im Ausland aktiv, muss die eigene Unternehmensstrategie die Auswirkungen berücksichtigen. Es kann für die Wettbewerbssituation sogar empfehlenswert sein, einem inländischen Konkurrenten, der an einem ausländischen Unternehmen beteiligt ist, ins Ausland zu folgen. Dadurch lässt sich verhindern, dass der Konkurrent durch den erweiterten Auslandsmarkt einen Wettbewerbsvorteil erwirbt oder ausbaut. Diese Alternative der Auslandsinvestition sollte unternehmensintern relativ zügig geregelt werden, wobei die Vorteile, die sich aus der Investition ergeben, mit den Risiken (politische –, soziale –, Wechselkursrisiken etc.) abgewogen werden müssen. In der Praxis hat sich gezeigt, dass diese durch den Wettbewerbsgedanken initiierten Akquisitionen zu einer Konzentration von Direktinvestitionen innerhalb eines bestimmten Zeitraums im gleichen Land und/oder in der gleichen Branche führen können. Jüngstes Beispiel sind die verstärkten Direktinvestitionen von ausländischen, insbesondere multinationalen Unternehmen in Fernost.

3. Gründe für Misserfolge bei internationalen Unternehmensakquisitionen

Viele Unternehmensakquisitionen haben zu enttäuschenden Ergebnissen geführt. Eine veröffentlichte Studie, die 230 Fusionen untersucht, zeigte, dass insgesamt bei weniger als einem Drittel nach der Übernahme eine Gewinnsteigerung erzielt werden konnte. Vielmehr war bei 57 % eine Verschlechterung der Ertragslage die Folge. Im Durchschnitt musste bei allen untersuchten Fusionen und Übernahmen eine Minderung der Profitabilität um 10 % hingenommen werden. Die Studie benannte als häufigste Gründe für postakquisitorische Misserfolge:[6]

- *Unausgereifte unternehmensstrategische Akquisitionsplanung:* Je kürzer die Zeit der Vorplanung, desto größer sind die zu erwartenden Probleme bei der Integration.
- *Keine präzise Trennung zwischen Motiven und Beurteilungskriterien:* Einzelne Aspekte können eine unangemessene Bedeutung gewinnen.

- *Fehlende Zukunftsstrategien:* Die Ausrichtung blieb in drei von vier Fällen vergangenheitsorientiert, d.h. auf die bisherigen Unternehmensstrukturen und nicht auf die neuen Geschäftsprozesse ausgerichtet.
- *Überschätzung der Synergieeffekte:* Die Formel „1 + 1 = 3" kann in der Praxis nicht immer umgesetzt werden, zumal angestrebte Synergien auch negative Effekte verursachen können wie den Verlust von Kunden und Mitarbeitern.
- *Zielkonflikte der neuen Partner:* Statt Synergien auf der Ebene der Produkt- und Marktstrategien zu generieren, konzentrieren sich drei Viertel der Unternehmen darauf, die Kosten zu reduzieren.
- *Keine rechtzeitige Bestimmung der Führungsmannschaft:* Nur in 39 % der Zusammenschlüsse sind bereits vor der Transaktion die Manager ernannt worden. Das hat zu einer ausgeprägten Konkurrenzsituation um leitende Positionen (Führungspositionen) geführt, was den Integrationsprozess und die Strategieumsetzung nachhaltig beeinträchtigt hat. Spitzenkräfte verließen infolgedessen die beteiligten Unternehmen.
- *Verletzung von Mitarbeiterinteressen:* Da bei fast zwei Dritteln der untersuchten Transaktionen faktisch ein Personalabbau einen Direkterfolg bewirken sollte, konnte auf der Mitarbeiterebene keine ausreichende Akzeptanz der Unternehmenszusammenführung erzielt werden.
- *Kulturelle Diskrepanzen:* Die Rolle der Unternehmenskultur für den Gesamterfolg eines Unternehmens ist heute unbestritten. Dennoch wird diesem Punkt bei der Übernahmediskussion häufig zu wenig Beachtung geschenkt. Im Regelfall wird den zugekauften Unternehmen die Übernahme der Firmenkultur „verordnet". Das hat in der Vergangenheit oftmals zu Blockadehaltungen geführt, die den Integrationsprozess erschwerten oder sogar unmöglich machten.
- *Unrealistische Integrationserwartungen, insbesondere im Hinblick auf Folgekosten und den Zeitfaktor:* „Unzureichende Klärung bezüglich benötigter Finanz- und Managementressourcen sowie fehlende Vorstellungen über den benötigten Zeitbedarf einer erfolgreichen Integration führen häufig zur Demotivation der Beteiligten und in letzter Konsequenz zum Scheitern des Projektes".[7] Kaum ein Unternehmen sah die eigenen Erwartungen an die Integration erfüllt, vielmehr mussten 86 % Fehleinschätzungen einräumen.
- *Unzureichende Analyse organisatorischer und informationstechnischer Bereiche:* Eine erfolgreiche Akquisition erfordert eine Analyse aller betriebswirtschaftlichen Bereiche, die an der Wertschöpfungskette beteiligt sind und kompatibel sein müssen. Dies gilt insbesondere für die Führungs- und Steuerungssysteme sowie die Vertriebssysteme.

Die postakquisitorischen Misserfolge lassen sich durch die Komplexität der Fusionsprozesse erklären. Insbesondere sollte in Zukunft stärker die Rolle der Unternehmenskultur berücksichtigt werden. Unterschiedliche Unternehmenskulturen sind durch individuelle Werte, Normen und interne Strukturen geprägt, die sich über Jahre im Unternehmen entwickelt haben. Man kann sie nicht innerhalb kürzester Zeit zu einer neuen Einheit zusammenzwingen. Mitunter gilt bei Unternehmenskäufen der Grundsatz, schneller zu sein als die Konkurrenz, unabhängig davon, ob die Gesellschaften zueinander passen; dass solche Aktivitäten enttäuschende betriebswirtschaftliche Ergebnisse zur Folge haben, kann nicht verwundern.

4. Die kulturelle Due Diligence

4.1 Der Begriff Unternehmenskultur

In der Literatur gibt es eine Vielzahl von Definitionen für den Begriff Unternehmenskultur. Grundsätzlich beschreibt die Unternehmenskultur „die Gesamtheit der Normen, Wertvorstellungen und Denkhaltungen, die das Verhalten der Mitarbeiter aller Ebenen und somit das Erscheinungsbild eines Unternehmens prägen".[8] Unternehmenskultur umfasst die folgenden Aspekte:[9]

- Unternehmenskultur ist ein *soziales Phänomen* und daher nicht individuell ausgerichtet. Sie wird zwar meistens von einzelnen Personen geprägt – z.B. den Firmengründern, aber überdauert Generationen- und personelle Wechsel über lange Zeit hinweg.
- Unternehmenskultur wirkt *verhaltenssteuernd*. Die verankerten Wertvorstellungen beeinflussen das Handeln und die Verhaltensweisen der einzelnen Mitarbeiter.
- Unternehmenskultur ist *anpassungs- und wandlungsfähig*. Die Grundorientierung und die Präferenzbildung des Unternehmens können – in einem allerdings langwierigen Prozess – auf Probleme und sich ändernde Rahmenbedingungen reagieren.
- Unternehmenskultur wird von M*enschen geschaffen*. Diese Aussage erscheint zwar trivial, aber sie enthält eine wesentliche Erkenntnis: Der Mensch kann nicht auf den Produktionsfaktor Arbeit reduziert werden. Diese Tatsache beleuchtet die zentrale Rolle des Mitarbeiters bei der Entwicklung kultureller Unternehmensmuster.
- Die Unternehmenskultur entsteht auf Grund von *Tradition*. Es wird häufig betont, dass die Unternehmenskultur stark durch die Zeit der Unternehmensgründung und durch die Persönlichkeit des Gründers geprägt wird.
- Die Unternehmenskultur soll *allgemein akzeptiert werden*. Es wird von den Mitarbeitern erwartet, im Wesentlichen den im Unternehmen geltenden Werten und Vorstellungen (bewusst oder unbewusst) entsprechend zu handeln.
- Die Unternehmenskultur ist *erlernbar*. Die Mitarbeiter können sie sich aneignen.

- Die Unternehmenskultur ist *nicht direkt zugänglich*. In der Wissenschaft wird bestätigt, dass die Kultur durch eine Analyse nicht direkt erfasst werden kann. Sie kann nur über ihren manifesten Teil, ihre Verkörperung in Symbolen und Artefakten, festgestellt und – daraus abgeleitet – als Ganzes interpretiert werden.

4.2 Die Landeskultur und ihr Einfluss auf die Unternehmenskultur

Die Unternehmenskultur lässt sich in Subkulturen unterteilen. Grundsätzlich ist eine Unterscheidung nach Makro- und Mikroebenen der Kultur möglich. Die Makroebenen sind nicht unmittelbar durch das Unternehmen beeinflussbar und bilden daher eine Art Rahmen, in dem sich das Unternehmen bewegen sollte, um erfolgreich arbeiten zu können. Dahingegen kann das Unternehmen die Mikroebene beeinflussen.

Ein wichtiger Bestandteil der Makroebene ist die Landeskultur. Jede Nation, jedes Land oder Volk unterliegt einem kulturspezifischen Sozialisationsprozess, es gibt eigene ordnungspolitische Systeme und Rechtssysteme. Die Kultur eines Landes prägt die einzelnen Menschen und somit auch die Mitarbeiter eines Unternehmens und dessen Kultur.[10] Die Landeskultur lässt sich wiederum in zwei Bereiche unterteilen. Der erste Bereich umfasst die kulturellen Auffassungen innerhalb der Grenzen eines Landes. Er thematisiert beispielsweise in Deutschland die Wiedervereinigung und die damit verbundenen Veränderungen politischer und wirtschaftlicher Rahmenbedingungen in den neuen Bundesländern. Der Wandel hat den ostdeutschen Bürger gezwungen, seine Werte und Normen abrupt abzustreifen und sich westlichen anzupassen. Der zweite Bereich betrifft die Kulturunterschiede zwischen verschiedenen Ländern und hat in den vergangenen Jahren durch den Trend zur Internationalisierung und Globalisierung erheblich an Bedeutung gewonnen.[11]

Mit der Landeskultur als Einflussfaktor der Unternehmenskultur (Kultur vergleichende Managementforschung) hat man sich erstmals in den USA intensiver befasst. Anlass waren die ungünstige Entwicklung der amerikanisch-japanischen Import-Export-Beziehungen in den achtziger Jahren und die Frage, warum japanische Unternehmer bei ähnlicher Produktionsweise erfolgreicher waren als amerikanische. Eine Hypothese lautete, dass die nationalen Kulturen die Unternehmenskultur beeinflussen. Ouchi unterscheidet insofern – auf diesen Fall bezogen – zwei Formen der Unternehmenskultur, ein japanisches (Typ J) und ein amerikanisches (Typ A) Modell:[12]

Typ J	Typ A
Japanische Organisation	• Amerikanische Organisationen
• Lebenslanges Arbeitsverhältnis	• Kurzfristiges Arbeitsverhältnis
• Langsame Werteinschätzung und Beförderung	• Schnelle Werteinschätzung und Beförderung
• Unspezifizierte Karriere	• Spezifizierte Karriere
• Implizite Kontrollmechanismen	• Explizite Kontrollmechanismen
• Gemeinsame Entscheidungsfindung	• Individuelle Entscheidungsfindung
• Gemeinsame Verantwortlichkeit	• Individuelle Verantwortlichkeit
• Ganzheitliches Unternehmen	• Segmentiertes Unternehmen

Grundsätzlich ist das amerikanische Unternehmen durch ein kulturelles Klima der Mobilität, des Individualismus und der Heterogenität von Werten gekennzeichnet. Dahingegen sind die japanischen Unternehmen von Stabilität, Gemeinschaft und wertbezogener Homogenität geprägt. Somit lassen sich die erfolgsträchtigen Besonderheiten der japanischen Unternehmen teilweise durch die prägenden Einflüsse der nationalen Kultur erklären.

Die künftigen Auswirkungen der Landeskultur auf die Unternehmenskultur sind in der Literatur umstritten. Vertreter der Konvergenztheorie argumentieren, dass mit zunehmender Internationalisierung und Globalisierung die Bedeutung der landeskulturellen Unterschiede abnehmen wird. Dagegen betonen Vertreter der Divergenztheorie, dass eine Rückbesinnung auf die Kultur des eigenen Landes zu erwarten ist. Es ist jedoch eher anzunehmen, dass die Mitarbeiter bis zu einem gewissen Grad durch die Internationalisierung und Globalisierung beeinflusst werden können, dass aber die Landeskultur als Faktor der Unternehmenskultur nie vollständig eliminiert werden kann.

4.3 Zielsetzung der kulturellen Due Diligence

Die kulturelle Due Diligence will, mögliche Risiken, die sich aus unterschiedlichen Unternehmenskulturen des Käufers und des Verkäufers ergeben, frühzeitig erkennen und auf ihre Konsequenzen hin untersuchen. Sind die Unternehmenskulturen zu unterschiedlich, kann es empfehlenswert sein, von einem Unternehmenskauf abzusehen. So wurden vor kurzem die Verhandlungen zwischen zwei amerikanischen Pharmaunternehmen abgebrochen, als offensichtlich wurde, dass die Unternehmenskulturen nicht kompatibel sein würden. Obwohl beide Unternehmen Pharmazeutika und Produkte für die Landwirtschaft produzieren und sich daher theoretisch gut ergänzt hätten, war die Unternehmenskultur der einen Gesellschaft durch Risikoorientierung und Geschwindigkeit charakterisiert, während die der anderen Gesellschaft eher solidarisch und risikovermeidend ausgerichtet war. Eine erfolgreiche Fusion und Zusammenarbeit hätte einen langwierigen und aufwendigen Prozess der Zusammenführung beider Unternehmenskulturen bedeutet. Auf Grund einer kulturellen Due Diligence wurden die potenziellen Partner auf die Probleme der unterschiedlichen Unternehmenskulturen frühzeitig aufmerksam gemacht. Sie entschieden sich daher trotz möglicher finanzieller Vorteile gegen eine Fusion.

Die Rolle der kulturellen Due Diligence innerhalb einer umfassenden Due-Diligence-Untersuchung ist von den Begleitumständen abhängig. Die kulturelle Due Diligence kann entweder eine spezielle Due Diligence Untersuchung (steuerliche, finanzielle, ökologische, rechtliche) begleiten oder unabhängig davon durchgeführt werden. Wichtig ist vor allem, dass der Gutachter seinen Auftraggeber auf die möglichen Probleme einer Außerachtlassung der Unternehmenskultur bei der Due Diligence aufmerksam macht und ihn frühzeitig für eine entsprechende Untersuchung sensibilisiert.

4.4 Methoden der Unternehmenskulturuntersuchung

In der Praxis der Unternehmenskulturuntersuchung stehen dem Gutachter und seinem Team verschiedene Methoden zur Verfügung: die Beobachtung, die teilnehmende Beobachtung, das Interview und die Analyse.[13]

Durch Beobachtung versucht der Gutachter den kulturellen Gehalt, den Sinn einer Handlung zu erschließen und zu bewerten. Die Schwierigkeiten dieses Verfahrens liegen in der Tatsache, dass Handlungen der Mitarbeiter innerhalb eines Unternehmens, auch wenn diese Handlungen vergleichbar erscheinen, nicht den gleichen Sinn, Ursprung und das gleiche Ziel haben müssen. So bekommt eine Geste oder ein Ausdruck eine andere Bedeutung, wenn sie ironisch verwendet werden. Die Ironie ist indes für den außenstehenden Beobachter nicht immer zu deuten. Auch wenn der Gutachter unmittelbar beteiligt ist, am Geschehen partizipiert, erschließt sich etwa eine ironische Bemerkung oft nur durch vergangene Ereignisse und Erfahrungen.

Zu den Interviewtechniken zählen die Befragung in Form von Fragebögen sowie narrative Interviewverfahren. Die Methoden werden allerdings damit konfrontiert, dass die Unternehmenskultur unbewusster oder bewusster Natur sein kann. Ist sie unbewusst, kann sie nicht durch eine direkte Fragetechnik ermittelt werden.

Narrative Befragungen lassen demgegenüber zwar auch die Erschließung von Aussagen „zwischen den Zeilen" zu, bedürfen jedoch verschiedener Kriterien zur Einordnung des Sinngehalts, um die Äußerungen der Mitarbeiter vergleichbar zu machen. Die Praxis zeigt aber, dass eine Generalisierung solcher Aussagen und somit eine Kategorisierung oftmals nicht möglich ist.

Die Analyse bedient sich der indirekten Auswertung sprachlicher und interaktiver Äußerungen, der Deutung der Materialien. Aber auch hier liegt die Problematik in der Interpretation des Sinngehalts der vermittelten Bilder, Symbole und Slogans; sie können sich als zwei- oder mehrdeutig erweisen und bedürfen ebenfalls bestimmter generalisierender Kriterien um ausgewertet werden zu können.

Keines der beschriebenen Verfahren kann Anspruch auf Objektivität oder Eindeutigkeit erheben. Die Unternehmenskulturforschung muss sich somit möglichst aller drei Methoden bedienen, eine Vielfalt von Perspektiven erfassen, um dann Schlüsse aus den Übereinstimmungen oder den Abweichungen der Ergebnisse zu ziehen.

4.5 Analyseschwerpunkte der kulturellen Due Diligence

Der DaimlerChrysler-Konzern etwa ist durch die folgende Unternehmenskultur geprägt:[14]

- *Kundenorientierung*

Wir wollen die Erwartungen unserer Kunden durch herausragende Produkte, hohe Qualität und erstklassigen Service übertreffen.

- *Teamwork*

Wir wollen die Vielfalt unserer Kulturen und Erfahrungen durch eine grenzüberschreitende Zusammenarbeit mit unseren Zulieferern und Vertriebspartnern nutzen.

- *Offenheit*

Wir wollen transparent sein – in dem, was wir tun und wie wir kommunizieren. Ehrlichkeit und Integrität sind für uns Grundlage der Zusammenarbeit mit allen Partnern.

- *Innovation*

Unsere Unternehmenskultur schafft Raum für Kreativität und fördert Unternehmertum sowie Eigeninitiative. Wir wollen aus Erfahrungen lernen und uns immer höhere Ziel stecken.

- *Leistung*

Wir schaffen ein Arbeitsumfeld, das jeden Einzelnen ebenso wie Teams zu Höchstleistungen anregt.

- *Agilität*

Wir stehen für Veränderungsbereitschaft, Schnelligkeit und Flexibilität, um den sich verändernden Rahmenbedingungen gerecht zu werden.

Diese Faktoren der DaimlerChrysler-Unternehmenskultur haben den Nachteil, dass sie nicht unmittelbar quantifizierbar sind. Somit hat der Due-Diligence-Berater die Aufgabe, in seiner Analyse den Kern der Unternehmenskultur zu erkennen, offen zu legen und die Schwerpunkte zu benennen. Diese Aufgabe erfordert ein hohes Maß an unternehmerischem Feingefühl; daher ist zu empfehlen, einen Berater mit ausreichenden betriebswirtschaftlichen und sozialen Erfahrungen zu beauftragen.

Im Folgenden werden wichtige Bestandteile der kulturellen Due Diligence untersucht, wobei die Vollständigkeit nicht gewährleistet werden kann, da die Schwerpunkte von den zu untersuchenden Unternehmen abhängig sind. Die folgenden Punkte stellen aber eine Basisstruktur dar, die als Grundlage der kulturellen Due Diligence dienen kann.

4.5.1 Unternehmensphilosophie und -ziele

Die Philosophie und die Ziele eines Unternehmens sollten unbedingt im Rahmen der Unternehmenskultur untersucht werden, da sie eine Basis für das betreffende betriebswirtschaftliche Denken und Handeln bilden.

Die Unternehmensziele sind zukunftsorientiert und umfassen die Ideen, Motivationen und Bedürfnisse der Unternehmen. Aussagen zu den Unternehmenszielen findet man häufig in Firmenbroschüren und Jahresberichten. Anhand eines Beispiels aus der Praxis kann man am besten erkennen, welchen Umfang die Unternehmensziele haben können. DaimlerChrysler beschreibt die Ziele des Konzerns in der Broschüre „One Company – One Vision" wie folgt:[15]

- *Kundenzufriedenheit*

Die Erwartungen der Kunden nicht nur zu erfüllen, sondern zu übertreffen und die Kunden mit überlegenen Produkten und Dienstleistungen zu begeistern.

- *Portfolio*

Ein einzigartiges Portfolio mit herausragenden Marken, Produkten und Dienstleistungen anzubieten.

- *Integration*

Ein integriertes Unternehmen zu sein, das maximalen Wert durch den Einsatz gemeinsamer Ressourcen, Erfahrungen und Sachkenntnis schafft.

- *Profitabilität*

Profitabler zu sein als alle anderen Anbieter von Automobilien, Transportprodukten und Dienstleistungen.

- *Wachstum*

Nachhaltiges, profitables Wachstum zu erreichen, welches das der Wettbewerber übertrifft.

- *Globalität*

Ein globales Unternehmen zu sein, das – ausgehend von seiner starken Präsenz in Nordamerika und Europa – seine Aktivitäten in den Wachstumsmärkten ausweitet.

- *Erfolg*

Ein weltweit führendes Unternehmen zu sein, führend auf dem Fahrzeugmarkt, der Luft- und Raumfahrt, bei Finanzdienstleistungen und Service, Automobilelektronik und Dienstantreibern.

- *Ansehen*

Kunden mit Produkten und Dienstleistungen von herausragender Qualität und Innovation zu begeistern.

- *Gesellschaftliche Verantwortung*

Unser Anspruch ist, überall, wo wir tätig sind, dazu beizutragen, die Lebensqualität zu verbessern und dem Schutz der Umwelt gerecht zu werden.

4.5.2 Anreizsysteme

Materielle oder immaterielle Anreizsysteme sollen den Mitarbeiter zur Leistungssteigerung oder Erhöhung des Kosten- und -qualitätsbewusstseins motivieren. Das geläufigste genannte materielle Anreizsystem ist das Entlohnungssystem. Die psychologische Auswirkung auf die einzelnen Mitarbeiter ist von der Zusammensetzung und Höhe des Entgelts abhängig. Es kann sich aus Fixum und Provision zusammensetzen. Die Provision kann vom Umsatz abhängig sein, berechnet auf der Grundlage von Profit Centers. Ein weiteres materielles Anreizsystem sind Stock Options, Bezugsrechte auf Aktien, die von einer Aktiengesellschaft an Organmitglieder und Mitarbeiter ausgegeben werden. Die Begünstigten sind berechtigt, innerhalb der Ausübungsfrist eine bestimmte Anzahl von Aktien zu einem festgelegten Preis zu erwerben. Steigt der Aktienkurs bis zum Zeitpunkt der Optionsausübung über diesen Basispreis („strike price"), kann der Inhaber die Option ausüben und die eingetretene Wertsteigerung realisieren; bei negativer Kursentwicklung verfällt die Option. Stock Options gelten regelmäßig als langfristig orientierte Vergütungs- und Beteiligungsmodelle.[16] Durch die direkte Beteiligung am Unternehmen wird der Mitarbeiter motiviert, da sein Vermögen mit dem Erfolg des Unternehmens wächst. Diese Methode der Entlohnung wird seit Jahren mit Erfolg in den USA eingesetzt; das wohl bekannteste und erfolgreichste Beispiel ist das Softwareunternehmen Microsoft. Obwohl die Vorteile in den vergangenen Jahren auch von deutschen Unternehmen entdeckt wurden, setzen sie noch relativ selten auf Mitarbeiterbeteiligung. Der Einsatz materieller Anreizsysteme ist im Rahmen der Unternehmenskultur zu untersuchen, da unterschiedliche Systeme im Zuge einer Fusion zu Unsicherheiten bei den Mitarbeitern führen, da sie möglicherweise eine Verschlechterung ihrer Arbeitsbedingungen befürchten. Im schlimmsten Fall werden sich die fähigsten Mitarbeiter von fusionierten Unternehmen trennen.

Auch immaterielle Anreizsysteme – etwa in Form von Arbeitsbereichsstrukturierung, Aufstiegsmöglichkeiten sowie Schulungs- und Weiterbildungsmöglichkeiten – sind ein wichtiger Faktor zur Steigerung des individuellen Leistungswillens und beeinflussen die Unternehmenskultur. Insbesondere die Aufstiegsmöglichkeiten zu ermitteln ist im Rahmen der kulturellen Due Diligence wichtig; z.B. kann eine amerikanische Wirtschaftsprüfungsgesellschaft über andere Aufstiegskriterien verfügen als eine deutsche, die den Aufstieg von bestandenen Berufsexamina abhängig macht. Werden diese Differenzen nicht erkannt und gelöst, kann im Falle einer Fusion die Gesellschaft wertvolle Mitarbeiter an die Konkurrenz verlieren, da der zukünftige Werdegang für Mitarbeiter, die zuvor bei der amerikanischen Wirtschaftsprüfungsgesellschaft tätig waren, zu unsicher ist. Die Aus- und Weiterbildungsmöglichkeiten, die wiederum mit den Aufstiegsmöglichkeiten verbunden sind, sagen ebenfalls etwas über die Unternehmenskultur aus; auch hier sind Landesunterschiede erkennbar. So haben Studien ergeben, dass Aus- und Weiterbildungsmöglichkeiten von Deutschen höher eingestuft werden als etwa von Spaniern.[17]

Die Bedeutung der Anreizsysteme für die Unternehmenskultur macht eine Untersuchung im Rahmen der Due Diligence erforderlich. In der Praxis wird den materiellen Anreizsystemen häufig eine größere betriebswirtschaftliche Bedeutung beigemessen als immateriellen, da der Mitarbeiter als Homo oeconomicus interpretiert wird. Dennoch sollten die immateriellen Faktoren keinesfalls vernachlässigt werden.

4.5.3 Entscheidungsstrukturen

Eine Untersuchung der Entscheidungsstrukturen befasst sich mit den eigentlichen Entscheidungen, dem Entscheidungsfindungsprozess und der dafür benötigten Zeit. Zunächst sollte der Gutachter sich den Entscheidungen und der Risikobereitschaft des Unternehmens widmen. Die Risikobereitschaft eines Unternehmens lässt sich an den vergangenen, gegenwärtigen und zukünftigen Unternehmensstrategien ablesen. Anhand der Strategien und der sich daraus ergebenden Unternehmensplanung kann festgestellt werden, ob eine neue strategische Ausrichtung angestrebt wird, worin sich möglicherweise die Risikobereitschaft neu orientiert. Im Rahmen der Untersuchung sollten die getätigten und zu tätigenden Investitionen (Beteiligungen, Produkte) untersucht werden, da sie Auskunft über die Risikostreuung geben.

Der Entscheidungsfindungsprozess wird durch eine Vielzahl von weichen und harten Faktoren beeinflusst. Weiche Faktoren sind hauptsächlich durch die Führungspersönlichkeiten und ihren Führungsstil (z.B. autoritär oder kooperativ) geprägt. Herrscht ein patriarchalischer Führungsstil, wird der Konsens eher eine untergeordnete Rolle bei der Entscheidungsfindung spielen. Zu den harten Faktoren gehört die Rechtsform, die durch vorgeschriebene Führungsorgane den Entscheidungsfindungsablauf bestimmt. Insbesondere bei Aktiengesellschaften sind länderspezifische Unterschiede in Bezug auf den Aufbau der Führungsorgane festzustellen. Bei Aktiengesellschaften nach deutschem Recht spielt der Konsens eine wichtige Rolle, was zum Teil auf dem Dualen System (Vorstand und Aufsichtsrat) beruht. Insbesondere der Aufsichtsrat und die Auswirkungen der Mitbestimmungsgesetze ermöglichen eine Vertretung der Arbeitnehmerinteressen.

Im Rahmen der Entscheidungsstruktur sollte auch der dem Entscheidungsprozess eingeräumte Zeithorizont untersucht werden. Werden Entscheidungen zügig realisiert oder müssen verschiedene Instanzen durchlaufen werden? Die für die Umsetzung von Entscheidungen benötigte Zeit ist durch die Organisationsstruktur bedingt. Eine flache Hierarchie wie in japanischen Gesellschaften braucht für die Realisierung einer Entscheidung weniger Zeit als ein bürokratisches Unternehmen.

4.5.4 Arbeitsstile und Kommunikation

Der Arbeitsstil und die Kommunikation sind zwei Bestandteile der Unternehmenskultur, die eng miteinander verbunden sind und daher gemeinsam behandelt werden sollten. Eine Untersuchung des Arbeitsstils richtet sich im Wesentlichen auf das interne Verhalten der Mitarbeiter untereinander und auf die Interaktion zwischen Vorgesetzten und Mitarbeitern. Zu fragen ist, wie die Mitarbeiter zusammenarbeiten. Sind sie in Teams organisiert, oder wird eher die individuelle Verantwortung betont? Auch wie das Unternehmen mit seinem Wissen umgeht, sollte untersucht werden (Knowledge Management, seit einigen Jahren in den USA praktiziert). Das Wissen kann durch die Einrichtung von Knowledge Banks gepflegt werden. Hier haben Mitarbeiter die Möglichkeit, ihre Probleme und Erfahrungen auszutauschen. Des Weiteren sollte untersucht werden, ob die Mitarbeiter ihre Arbeit in Selbstorganisation durchführen dürfen oder an strikte Verwaltungsvorschriften oder Prozessabläufe gebunden sind.

Auch der Umgang mit dem Vorgesetzten sollte betrachtet werden, da er auf einen gewissen Arbeitsstil schließen lässt. Erscheinen die Vorgesetzten eher zugänglich (Open Door Policy), oder werden sie vom Tagesgeschäft abgeschirmt? Manche Unternehmen haben das Coaching eingeführt. Die Berufsanfänger oder Neueinsteiger werden Coaches zugeteilt, die für die fachliche und persönliche Betreuung einzelner Mitarbeiter zuständig sind. Die Coaches sollen ihre Erfahrungen an die neuen Mitarbeiter weitergeben und ihnen dabei helfen, sich in das Unternehmen zu integrieren. Wären der Arbeitsstil und die Kommunikation im Rahmen einer kulturellen Due Diligence vor der Übernahme des Softwareunternehmens Word Perfect durch Novell untersucht worden, wäre festgestellt worden, dass die Unternehmenskulturen der beiden Gesellschaften nicht kompatibel sind, da Führungskräfte und Mitarbeiter von Word Perfect eine lockere und kreative Arbeitsatmosphäre pflegten wohingegen die Novell-Mitarbeiter eine strukturierte und hierarchische Unternehmenskultur gewöhnt waren. So wurde Word Perfect ein Jahr später wieder verkauft, da eine erfolgreiche Zusammenarbeit nicht möglich war.

Die Kommunikation kann differenziert werden in: interne und externe Kommunikation. Die interne Kommunikation betrifft die innere Organisation des Unternehmens. Hier sollte der Gutachter sich zunächst mit dem Aufbau der internen Berichterstattung beschäftigen. Werden Mitteilungen schriftlich oder mündlich erfasst? Werden schriftliche Mitteilungen bevorzugt, ist ihre Form zu untersuchen. Hierbei kann grundsätzlich unterschieden werden zwischen persönlich gehaltenen Mitteilungen oder schematisierten Vermerken. Auch die Funktion des Schwarzen Brettes sollte im Rahmen der internen Kommunikation untersucht werden. Fungiert es nur als trivialer Informationsplatz für private Anzeigen, oder dient es eher dem lebendigen Austausch von Unternehmensinformationen? Zu den mündlichen Mitteilungsmethoden gehören Konferenzen oder Besprechungen. Konferenzen finden häufig auf einer „Inter-Company-Ebene" statt, etwa die jährlichen Konferenzen der europäischen Vertriebsmanager. Hier sollten Protokolle vorliegen, die über den Inhalt und die Teilnehmer Auskunft geben. Besprechungen werden hingegen meist regelmässig („the three m's – Monday morning meetings"), häufig auf Abteilungs- oder Projektgruppenebene durchgeführt. Solche Treffen können informativ, aber auch problematisch sein, wenn Fragen zerredet werden oder einzelne Personen ihre Auftritte inszenieren. Wichtig bei jeder Untersuchung der Berichterstattung sind der Grad und die Unmittelbarkeit der Information. Gerade in der Entstehung von Herrschaftswissen seitens der Unternehmensleitung gegenüber den Angestellten spiegelt sich die Führungskultur des Unternehmens wider.

Für die Einschätzung der Unternehmenskultur ist ebenfalls die externe Kommunikation relevant. Sie betrifft den Stil, der in Kontakten mit den Kunden und der Öffentlichkeit gepflegt wird, mithin das Außenbild des Unternehmens. In der Kundenpflege bieten sich eine Vielzahl von Methoden an, die vom Tätigkeitsbereich des Unternehmens abhängen. Der Konsumbereichssektor setzt auf Direct-Mailing-Aktionen oder Treueprämien. Für den Investitionsgüterbereich haben persönliche Kontakte (z.B. in Sport und Kultur) eine wesentliche Bedeutung. Bei der Darstellung des Unternehmens in der Öffentlichkeit geht es grundsätzlich um zwei Fragen: Wie präsentiert sich das gesamte Unternehmen, und wie darf der einzelne Mitarbeiter als Vertreter des Unternehmens agieren? Bei der ersten Frage geht es zunächst darum, in welchem Ausmaß das Unternehmen sich nach außen hin darstellt. Beschränkt es sich in seinen Bemühungen lediglich auf seine Kunden, oder beteiligt es sich rege am öffentlichen Leben? Ist das Unternehmen häufig in der Öffentlichkeit präsent, sollten die Arten der Aktivitäten etwa kulturelles oder sportliches Sponsoring untersucht werden. Durch seine Öffentlichkeitsarbeit vermittelt das Unternehmen bewusst ein Wertsystem, das mit der innerbetrieblichen Unternehmenskultur deckungsgleich sein sollte. Die Darstellung des einzelnen Mitarbeiters nach außen beginnt mit dem Ausreichen von Visitenkarten; hier ist zu prüfen, ob jeder Mitarbeiter sie erhält oder ob sie einer gewissen Hierarchieebene vorbehalten sind.

5. Schlussfolgerung

In diesem Beitrag wurden die für eine Due-Diligence-Untersuchung wichtigsten Bestandteile der Unternehmenskultur betrachtet. Die Untersuchung der Unternehmenskultur trägt wesentlich zum Erfolg einer Fusion bei. Besitzen zwei fusionierende Unternehmen sehr unterschiedliche Unternehmenskulturen, ist es wahrscheinlich, dass keine erfolgreiche Zusammenarbeit zustande kommt und die prognostizierten finanziellen Vorteile nicht realisiert werden.

Über die vergangenen Jahre haben Merger- und Akquisitionsexperten in Deutschland Due-Diligence-Untersuchungen hauptsächlich auf finanzielle Analysen ausgerichtet. Die enttäuschenden Ergebnisse der Praxis deuten darauf hin, dass eine solche Analyse zur Aufdeckung von betriebswirtschaftlichen Chancen und Risiken nicht ausreichend ist. Die Unternehmenskultur sollte zusätzlich Gegenstand einer Due-Diligence-Untersuchung sein, denn das Globalisierungsfieber, die Verkürzung der Informationsvorsprünge durch die neuen Informations- und Kommunikationsmittel und die Austauschbarkeit der Produkte haben die Unternehmenskultur zum entscheidenden Wettbewerbsfaktor der Zukunft gemacht.

Die Analyse der Unternehmenskultur erfordert ein hohes Maß an betriebswirtschaftlichem Wissen und soziales Einfühlungsvermögen. Insbesondere bei internationalen Transaktionen sollte die Unternehmenskultur besonders sorgfältig untersucht werden, denn länderspezifische Besonderheiten behindern oftmals die Synergieeffekte einer Fusion.

In den USA wird die kulturelle Due Diligence bereits im Rahmen der Due-Diligence-Untersuchung berücksichtigt. Die Ergebnisse solcher Analysen können den potenziellen Investor davon abhalten, eine Investition zu tätigen, oder ihn darauf aufmerksam machen, welche Unstimmigkeiten der Unternehmenskulturen Lösungen erfordern.

Leider wird in Deutschland die Analyse der Unternehmenskultur im Rahmen der Due-Diligence-Untersuchung bisher vernachlässigt – ein Fehler, wie die Anzahl der gescheiterten Transaktionen, besonders im internationalen Bereich, trotz Due-Diligence-Untersuchung belegt. Es bleibt zu hoffen, dass die Due-Diligence-Gutachter in Deutschland, die Relevanz der Unternehmenskultur ernst zu nehmen beginnen und ihre Auftraggeber auf diesen Risikobereich aufmerksam machen.

Anmerkungen

1 Vgl. Scott, 1997, S. 344.
2 Vgl. Heinrich, 1999, S. 20ff.
3 Vgl. Fischer, 1999, S. 51.
4 Vgl., Analysen des „Institute for Mergers and Acquisitions“ – IMA der Privatuniversität Witten/Herdecke, in: IT Services, 1999, Heft 1–2, S. 21f.
5 Vgl. Gablers Wirtschaftslexikon, 1988, S. 1968.
6 Vgl. Kearney, 1998.
7 Vgl. Clever, 1993, S. 122.
8 Vgl. Pümpin/Kobi/Wüthrich, 1985, S. 8.
9 Vgl. Drepper, 1992, S. 31ff.
10 Vgl. Frank, 1997, S. 247.
11 Vgl. Reinicke, 1989, S. 36ff.
12 Vgl. Drepper, 1992, S. 13ff.
13 Vgl. Drepper, 1992, S. 55.
14 Vgl. DaimlerChrysler, 1999.
15 Vgl. DaimlerChrysler, 1999.
16 Vgl. Rödl/Zinser, 1999, S. 23ff.
17 Vgl. The Pricewaterhouse/Cranfield Project 1990, S. 38f.

Checkliste zur Due Diligence

Organisatorischer Ablauf der Due Diligence

- **Nähere Information über die beabsichtigte Transaktion**
  - Durchsicht des Letter of Intent
  - Andere die Transaktion betreffende Unterlagen
  - Ermittlung sonstiger Umstände, die Anlass zur Durchführung der Due Diligence geben, wie Fusion, Umwandlung, bevorstehende Enteignung

- **Auswahl des Gutachters**
  - Wirtschaftsprüfer oder Unternehmensberater (Koordination der gesamten Untersuchung)
  - Gutachter mit einschlägiger fachlicher Erfahrung von Vorteil
  - Unabhängigkeit und Unparteilichkeit sind bei der Auswahl des Gutachters ein bedeutsamer Punkt.

- **Auftragsinhalt und Bestätigung**
  - Anlass und Analyseschwerpunkte
  - Höhe des Honorars (Pauschalhonorar oder Aufwandsentschädigung und entsprechende Vorprüfung; Sprechklausel)
  - Zeitlicher Rahmen (Konventionalstrafen, relevante Haftungsfragen)

- **Letter of Intent**
  - Ist ein Vorvertrag (Kaufabsichtserklärung).
  - Umfasst eine Vertraulichkeitserklärung (Vertragsstrafe).
  - Weitere Inhalte empfehlenswert:
    Parteien, Objekt; Gestaltung, Ablauf, Umfang; Kaufpreis, Zahlungsmodalitäten; Exklusivverhandlungen; unparteiischer Gutachter, Gewährleistung bei verabredeter Informationszurückhaltung (s. Übersicht)

- **Zeitmanagement**
  - Einschätzung der Gesamtzeit
  - Zeitplan: Zeit-, Prüf- und Verantwortlichkeitsschema
    - Prioritäten erkennbar
    - Notizfeld zur Überwachung und Vermeidung zeitlicher Engpässe (Zeitreserven einplanen. Umstrukturierungen sind für den Erfolg regelmäßig notwendig.)

- **Due-Diligence-Team**
  - Teamzusammensetzung
    - Fachliche Qualifikationen und Erfahrungen der Teammitglieder
    - Bei internationalen Transaktionen sollten Teammitglieder über Sprachkenntnisse und Auslandserfahrungen verfügen.
  - Koordinationsfähigkeit des Gutachters – zeitliche Verfügbarkeit der Teammitglieder (Beachte besonders bei engem zeitlichem Rahmen oder auch der Zusammenarbeit mit externen Experten.)

- **Dataraum und Verwaltung der Dokumente**
  - Dokumentenliste: Erfasst alle zentralen Unterlagen, die allgemeine Informationen zum Unternehmen enthalten, darüber hinaus auch finanzielle, steuerliche, rechtliche und umweltrechtliche Dokumente.
  - Im Dataraum zur Einsicht bereitgehalten
  - Dokumentenliste fungiert als Bibliographie.

- **Allgemeine Informationsbeschaffung und Auswertung**

- **Basisinformation über das Unternehmen**
  - Firmen und Rechtsform der Gesellschaft
  - Sitz der Gesellschaft
  - Land und Datum der Gesellschaftsgründung (amtliche Eintragung)
  - Nachträgliche Namensänderungen
  - Organe
  - Vertretung
  - Anteilseigner, wichtige Wechsel bzgl. der Eigentumsverhältnisse
  - General-/Vollmachten

- Protokolle der Haupt-/Gesellschaftsversammlungen, Vorstands-/Geschäftsführungssitzungen, Sitzungen des Finanz- und des Prüfungsausschusses der letzten drei Jahre
- Einzelheiten bzgl. des genehmigten und effektiv ausgegebenen Kapitals der Obergesellschaft, ggf. Kapitalanteile
- Stimm- und andere Rechte der Anteilseigner; kürzlich ausgegebene Aktien; Optionen auf Aktien

➤ **Struktur der Gesellschaft**

- Unterlagen über Haupt- und Zweigniederlassungen
- Unterlagen über Konzernstruktur/verbundene Unternehmen

➤ **Geschäftstätigkeit**

- Geschäftsfeld
  - ➤ Analyse des Geschäftsfeldes
  - ➤ Erwartetes Wachstum in dieser Branche
- Marktstruktur/Wettbewerber
  - ➤ Erläuterung der Marktstruktur
  - ➤ Marktanteil
  - ➤ Zukünftige Entwicklung der Marktstruktur (wachsend/stagnierend)
  - ➤ Preisführerschaft und das Verhältnis der Wettbewerber untereinander (z.B. Wohlverhalten, Absprachen)
  - ➤ In- und Export
  - ➤ Wichtigste Kunden?
  - ➤ Vertriebsmethoden
  - ➤ Firmeneigene Transportmittel und Lagerhaltung
- Produktinformation
  - ➤ Produktinformation über die wichtigsten Produktlinien (Tiefe und Breite des Produktionsprogramms, Produktinnovation und -modifikation, Image, Preis-Leistungs-Verhältnis)
- Beschaffung
  - ➤ Untersuchung der benötigten Rohstoffe und andere Vorprodukte
  - ➤ Beschaffungspolitik (Umfasst eine Analyse der wichtigsten Lieferanten, von Art und Laufzeit der Beschaffungsverträge, der bestehenden Konventionalstrafen.)
  - ➤ Preispolitik; Kreditvereinbarungen; Rückgaberecht; Sonderrabatte; Verkäufe innerhalb der Gruppe; Exportvereinbarungen und -beschränkungen; Geschäfte mit öffentlichen Auftraggebern; langfristige Verträge

- Absatz
  - Kundenstruktur, insbesondere mögliche Abhängigkeiten von Kunden untersuchen.
  - Absatzstruktur (saisonale Absatzschwankungen und regionale/nationale/internationale Absatzanteile)

Marktanalyse

- Untersuchung von Veröffentlichungen und Berichten, um vergangene Trends und mögliche Zukunftstrends zu bestimmen (die auf der derzeitigen und zukünftigen Situation des Industrie- und Handelssektors basieren). Drei- bis Fünf-Jahresvorschau über Wachstum oder Rückgang relevanter Märkte
- Einschätzung der Fähigkeit im Industrie- und Handelssektor, gegenwärtige und erwartete Nachfrage zu befriedigen. Auswirkungen wahrscheinlicher Änderungen in der Gesetzgebung
- Prüfung von internen Faktoren, die die derzeitigen Verkäufe beeinflussen; Verkaufsvolumen und Preispolitik; Kreditbedingungen; Planung für neue Produkte; neue Produktlinien, um dem technischen Fortschritt zu entsprechen; Verkaufsorganisation; Werbekampagnen; Anreizsysteme für den Verkauf; Kundenkontakte; Verlässlichkeit des Kundendienstes.
- Analyse momentaner und potenzieller Inlands- und Exportkunden, um mögliche Marktvergrößerung deutlich zu machen; Sonderrabatte und Kreditbedingungen zum Zwecke der Verkaufsförderung; Verlustbringer, die zur Marktentwicklung beibehalten wurden, wo bedeutend; Analyse der Erlöse und Kosten, um die profitabelsten Gebiete und Produkte zu bestimmen. Beachten Sie die Reaktionen der Kunden auf neue Produkte.
- Soll-Ist-Vergleich im Hinblick auf Umsatz- und Kostenprojektionen (bezüglich der letzten [drei] Jahre); Verkäufe, Stornierungen und Rückgaben; Umsatzzahlen und Aufwendungen je Verkäufer; Kundendienstkosten; Veränderungen im Sortiment und Auswirkungen auf die Gewinnspanne; Auftragsbearbeitungskosten; Kundenbeschwerden und verlorene Kunden; neue Kunden
- Drei- bis Fünf-Jahresprojektion der Verkaufserwartungen und Schätzung des Marktanteils; zugrundeliegende Trends und Tendenzen; Auftragsbestand
- Produktlebenszyklen, neue Produktentwicklungen, bestehende Pläne für neue Produkte

Organisation der Gesellschaft und Personal

- Organigramm des Managements
- Hauptaufgaben der Zentrale; Methoden der Unternehmenssteuerung
- Häufigkeit von Sitzungen von Vorstand oder Geschäftsführung sowie des Aufsichts- und Beiratgremiums.

- Übersicht der Altersstruktur und der Personalentwicklung der letzten drei Jahre
- Aufteilung der Mitarbeiter in Geschäftsführer, Vorstände, leitende Angestellte, gewerbliche Arbeitnehmer etc.
- Angabe der Anzahl der Beschäftigten (Teilzeitbeschäftigte, befristete Arbeitsverhältnissen, Schwerbehinderte, Heimarbeiter, Freiberufler etc.)
- Musterarbeitsverträge für Arbeiter und Angestellte, Muster von eventuellen Standardvereinbarungen
- Information über Lohnnebenleistungen
- Ermittlung der Vorgehensweise bei Spesen, Bildungszuschüssen, Firmenwagen, Zuschlägen für Unterkunft und Hauspersonal, Arbeitgeberdarlehen
- Information zu Vergütungsniveau sowie Aktien- und Bonusprogrammen (Stock Options)
- Managemententwicklung; Schulungsprojekte; Personalauswahlverfahren; Verfahren zur Anpassung der Gehälter; Tantiemeregelungen
- Analyse nach Standort und Funktion; Abhängigkeit von Fachkräften; Rekrutierungsquellen; Gehaltsstruktur und -niveau der Gruppe gegenüber solchen der Konkurrenten; Informationen aus der Personalabteilung; Effizienz und Verantwortlichkeit
- Methoden und Niveau der Bezahlung, einschließlich Zulagen und Anreizsystemen; Aufgabenbeschreibung; gewerkschaftlicher Organisationsgrad; Abfindungen (Historie und Einzelheiten von Sozialplänen); Lebensversicherungen; Betriebswohnungen; Autos; Mitarbeiterdarlehen; Sozialleistungen; Urlaubsansprüche

Financial Due Diligence

▶ **Rechnungswesen**

▶ **Organisation**

- Aufbau des Rechnungswesens im Unternehmen?
- Mitarbeiterzahl?
- Fachliche Qualifikation der Mitarbeiter?

▶ **Gesetzliche Vorschriften und Grundsätze ordnungsmäßiger Buchführung des jeweiligen Landes**

- Wesentliche Rechnungslegungsgrundsätze des Landes (IAS, US-GAAP).

Rechnungslegungsgrundsätze des Unternehmens

- Aufstellung der zentralen Rechnungslegungsgrundsätze des Unternehmens
- Allgemein angewandte Grundsätze des jeweiligen Industriezweigs (z.B. Immobilien, Banken und Versicherungen)
- Grad und Folgen von Abweichungen durch die Gesellschaft?
- Sind die Rechnungslegungsgrundsätze in den letzten drei Jahren verändert worden? Welche Konsequenzen hat dies für die Ergebnislage?
- Untersuchung der angewendeten Bilanzierungs- und Bewertungsgrundsätze, die nicht der herrschenden Meinung entsprechen.
- Wurden Bilanzierungs- oder Bewertungsgrundsätze nicht befolgt? Bei ausländischen Mandanten sollte das Verzeichnis der Abweichungen von den IAS oder den US-GAAP eingesehen werden.
- Liegen Aufwendungen und Erträge vor, die in das Unternehmensergebnis der letzten drei Jahre und des aktuellen Geschäftsjahres mit aufgenommen worden sind, aber eher einem früheren Geschäftsjahr zuzuordnen gewesen wären?
- Die Ordnungsmäßigkeit und Zuverlässigkeit des Zwischen-/Jahresabschlusses für das laufende Geschäftsjahr sollte geprüft werden.

Datenverarbeitungssysteme im Rechnungswesen

- Welche EDV-Systeme (Hard- und Software) werden in den einzelnen Bereichen des Rechnungswesens genutzt?
- Ist das EDV-System testiert worden?
- Alter, Zuverlässigkeit und Angemessenheit der EDV-Ausstattung im Hinblick auf die jeweiligen Belange der Gesellschaft (z.B. Erstellung von aussagefähigen Finanzanalysen in angemessener Zeit)?
- Kapazität des EDV-Systems? Eventuelle Kapazitätserweiterung?
- Qualifikation der EDV-Mitarbeiter?
- Häufigkeit der bisherigen Systemprüfungen? Eventuelle Durchsicht der Berichte über Systemprüfungen
- Inanspruchnahme und Umfang der EDV-Dienstleistungen Dritter?
- Sind die vorhandenen Katastrophenpläne ausreichend?
- Ist die Einführung des Euro ausreichend vorbereitet?

Internes Berichtswesen

- Häufigkeit und Qualität von Auswertungen für die Geschäftsführung?
- Welche Hauptkennziffern werden von der Geschäftsführung verwendet?

Jahresabschluss

Allgemeine Angaben

Name des Wirtschaftsprüfers

Angewandte Prüfungsstandards, Form des Bestätigungsvermerks, wesentliche Prüfungsergebnisse (z.B. aufgedeckte Schwächen), Auswertung

- Ggf. sollte man einen externen Wirtschaftsprüfer zur Unterstützung des Teams heranziehen.
- Durchsicht der Prüfungsberichte, der Arbeitspapiere und der Management Letter des Wirtschaftsprüfers der letzten drei Jahre sowie aller Ergänzungen, Einschränkungen und Versagungen von Bestätigungsvermerken unabhängiger Prüfer.
- Sind die angewandten Prüfungsstandards angemessen und die getroffenen Feststellungen plausibel?
- Erörterung, ob und wie die erteilten Empfehlungen umgesetzt worden sind.
- Hat der Wirtschaftsprüfer alle erforderlichen Unterlagen und Auskünfte erhalten? (Vollständigkeitserklärung)

Offenlegungsvorschriften

- Welche Offenlegungsvorschriften für Jahresabschlüsse gelten für das Unternehmen? Welche damit verbundenen Informationen liegen darüber hinaus vor?
- Wurden die entsprechenden Bestimmungen über die Offenlegung befolgt?

Konzerninterne Rechnungslegungsvorschriften

- Einhaltung der entsprechenden Bestimmungen in Bezug auf Erstellung und Offenlegung von Jahresabschlüssen?

Einfluss des Steuerrechts auf den gesetzlichen Jahresabschluss

Posten der Bilanz

- Analyse der jeweiligen Unterlagen und Feststellung von Besonderheiten

Immaterielle Vermögensgegenstände

- Definition:
  - konkreter betrieblicher Vorteil durch eine Ausgabe erlangt
  - dadurch über mehrere Jahre greifbarer Nutzen
  - Ausgabe muss sich einwandfrei von anderen Aufwendungen abgrenzen lassen
  - Erwerber muss diesen Vorteil auch bei der Kaufpreisbemessung berücksichtigen können.

- Beispiele: Rechte, rechtliche Werte und sonstige Vorteile
- Ziel: Aufdeckung stiller Reserven
- Anlage eines Verzeichnisses über: gewerbliche Schutzrechte, Urheberrechte, Warenzeichen, Patente, Gebrauchs- und Geschmacksmuster, Betriebsgeheimnisse, Know-how, öffentlich-rechtliche und privatrechtliche Erlaubnisse, Konzessionen und Genehmigungen
- Ebenso aufzunehmen: selbst erstellte Anlagen (dürfen nicht in der Bilanz aufgeführt werden), verdeckt in Kapitalgesellschaften eingelegte immaterielle Anlagewerte und Firmenwerte
- Anzusetzen ist jeweils der Verkehrswert.
- Sind Ausgaben als Aufwand abzuziehen oder beeinflussen sie aufgrund der Aktivierungspflicht bzw. -möglichkeit den betrieblichen Erfolg? (Wie z.B. Werbeausgaben) – Mögliche positive Beeinflussung der zukünftigen finanziellen Ergebnisse?

Sachanlagevermögen

- Definition: Sachanlagen können sowohl abnutzbare als auch nicht abnutzbare Gegenstände sein
- Bespiele: abnutzbar: Gebäude, technische Anlagen, Maschinen, Betriebs- und Geschäftsausstattung; nicht abnutzbar: Grundstücke
- Ziel: Aufdeckung stiller Reserven
- Anforderung eines Verzeichnisses aller Grundstücke (mit Grundbuchauszügen), aller Zweigniederlassungen, Betriebsteile, Anlagen und Gebäude, Maschinen, Bestandteile sowie des Zubehörs und des Inventars inklusive einer Beschreibung hinsichtlich Wert, Alter, Größe usw.
- Zu- und Abgänge der letzten zehn Jahre nach Jahren und Nutzungszeiten unterteilen: Investitionspolitik der vergangenen Geschäftsjahre? Liegt ein Investitionsstau vor?
- Im Betrachtungszeitraum der Vergangenheit vom Sachanlagevermögen abgesetzte Zuschüsse können wieder hinzugerechnet werden. Dann sind auch die (verringerten) Abschreibungen anzupassen. Ferner sind die Auswirkungen auf die vergangenen und zukünftigen Ertragslagen zu berücksichtigen.

Finanzanlagevermögen

- Definition: Das zur Anschaffung von Finanzanlagen verwendete Kapital wurde in einem anderen Unternehmen investiert. Finanzanlagen kennzeichnet ihre langfristige Verwendung im Betrieb.

- Prüfung der Unterlagen des Tochterunternehmens. Dessen Marktchance und Risiken? Erhöhte Risiken beim Mutterunternehmen insbesondere durch Zusagen und finanzielle Verpflichtungen gegenüber dem Tochterunternehmen. Trotz Anlaufverlusten in den ersten Jahren einer neuen Unternehmung kann der Wert einer Beteiligung bedeutsam sein.
- Wert sollte mindestens dem Anschaffungswert entsprechen. Falls Vorteile nicht erkennbar sind, sollten die zukünftigen Aufwendungen und Erträge verglichen werden. Bei zu hohen Aufwendungen liegt der Wert unter dem Anschaffungswert. Eine nicht erzielte Mindestrendite kann den Wert mindern. Beteiligung hat Veräußerungs- bzw. Liquidationswert: bei längerfristig negativen Ergebnisauswirkungen auf das Mutterunternehmen, geplantem Verkauf, bevorstehender Liquidation, Konkurs.
- Bei noch nicht voll in die Gesellschaft eingezahlten Anteilen: Vermögenswert entspricht der vertraglich vereinbarten Einlage. Noch nicht eingezahlter Anteil ist eine sonstige Verbindlichkeit. Die voraussichtliche Auszahlung sollte in der Cash-flow-Planungsrechnung der Folgejahre berücksichtigt werden.
- Bei Darlehensvergabe ist der Barwert anzusetzen (Sofern kein andersgearteter wirtschaftlicher Vorteil eingeräumt wurde). Für die Festlegung des Zinssatzes sollte der tatsächliche Marktzins gewählt werden.
- Bei Finanzanlagen in Fremdwährung wird der gültige Kurs angesetzt. In der Vergangenheit vorgenommene außerplanmäßige Abschreibungen auf Grund von Kursverlusten sind rückgängig zu machen.

Vorratsvermögen

- Bei den Vorräten erhöhtes Risiko möglich aufgrund von:
  - Unvollständigen Inventurdaten (z.B. Außenläger)
  - Vorräten, die nicht im Eigentum des Zielunternehmens stehen.
  - Größeren Beständen, die unterwegs sind.
  - Vorausgegangener Über- oder Unterbewertung
  - Unzureichend ausgewiesener Vorräte
- Zu ermitteln:
  - Ist das ausgewiesene Vorratsvermögen tatsächlich und ausreichend vorhanden?
  - Was sagen Inventurunterlagen über Herkunft, Lagerdauer und Verwendbarkeit stiller Reserven aus?
  - Inwieweit gibt es Überbestände (Reichweitenanalyse), Altwaren und unverkäufliche Bestände?
- Wie steht es mit dem Altwarenbestand und den Deckungsbeiträgen?
  - Für die Bewertung ist maßgeblich: – der Wiederbeschaffungswert
– bei Halb- und Fertigfabrikaten: die Vollkosten

Forderungen und sonstige Vermögensgegenstände

- Nur bilanzierungsfähig, wenn der Schuldner alles Erforderliche getan hat, um seine Schuld zu begleichen.
- Insbesondere zu untersuchen:
  - Größere schwebende Geschäfte (noch von keinem Vertragspartner erfüllt) dürfen nicht bilanziert werden
  - Das allgemeine und besondere Ausfallrisiko: Wesentlich sind hier die Erfahrungen des Betriebs aus der Vergangenheit und Besonderheiten der Branche. (Untersucht werden : Altersstruktur, zweifelhafte und uneinbringliche Forderungen, Debitorenlaufzeiten, Zahlungsmoral)
  - Die allgemeinen Kreditbedingungen des Zielunternehmens
  - Unverzinsliche und niedrigverzinsliche Forderungen des Umlaufvermögens; sie stellen einen Wert- bzw. Zinsverlust dar. Wesentliche Darlehensforderungen mit mittel- bis langfristiger Laufzeit sind auf den niedrigeren Barwert zu diskontieren.
  - Abhängigkeit von wenigen Großkunden
  - Forderungen gegenüber verbundenen Unternehmen und vereinbarte Zahlungsbedingungen (Verdeckte Gewinnausschüttung?)
  - Vermögensgegenstände des Umlaufvermögens in ausländischer Währung. Sie sind nach deutschem Finanzrecht abzuwerten, falls der Kurs im Vergleich zum Kurs bei Einbuchung gesunken ist. Eine Zuschreibung auf den Marktwert ist für das kurzzeitige Umlaufvermögen möglich, wenn der Marktwert gegenüber dem letzten Bilanzstichtag gestiegen ist.
- Wertpapiere hinsichtlich stiller Reserven. Der Kurswert von Wertpapieren ist kurzfristig realisierbar (Eine Wertzuschreibung kommt vor allem im deutschen Bilanzrecht in Betracht.).
- Bestand und Verfügbarkeit flüssiger Mittel. Sie bedürfen bei prüfungspflichtigen Gesellschaften keiner kritischen Betrachtung.

Eigenkapital

- Definition: Restgröße aus der doppelten Buchführung: Es ist der Überschuss der Vermögensgegenstände über die Verbindlichkeiten.
- Kritische Betrachtung: Ist nicht notwendig (die entscheidenden Untersuchungen finden bei anderen Posten des Jahresabschluss statt).
- Bedeutsam für: Kennzahlenvergleich (Eigenkapital im Zeitablauf).
- Zu beachten ist das Eigenkapital außerdem für:
  - Noch nicht erfüllte Kapitaleinzahlungs- oder -rückzahlungsverpflichtungen
  - Steuerliche Gliederung des verwendbaren Eigenkapitals (um Informationen über die Qualität der Rücklagen hinsichtlich zukünftiger Auflösungen zu erhalten).

Aktiver Rechnungsabgrenzungsposten

- Analyse des Verzeichnisses der aktiven Rechnungsabgrenzungsposten

Liquide Mittel

- Einsicht des Verzeichnisses der liquiden Mittel (zum letzten Bilanzstichtag und zum gegenwärtigen Zeitpunkt)
- Welche Vereinbarungen mit Banken liegen vor? Verfügungsbeschränkungen? Verpflichtung zum Halten von Deckungsguthaben? Einschätzung der Zuverlässigkeit solcher Vereinbarungen (Abhängigkeit von einer Bank usw.)
- Ermittlung der zinsrelevanten Daten
- Feststellung aller anderen relevanten Sachverhalte

Rückstellungen

- Definition: Durch das Auseinanderfallen von Leistungs- und Finanzstrom sowie die periodengerechte Zuordnung von Aufwendungen und Erträgen haben die Rückstellungen die Aufgabe, den Erfolg des Geschäftsjahres von dem späterer Jahre abzugrenzen. Sie sind ein wichtiges Mittel der Steuerbilanzpolitik. Durch entsprechende Gestaltungsmaßnahmen lässt sich die Steuerbelastung nach finanzierungs- und liquiditätspolitischen Gesichtspunkten beeinflussen.
- Untersuchung richtet sich auf: Bewertung und Vollständigkeit der erfassten Risiken. Sind für alle operativ verursachten Risiken Rückstellungen gebildet worden?

Verbindlichkeiten

- Untersuchungshandlungen
- Bei Darlehensverbindlichkeiten: Aufstellung der Darlehen mit
  - Fälligkeit
  - Kreditrahmen
  - Sicherheit
- Bei anderen Verbindlichkeiten: Verzeichnis nach
  - Finanzierungsgesichtspunkten (Laufzeit) und
  - Bezeichnung der Gläubiger
- Langfristig unverzinsliche Verbindlichkeiten können auf den Barwert abgezinst werden.

- **Analyse der Vermögens-, Finanz- und Ertragslage**

- **Vermögenslage**

Bei der Due-Diligence-Analyse der Bilanz geht es insbesondere darum, Risiken aufzudecken, die aus dem Jahresabschluss nur unzureichend deutlich sichtbar werden.

- **Analyse der Finanzlage**

Hier werden die Liquiditäts- und Finanzierungspotentiale analysiert. Ausgangspunkt sind die Zahlen mehrerer Jahresabschlüsse und der Planungsrechnung. Insbesondere die Analysen von Cash-flow und Working Capital sind von großer Bedeutung für die Betrachtung des Zielunternehmens.

- **Cash-flow-Rechnungen**

  - Definition: Als Cash-flow wird die Differenz von Ein- und Auszahlungen während einer bestimmten Abrechnungsperiode bezeichnet. Es werden also nicht die liquiden Mittel zum Ende des Geschäftsjahres hin untersucht, sondern es wird ein operatives Unternehmensergebnis aufgestellt.
  - Ermittlung: Per indirekter Methode: Dem Jahresüberschuss werden die nicht zahlungswirksamen Aufwendungen (z.B. Abschreibungen) hinzugerechnet, die nicht zahlungswirksamen Erträge (z.B. Auflösung von Rückstellungen) abgezogen.

- **Kapitalflussrechnung**

  - Definition: Die Kapitalflussrechnung soll zusätzlich zur Bilanz Zahlungsströme darstellen und darüber Auskunft geben, wie das Unternehmen finanzielle Mittel erwirtschaftet hat und welche Investitions- und Finanzierungsmaßnahmen vorgenommen wurden.
  - Methode: Fondsabgrenzung (Fonds = Finanzmittel)
    - Fonds 1: Verfügbare flüssige Mittel (umfasst Kasse, Bank, Wechsel)
    - Fonds 2: Netto-Geldvermögen (kurzfristiges Geldvermögen abzüglich kurzfristiger Verbindlichkeiten und kurzfristiger Rückstellungen)
    - Fonds 3: Netto-Umlaufvermögen (Umlaufvermögen abzüglich kurzfristiger Verbindlichkeiten und kurzfristiger Rückstellungen)

    Untersucht wird die Veränderung dieser ausgegliederten Fonds in einem bestimmten Zeitraum durch den Vergleich zweier Bilanzen.
  - Indirekte Ermittlung: Rückrechnung ergibt Mittelzufluss und -abfluss aus laufender Geschäftstätigkeit: Jahresüberschuss wird um zahlungsunwirksame Aufwendungen erhöht, zahlungswirksame Erträge vermindert und fondswirksame Vorgänge (nicht in der Gewinn- und Verlustrechnung erfassten Vorgänge aus laufender Geschäftstätigkeit) ergänzt.

- **Analyse der Ertragslage**
  - Definition: Beurteilung der zukünftigen Ertragskraft des Zielunternehmens.
  - Methode: Das nachhaltige operative Ergebnis wird aus den Jahresabschlüssen abgeleitet. Die Ergebnisse werden um außergewöhnliche und zukünftig entfallende Aufwendungen bereinigt.

- **Erträge**
  - Definition: Die Erträge ergeben sich aus der Absatzmenge und den Preisen der Produkte des Unternehmens.
  - Zu untersuchen ist die Akzeptanz der Produktgruppe am Markt, also:
    - Image
    - Preis-Leistungs-Verhältnis
    - Zahlungsbedingungen
    - Phase im Produktlebenszyklus
    - Produktausgewogenheit
    - Vergleich mit Angeboten der Wettbewerber
    - Marktstruktur
    - Marktanteile
    - Marktentwicklung
  - Einmalige und außergewöhnliche Erträge sind zu bereinigen. (Vornehmlich aus dem Bereich der sonstigen betrieblichen Erträge)

- **Aufwendungen**
  - Materialbeschaffung und Bewirtschaftung
    - Struktur des Beschaffungsmarktes?
    - Rationalisierungsmöglichkeiten?
    - Bestehende Einkaufsmacht gegenüber Lieferanten
    - Zukünftige Beschaffungspreise? (Zeichnet sich eine Angebotsreduzierung auf dem Beschaffungsmarkt ab? Verwendung neuer Rohstoffe? Erschließung neuer Bezugsquellen?)
  - Personalbereich
    - Entwicklung und Struktur des Personalbestandes in der Vergangenheit?
    - Geplante Ausweitung oder geplanter Abbau?
    - Personalaufwendungen pro Kopf?/Personalaufwendungen im Verhältnis zum Umsatz? (Vergleich mit Zahlen der Konkurrenten)
    - Gehaltsstruktur, Krankenstand, Anzahl der Arbeitsausfälle, Streikbereitschaft, Zusammenarbeit mit dem Betriebsrat, Qualität des Personalstandes?
    - Im Falle geplanter Geschäftsausweitung: Arbeitsmarktsituation? Unternehmensimage bei den Arbeitnehmern?

- Sonstige betriebliche Aufwendungen
  - Werbekosten: Vergleich mit Branchendurchschnitt.
    Zu erwartende Absatzsteigerung?
  - Forschungs- und Entwicklungsaufwendungen: Produktreife einzelner Entwicklungen?
  - Beratungsaufwendungen (sind um einmalige Aufwendungen zu bereinigen.)
  - Miete und Leasing: Verträge und deren Gegenstände überprüfen.
  - Die Zuführung zu den Rückstellungen sollten bei der Ermittlung des operativen Ergebnisses unberücksichtigt bleiben, da sie regelmäßig außerordentlichen Charakter haben.

Beteiligungsergebnis, Finanzergebnis, Steuern

- Beteiligungen, die mangels Einfluss nicht zu konsolidieren sind: Sie werden hinsichtlich ihrer Vertragsbedingungen, Optionen, Lieferbeziehungen, strategischen Bedeutung und Betriebsnotwendigkeit untersucht.
- Finanzergebnis:
  - Bei Vereinbarung eines schuldenfreien Erwerbs: von untergeordneter Bedeutung.
  - Ansonsten: Kredite und Kreditgeber?
    Zinssätze und sonstige Konditionen?
    Beanspruchte Sicherheiten?
- Steuern:
  - Ertragsabhängige Steuern sind bei der finanziellen Due Diligence nicht wichtig.
  - Ansonsten: Ergebnisse der steuerlichen Due Diligence.

Steuerliche Due Diligence

Allgemeines

- Zuständiges Finanzamt
- Steuernummer der Gesellschaft
- Steuerberater der Gesellschaft
- Ist ein Steuerplan vorhanden?

Beziehung unter den Gesellschaften

- Sachverhalte untersuchen, die zu einer verdeckten Gewinnausschüttung bzw. Einlage führen könnten. (Bei Kapitalgesellschaften)
- Durchsicht des Vertrages im Hinblick auf die korrekte Behandlung steuerlicher Fragen (bei Personengesellschaften). Bei Personengesellschaften: Durchsicht des Gesellschaftsvertrages, um die korrekte Behandlung steuerlicher Fragen sicherzustellen.
- Durchsicht der Verträge zusammen mit den Gesellschaftern, auch stillen Gesellschaftern, um die korrekte Behandlung steuerlicher Fragen sicherzustellen. Durchsicht der Verträge mit den stillen Gesellschaftern, um die korrekte Behandlung steuerlicher Fragen in Bezug auf deren (typische oder atypische stille) Beteiligungen festzustellen.

Steuererklärungen, Steuerbescheide, offene Veranlagerungen

- Die letzten Steuererklärungen und Steuerbescheide sind einzusehen.
- Kritische Analyse der Betriebsprüfungsberichte. Bei Vorliegen von abweichenden Steuerfestsetzungen sollte die Auswirkung auf zukünftige Veranlagerungen kalkuliert werden
- Stehen steuerliche Betriebs-/Sonderprüfungen bevor?

Offene Steuerzahlungen und Steuerfragen

- Die Berechnung der Steuerrückstellungen sollte überprüft werden.
- Wurden nicht abzugsfähige Ausgaben und/oder Rückstellungen bei den Steuererklärungen berücksichtigt?
- Sind finanzgerichtliche Verfahren anhängig?

Verwendbares Eigenkapital bei Kapitalgesellschaften

- Welche steuerlichen Folgen könnte die Ausschüttung von Rücklagen nach sich ziehen?
- Ermittlung handelsrechtlicher Ausschüttungssperren

Steuerliche Verlustvorträge oder Steueranrechnungen, die zukünftig nutzbar sein werden und eventuelle Nutzungsbeschränkungen

- Berechnung zukünftiger Steuereinsparungen aus gewerbesteuerlichen (und bei Kapitalgesellschaften aus körperschaftsteuerlichen) Verlustvorträgen
- Sind die Voraussetzungen für die Geltendmachung der Verlustvorträge erfüllt?

- **Steuerliche Vergünstigungen**
  - Liegen die Voraussetzungen für die Inanspruchnahme steuerlicher Begünstigungen für die neuen Bundesländer und Berlin vor?
  - Können sonstige steuerliche Vergünstigungen in Anspruch genommen werden?
- **Latente Steuern**
  - Feststellung der latenten Steuern
- **Steuerrechtliche Folgen von Konzernbeziehungen**
  - Strukturen und Transaktionen mit verbundenen und assoziierten Unternehmen sollten ermittelt werden (wie z.B. der Verrechnungspreispolitik und der Zuweisung von Aufwendungen und Erträgen).
  - Sind die Voraussetzungen für eine steuerliche Organschaft erfüllt?
  - Liegen die Voraussetzungen für die Anwendung des gewerbe- und ggf. vermögenssteuerrechtlichen Schachtelprivilegs vor?
- **Unternehmensanteile und -beteiligungen im Ausland**
  - Sachverhalte, die Probleme im Hinblick auf § 8a KStG oder eine Hinzurechnungsbesteuerung nach dem Außensteuergesetz verursachen könnten.
- **Zölle**
  - Sind Zölle zu entrichten?
  - Welche Ein-/Verkaufsbedingungen bestehen mit dem Ausland?
  - Wird ein Zolllager unterhalten?
  - Liegen verbindliche Zolltarifauskünfte vor?
  - Wurde eine Zollprüfung durchgeführt?
  - Ist eine Zollprüfung angekündigt?
- **Lohnsteuer/Sozialversicherungsbeiträge**
  - Wurden für Festangestellte sowie für Teilzeitkräfte und geringfügig Beschäftigte Lohnsteuer und Sozialversicherungsbeiträge korrekt abgeführt?
- **Eigentumsverhältnisse am Anlagevermögen**
  - Die bilanzielle Behandlung des Anlagevermögens sollte mit den zugrundegelegten Vertragsverhältnissen übereinstimmen.
- **Sonstige bestehende Verträge**
  - Wurden diese Verträge in der Bilanz auf korrekte Weise berücksichtigt?

Umwelt-Due-Diligence

Übersicht über benötigte Unterlagen

- **Unternehmensbroschüre**

- **Jahresbericht**

- **Produktinformation**

- **Firmen-Organigramm des Managements**
  - Wer ist im Betrieb für Umweltschutz zuständig?

- **Lageplan des Firmengeländes**
  - Zeigt die relative Lage des Standortes zu Wohngebieten, anderen Industrieanlagen, Trinkwasserbrunnen, Oberflächengewässern und Landschafts-, Wasser- sowie Naturschutzgebieten (topographische Karte).

- **Aktuelle Werkspläne** (einschließlich:)
  - Lagerorte (Gefahrstoffe, Lösungsmittel, Mineralölprodukte, Erdtanks, Massengut-, Lager- und Prozesstanks)
  - Emissionsquellen und Abluftreinigungsanlagen
  - Aktueller Kanalisationsplan (inklusive Lage der Öl-/Fettabscheider; Kennzeichnung verschiedener Systeme und Übergabepunkte ans öffentliche Kanalnetz, Abwassereinleitungspunkte in Gewässer; unterirdische Revisionsschächte; Brunnen auf dem Gelände, Versickerungen; Abwasserbehandlungsanlagen, Neutralisation etc.; Löschwasserrückhaltebecken, Sprinkleranlage, Sprinklertanks)
  - Verzeichnis über Abfallbereitstellung und Ablagerung von Abfällen (aktuelle und ehemalige)
  - Standorte PCB-haltiger Transformatoren
  - Anlagen, in denen mit umweltgefährdenden Stoffen umgegangen wird (d.h. VAwS-, VbF-, WHG-, 4. BImSchV-Anlagen usw., z.B. Entfettungsanlagen, Lackiererei etc.).

- **Zusammenfassung der historischen Nutzung des Geländes und der Gebäude**

- **Vereinfachte Fluss-Schemata der aktuellen Produktionsprozesse**

- **Beschreibung der eingesetzten Reinigungsverfahren, wie etwa der Abluft- und Abwasserbehandlungssysteme**

- **Umweltrelevante Betriebsanweisungen**
  - Handhabung von Gefahrstoffen (Betriebsanweisungen nach § 20 GefStoffV) und Abfällen
  - Notfallplan für den Fall von Stofffreisetzungen und Leckagen, für Störfälle, Unfälle, Brände usw.
  - Weitere Betriebsanweisungen im Rahmen des betrieblichen Umweltmanagementsystems.

- **Jahresverbrauch von Energie (Strom, Brennstoffe) und Wasser**

- **Verzeichnis der verwendeten Gefahrstoffe nach GefStoffV (Chemikalien, Lösungsmittel, Mineralölprodukte etc.) und besonders überwachungsbedürftigen Abfälle (Sonderabfälle)**
  - Lagermengen und Lagerorte
  - Stoffströme
  - Jahresverbrauch

- **Sicherheitsdatenblätter der verwendeten Gefahrstoffe**

- **Beschreibung der Lageranlagen, d.h. insbesondere:**
  - Kapazität, Inhalt, Alter
  - Baumaterial und Konstruktion von Tanks (doppelwandig, Lecküberwachungs- und Entlüftungssysteme, Explosionsschutzmaßnahmen etc.)
  - Befüllungsintervalle der Tankanlagen
  - Arbeitsanweisungen bezüglich der Befüllung, Entleerung und Routineüberwachung von Tanks

- **Genehmigungsunterlagen/Genehmigungsbescheide**
  1. Gewerberechtliche
  2. Wasserrechtliche
  3. Abfallrechtliche
  4. Genehmigungsunterlagen nach BImSchG

- **Nachweise über die ordnungsgemäße Behandlung/Entsorgung von**
  - Abwässern (Abrechnungen über Abwasserabgaben, Abwasseranalysen)
  - Abfällen (Entsorgungsnachweise, Begleitscheine)
  - Luftemissionen (Schornsteinfegerprotokolle, Emissionsmessungen)

- **Jahresabfallbilanzen und Abfallbericht (Abfallarten und Mengen)**

- **Dokumentation der folgenden Punkte:**
  - Überwachung der Emissionen (Luft, Wasser, Abwasser, Abfall, und Lärm)
  - Überprüfung von Tankanlagen und Rohrleitungen
  - Berichte/Gutachten über Boden- und Grundwasseruntersuchungen, Altlasten sowie Sanierungen
  - Berichte vorangegangener Umwelt-Audits

- **Schriftverkehr mit Behörden und Überwachungsorganisationen über bisherige umweltrechtliche Verstöße, Störfälle und Beanstandungen inklusive der Begehungsprotokolle**

- **Schriftverkehr über Beanstandungen oder Beschwerden seitens der Öffentlichkeit**

- **Unterlagen über die ordnungsgemäße Entsorgung von Asbest- und PCB-haltigen Materialien**

- **Berichte über Störfälle, Unfälle (Brände, Leckagen und andere unkontrollierte Stofffreisetzungen) und hierbei durchgeführte Maßnahmen**

- **Versicherungsunterlagen**
  - Industrie-, Umwelthaftpflichtversicherung
  - Gewässerhaftpflicht
  - Feuerversicherung einschließlich der Begehungsprotokolle

- **Dokumentation zum betrieblichen Umweltmanagement (wie z.B. Umweltpolitik, Umweltziele, Umweltprogramm, Umwelthandbuch)**

- **Brandschutz (Alarm-, Gefahrenabwehrplan, Werksfeuerwehr, Brandlöscheinrichtungen, etc.)**

- **Übersicht über geplante Investitionen, die Auswirkungen auf die Umwelt haben.**

Gesundheitsschutz und Arbeitssicherheit

Gesundheitsschutz und Arbeitssicherheit

- Arbeitssicherheitspolitik des Unternehmens
- Organigramm, aus dem ersichtlich ist, wer im Betrieb für Arbeitssicherheit zuständig ist (Bestellungsschreiben).
- Protokolle der Arbeitssicherheitsausschuss-Sitzungen (Kopie der letzten vier Protokolle)
- Schriftwechsel mit Behörden zu Belangen der Arbeitssicherheit (Kopien des letzten Schriftwechsels)
- Übersicht über geplante Investitionen im Bereich der Arbeitssicherheit (Investitionsplan)
- Verfahrens-, Betriebs- und Arbeitsanweisungen für den Bereich Arbeitssicherheit (z.B. Maschinen-Betriebsanweisungen, Hautschutzplan etc. [beispielhafte Kopien])

Gesundheitsschutz

- Nachweise über durchgeführte Gefährdungsanalysen
- Arbeitsmedizinische Untersuchungen/Untersuchungsplan und Ergebnisse
- Ergebnisse von Arbeitsplatzmessungen, Arbeitsbereichsanalysen (MAK-Werte)
- Unterlagen über Lärmbereiche und -messungen
- Arbeits-Erlaubnisscheine (z.B. Schweißen, Feuerarbeiten)
- Dokumentation von Unfallmeldungen und Unfallstatistiken
- Informationen zu ausstehenden Schadensersatzansprüchen im Zusammenhang mit Gesundheits- und Arbeitsschutzangelegenheiten

Inspektionen

- Inspektionsprotokolle (z.B. Sicherheitsbegehungen des Gewerbeaufsichtsamts und der Berufsgenossenschaft, Arbeitssicherheits-Audits, Überwachungen der Maschinensicherheit)
- Wartungs- und Instandhaltungsprotokolle (z.B. für Druckkessel, Aufzüge)

- **Brandschutz-/Notfallplanung**
  - Notfallpläne/Fluchtpläne (z.B. für Feuer-, Bombenalarm und Leckagen), Evakuierungspläne
  - Aufzeichnungen zu Brandschutzprüfungen, -übungen und -schulungen
  - Aufzeichnungen von bedeutenden Unfällen und Notfallsituationen
- **Schulungsmaßnahmen im Bereich Arbeitssicherheit (d.h. Schulungsprogramme und Schulungsprotokolle, z.B. Erste-Hilfe-Kurse)**
- **Wasserversorgung**

Geben Sie die Wassernutzung und Versorgungsquellen an (*öffentliches Netz, Brunnen, oberirdische Gewässer etc.*).

Nutzung	Quelle	Jahresverbrauch	**Genehmigung** *(Behörde, Genehmigungsdatum und Gültigkeitsdauer)*
Trinkwasser			
Sanitäranlagen			
Kesselspeisewasser			
Kühlwasser			
Prozesswasser			
Löschwasser			

Existieren betriebsinterne Wasseraufbereitungsanlagen? *(z.B. Filter, Ionenaustauscher, Biozide etc.)*

Kenngrößen der Brunnen und Grundwassermess-Stellen:

- Einrichtung (Bohrprofile): Durchmesser, Endteufe, Ausbau, Baujahr etc.
- Analyseergebnisse von Grundwasserproben
- Brunnenförderleistung

Gibt es auf dem Standort nicht genutzte/stillgelegte Brunnen/Grundwassermess-Stellen?

- **Abwasserentsorgung**
  - Geben Sie unter Gebrauch des beigefügten Erfassungsbogens alle betrieblichen Abwasserströme detailliert wieder.
  - Ist die Abwasserentsorgung Thema eines Genehmigungsverfahrens durch kommunale oder staatliche Behörden? (Listen Sie in diesem Zusammenhang Folgendes auf: Genehmigungen, inklusive Abwasserströme, Genehmigungsdatum und Gültigkeitsdauer, Behörde.)

Beschreiben Sie das **Kanalisationssystem**:

Abwasserart	Kanalisation	**Einleitung in**
Sanitär-Abwasser		
Prozess-Abwasser		
Niederschlagswasser		
Kühlwasser		

- Sind Pläne der Abwasserkanalisation vorhanden?
- Alter der Kanalisation?
- Verwendetes Material und Zustand?
- Zustandskontrolle/Videoinspektionen?
- In der Vergangenheit vorgenommene Modifikationen?
- Existieren Sickergruben?

ABWASSER-ERFASSUNGSBOGEN

Listen Sie alle Abwasserquellen auf (*z.B. Prozessabwasser, Fahrzeugwaschwasser, Kompressorkondensat etc.)*

	Quelle	Komponenten / Inhaltsstoffe	Volumenstrom (m^3/Jahr)	Aufbereitungstechnik	Ort der Einleitung	Kontrolliert? (Durch wen und wie oft?)	Genehmigt? (J/N)
1							
2							
3							
4							

Bitte nutzen Sie, falls notwendig, ein weiteres Blatt.

Wird eine Abwasserbehandlung am Standort durchgeführt?
(*Industrielles Abwasser, Abwassergruben oder septische Tanks*)

- Art der Abwasserbehandlung
- Behandelte Abwasserströme
- Instandhaltung und Überwachung
- Entsorgung in diesem Zusammenhang entstehender Abfälle

Erfolgt eine Überwachung des Abwassers durch Behörden und/oder den Betrieb?

- Gesetzlich vorgeschrieben?
- Wer führt die Überwachung durch?
- Überwachte Parameter
- Häufigkeit der Kontrollen (*vorgeschriebene/durchgeführte*)
- Ergebnisse der letzten Kontrollen

Kann Löschwasser auf dem Gelände zurückgehalten werden?

(*Beschreiben Sie detailliert z.B. Rückhaltebecken, Kanalabdichtung, Rückhaltekapazität und gesetzliche Anforderungen*)

Gab es Stör-/Zwischenfälle, die mit einer Verunreinigung von Fließgewässern einherging?

Listen Sie alle Beschwerden, gerichtliche Verfahren, behördliche Anordnungen, Bußgelder und Abgaben auf, die im Zusammenhang mit Abwassereinleitungen stehen.

Existieren für die (nahe) Zukunft Pläne im Hinblick auf Erweiterungen oder größere Modifikationen an Wasserver- und -entsorgungseinrichtungen?

In diesem Zusammenhang erforderliche Genehmigungen

Geschätzte Investitionen

Zeitplanung

Gibt es weitere wichtige Informationen im Zusammenhang mit Wasserver- und -entsorgung?

Checkliste zur Due Diligence bei Immobiliengesellschaften

- **Liegenschaftsverzeichnis**
  - Grundbücher
  - Eigentumsverhältnisse
  - Größe der Flurstücke
  - Rechte Dritter (Vorkaufsrecht, Wiederverkaufsrecht, Erbbaurecht, Dienstbarkeiten
  - Grundpfandrechte, öffentliche Lasten und andere Eigentumsbindungen
  - Baulastenverzeichnis
  - Baulasten
- **Technische Gebäudedaten**
  - Amtliche Lagepläne
  - Zeichnungen (Grundrisse, Ansichten, wesentliche Schnitte)
  - Farbfotos
  - Baujahr
  - Flächen und Rauminhalte

- **Verträge**
  - Erschließungsverträge
    - Umfang des Vertrags
    - Erfüllungsgrad
    - Kosten
    - Terminliche Verpflichtungen
    - Übereinstimmung mit der Zielvorstellung des Käufers
  - Architekten und Ingenieurverträge/Generalplanerverträge
    - Gegenstand des Vertrags
    - Beginn, Dauer, Kündigung
    - Leistungsumfang
    - Einordnung in die Honorarzone und Honorarsatz nach HOAI
    - Angemessenheit und Richtigkeit der Besonderen Leistungen
    - Pauschalhonorar
    - Urheberrechte
    - Versicherungsschutz
      - Vergleich Leistungsstand – Zahlungsstand
      - Vertragserfüllungsbürgschaften
      - Einhaltung des Kostenrahmens
      - Offene Forderungen
      - Koppelung mit Grundstückskaufverträgen
  - Bauverträge
    - Gegenstand des Vertrags
    - Beginn, Dauer, Kündigung, Konventionalstrafen
    - Leistungsumfang
    - Vergütungsanspruch
    - Vergleich Leistungsstand – Zahlungsstand
    - Einhaltung des Kostenrahmens/der Auftragssummen
    - Offene Forderungen
    - Vertragserfüllungsbürgschaften
    - Unbedenklichkeitsbescheinigungen
    - Versicherungsbescheinigung
    - Bauschäden und -mängel und Stand der Beseitigung (technische Abnahmen)
    - Baumängel während oder nach Ablauf der Gewährleistungsfristen (Gewährleistungsverzeichnis)
    - Gewährleistungsbürgschaften, Sicherheitseinbehalte
  - Wartungsverträge
    - Liste der Wartungsverträge
    - Gegenstand der Verträge
    - Vertragsinhalt (Beginn, Dauer, Kündigung)
    - Leistungsumfang
    - Vergütungsanspruch

- Einhaltung der Verträge (Vertragserfüllung)
- Häufigkeit der Anlageschäden

- **Optimierungspotentiale und deren Kostenauswirkungen**

  - Mietverträge

    - Gegenstand des Vertrags
    - Mietzweck
    - Beginn, Mietdauer, Kündigung
    - Konditionen für Mietsteigerungen
    - Marktgerechtigkeit der Miethöhe
    - Vereinbarungen zu Kostenübernahme für Reparaturen, Instandhaltung und Verwaltung
    - Betriebskosten
    - Verkehrsicherungspflichten
    - Vereinbarungen zu Mietsicherheiten
    - Rückgabevereinbarungen, Abtretung baulicher Veränderungen
    - Optimierungspotentiale und deren Kostenauswirkungen
    - Kosten für Verwaltung und Betreibung

  - Versicherungsverträge

    - Bauherrenhaftpflicht bei Baumaßnahmen
    - Bauwesenversicherung bei Baumaßnahmen
    - Gebäude-, Gebäudehaftpflicht- und Inventarversicherungen
    - Besondere Versicherungen für technische Anlagen
    - Prämienhöhe
    - Erstattungsfälle
    - Kündigungen durch den Versicherer
    - Optimierungspotentiale und deren Kostenauswirkungen
    - Gerichtliche und außergerichtliche Auseinandersetzungen

- **Unbebaute und bebaute Grundstücke**

  - Baurecht

    - Raumordnungs- und Landesentwicklungspläne
    - Verbindlicher Bauleitplan
    - Feststellung von Art und Maß der baulichen Nutzung
    - Sonstige Festsetzungen oder rechtliche Vorgaben
    - Grundstückserschließung
    - Erschließungskosten
    - Bodenrichtwertkarte
    - Verdachtsmomente auf Altlasten (Umwelt-Due-Diligence)
    - Tragfähigkeit des Baugrunds
    - Bergschäden
    - Unterirdische Bauten
    - Höchster zu erwartender Grundwasserspiegel

Gebäude

- Bau-, TÜV-, Brandschutzabnahmen
- Betriebsgenehmigungen
- Produzierende Gewerbe (Umgang mit Gefahrenstoffen, Abfallstoffe)
- Genehmigungspflichtige Änderungen (Nutzungsänderungen, Änderungen der Tragkonstruktion, Änderungen an der Fassade, Gebäudeerweiterungen)
- Bestandsunterlagen als aktuelle Revisionsunterlagen
- Betriebsanweisungen für Elektro-, Heizungs-, Sanitäranlagen, raumlufttechnische Anlagen, besondere betriebstechnische Anlagen
- Statische Unterlagen, Positionspläne, Schal- und Bewehrungspläne
- Bauzustand (Besichtigung)
- Bauschäden, Instandhaltungsstaus
- Baulicher Brandschutz
- Verunreinigungen der Bausubstanz
- Optimierungsmöglichkeiten und deren Kostenauswirkungen
- Instandhaltungs- und Sanierungskosten

Gebäudemanagement

- Organisation des Gebäudemanagements (Objektdokumentation, Gebäudeautomation, Unterhaltung, Energiemanagement)
- Datenpflege beim EDV-gestützten Gebäudemanagement
- Optimierungsmöglichkeiten und deren Kostenauswirkungen

Standortanalyse

- Planungsrechtliche Voraussetzungen
- Klassifizierung der Lage
- Infrastruktur als Standortkriterien in Abhängigkeit von der Nutzungsart
- Nutzungsbeschränkungen (Lärm-, Geruchsbelästigungen)
- Image des Standorts, Akzeptanz
- Stärken-Schwächen-Profil des Standorts

Marktanalyse

- Wettbewerbssituation
- Immobilienangebot (Konkurrenzprojekte der gleichen Branchen)
- Wettbewerbsverhalten etablierter Investoren
- Bedarfsanalyse (Anzahl und Struktur potenzieller Mieter)
- Bevölkerungs-, Erwerbs- und Sozialstruktur
- Arbeitsmarktsituation und Kaufkraft
- Mietniveau nach Nutzungsarten und Standortkategorien
- Baulandpreise und Baukosten

Objektanalyse

- Mietermix
- Wirtschaftlichkeit der Flächenaufteilung des Gebäudes
- Flexibilität des Grundrisses
- Interne Infrastruktur
- Ausstattungsstandard und Zustand der Gebäude
- Leerstandsanalyse
- Analyse der Vermietbarkeit der Immobilien
- Entwicklung der Marktpreise
- Einbindung in das Portfolio
- Wirtschaftlichkeitsprüfung

Kulturelle Due Diligence

Unternehmensziele

- Die Unternehmensziele sollten untersucht werden (z.B. Gewinnung von Marktanteilen, Technologieführerschaft, Shareholder Value). Um die Ziele des Unternehmens herauszufinden, sollten Firmenbroschüren und Jahresabschlussberichte analysiert und daneben Gespräche mit den Führungskräften geführt werden.

Motivationssysteme

- Materielle Anreizsysteme
  - Entgelthöhe im Verhältnis zur Konkurrenz
  - Zusammensetzung des Entgelt (z.B. Provision nur für leitende Angestellte oder für die gesamte Belegschaft? Werden Stock Options angeboten? Wenn ja: Zu welchen Bedingungen und welche Voraussetzungen sind zu beachten?)
- Immaterielle Anreizsysteme
  - Strukturierung der Arbeitsbereiche (Job Enlargement, Job Rotation, Job Enrichment)
  - Sind die Aufstiegsmöglichkeiten von der Erfüllung formeller Qualifikationen abhängig?
  - Angebot und die Unterstützung an Schulungs- und Weiterbildungsmöglichkeiten
  - Die Arbeitszeitregelungen sind zu untersuchen. (z.B. Home-working oder die Möglichkeit, Sabbacticals [Freistellungen] zu nehmen.)
  - Wird die Kreativität der Mitarbeiter durch Einrichtung eines betrieblichen Vorschlagswesens unterstützt?

Entscheidungsstrukturen

- Die in den Unternehmensentscheidungen deutlich werdende Risikobereitschaft sollte untersucht werden (Hinweise hierauf geben z.B. Unternehmensstrategien und getätigte und zu tätigende Investitionen.)
- Entscheidungsprozess
  - Der Entscheidungsprozess ist zum Teil abhängig von der Rechtsform. Bei internationalen Akquisitionen sollten die speziellen Besonderheiten der Rechtsform und ihr Einfluss auf den Entscheidungsprozess genauer untersucht werden (Für deutsche Aktiengesellschaften gilt z.B. das duale System von Vorstand und Aufsichtsrat. In angelsächsischen Ländern gibt es nur den Vorstand.).
  - Art des Führungsstil: Autokratisch, bürokratisch, charismatisch, kooperativ oder patriarchalisch?
  - Die Eigenheiten der Führungspersönlichkeiten (z.B. starke oder schwache) sollten betrachtet werden.

Managementstruktur

- Organigramme des Managements: Hauptaufgaben der Zentrale; Methoden der Unternehmenssteuerung (Profit Centers, Zentrale Organisation)
- Häufigkeit der Sitzungen von Vorstand oder Geschäftsführung sowie Kontroll- und Aufsichtsgremien. Informationen über andere Pflichten letztgenannter Gremien.

- **Arbeitsstile und Kommunikation**

  - Arbeitsstil

    - Art und Weise der Zusammenarbeit (Werden Teams gebildet oder wird die individuelle Verantwortung stärker betont?)
    - Arbeitsklima (Die Fluktuationsrate und Krankmeldungen können hier wertvolle Anhaltspunkt geben.)
    - Umgang mit dem Unternehmenswissen: Sind Knowledge Banks eingerichtet und wie werden sie genutzt?
    - Herrscht Selbstorganisation oder gibt es strikte Verhaltensvorschriften?
    - Umgang mit den Vorgesetzten (z.B. Open Door Policy oder Abschirmung vom Tagesgeschäft?)
    - Wie werden neue Mitarbeiter im Unternehmen integriert? (Beispielsweise: Gibt es Coaches oder herrscht Management by Muddling Through?)
    - Wie steht es mit der technologischen Ausstattung der Arbeitsplätze?

  - Interne Kommunikation

    - Wie findet der Informationsaustausch statt?
    - Werden Mitteilungen schriftlich oder mündlich ausgetauscht?
    - Sind schriftliche Mitteilungen persönlich oder formal gehalten?
    - Auf welcher Ebene findet der Informationstausch statt (sind die Angestellten gut oder schlecht informiert über das Geschehen im Unternehmen?)
    - Werden regelmäßige Meetings abgehalten? Was ist der Inhalt solcher Meetings? Liegen Protokolle vor?

  - Externe Kommunikation

    - Art und Intensität der Kundenkontakte (Direct-Mailing-Aktionen, Pflege persönlicher Kundenkontakte, Einladungen der Kunden zu kulturellen Veranstaltungen etc.)
    - Werden Investor Relations betrieben?
    - Wie stark wird Public Relations gepflegt? (z.B. Sponsoring-Aktivitäten)
    - Wie wird der einzelne Mitarbeiter nach außen hin dargestellt?

Literaturverzeichnis

A.T. Kearney Global PMI Survey, 1998.

Andel, Norbert, 1992, Finanzwissenschaft, Verlag: Mohr, Tübingen.

Artikelgesetz zur Regelung von Ingenieur- und Architektenleistungen i. d. F. vom 4. November 1971 (BGBl. S. 1745), zuletzt geändert durch Gesetz vom 23. September 1990.

ASTM, American Society for Testing and Materials, ASTM Standards on Environmental Site Assessments for Commercial Real Estate, ASTM, Second Edition, E 1527–94, E 1528–93, Philadelphia, PA, USA, 1994.

Baetge, Jörg/Krumbholz, Marcus, 1991, Überblick über Akquisition und Unternehmensbewertung, in: *Baetge, Jörg* (Hrsg.), Akquisition und Unternehmensbewertung, IdW-Verlag, Düsseldorf.

Ballwieser, Wolfgang, 1998, Unternehmensbewertung mit Discounted-Cash-flow-Verfahren, in: Die Wirtschaftsprüfung, 51. Jg., Heft 3, S. 81–92.

Barthels, Carl W., 1999, Unternehmenswert-Ermittlung vs. Due-Diligence-Untersuchungen – Teil I, in: DStZ, S. 73–81.

Barthels, Carl W., 1999, Unternehmenswert-Ermittlung vs. Due-Diligence-Untersuchungen – Teil II, in: DStR, Heft 7, S. 136–143.

Berens, Wolfgang/Brauner, Hans U. (Hrsg.), 1998, Due Diligence bei Unternehmensakquisitionen, Schäffer-Poeschel, Stuttgart.

Berens, Wolfgang/Hoffjan, Andreas/Strauch, Joachim, 1998, Planung und Durchführung der Due Diligence, in: *Berens, Wolfgang/Brauner, Hans U.* (Hrsg.), Due Diligence und Unternehmensakquisitionen, Schäffer-Poeschel, Stuttgart, S. 111–153.

Berens, Wolfgang/Mertes, Martin/Strauch, Joachim, 1998, Unternehmensakquisitionen, in: *Berens, Wolfgang/Brauner, Hans U.* (Hrsg.), Due Diligence bei Unternehmensakquisitionen, Schäffer-Poeschel, Stuttgart, S. 23–65.

Berens, Wolfgang/Schmitting, Walter/Strauch, Joachim, 1998, Due Diligence im Rahmen des Unternehmenskauf, in: *Berens, Wolfgang/Brauner, Hans U.* (Hrsg.), Due Diligence bei Unternehmensakquisitionen, Schäffer-Poeschel, Stuttgart, S. 67–107.

Berens, Wolfgang/Strauch, Joachim, 1998, Herkunft und Inhalt des Begriffes Due Diligence, in: *Berens, Wolfgang/Brauner, Hans U.* (Hrsg.), Due Diligence und Unternehmensakquisitionen, Schäffer-Poeschel, Stuttgart, S. 5–20.

Betko, H./Reiml, D./Schubert, P., 1998, Grundzüge der Umwelt Due Diligence, in: *Berens, Wolfgang/Brauner, Hans U.* (Hrsg.), Due Diligence bei Unternehmensakquisitionen, Schäffer Poeschel, Stuttgart, S. 331–344.

Bezzenberger, Gerold/Schuster, Detlev, 1996, Die öffentliche Anstalt als abhängiges Konzernunternehmen, in: ZGR, S. 481–499.

Biedermann, Edwin A., 1991, Volkswirtschaftliche Bedeutung des Management-Buyout, in: DB.

Blankart, Charles B., 1994, Öffentliche Finanzen in der Demokratie, Vahlen, München.

Blanke, Thomas, 1998, Personalrechtliche Aspekte, in: *Blanke, Thomas/Trümner, Ralf* (Hrsg.), Handbuch Privatisierung, Nomos Verlagsgesellschaft, Baden-Baden, S. 559–713.

Blex, W./Marchal, G., 1990, Risiken im Akquisitionsprozess – Ein Überblick, in: BfuP, 2, S. 85–103.

Born, Karl, 1995, Unternehmensanalyse und Unternehmensbewertung, Schäffer-Poeschel, Stuttgart.

Born, Karl, 1996, Überleitung von der Discounted-Cash-flow-Methode (DCF-Methode) zur Ertragswertmethode bei der Unternehmensbewertung, in: DB, 49. Jg., Heft 38, S. 1885–1889.

Brauner, Hans U./Grillo, Ulrich, 1998, Due Diligence aus strategischer Sicht, in: *Berens, Wolfgang/Brauner, Hans U.* (Hrsg.), Due Diligence bei Unternehmensakquisitionen, Schäffer-Poeschel, Stuttgart, S. 175–195.

Brauner, Hans U./Scholz, S., 1998, Due Diligence aus finanzwirtschaftlicher Sicht, in: *Berens, Wolfgang/Brauner, Hans U.* (Hrsg.), Due Diligence und Unternehmensakquisitionen, Schäffer-Poeschel, Stuttgart, S. 253–263.

Brebeck, Frank/Bredy, Jörg, 1998, Due Diligence aus bilanzieller und steuerlicher Sicht, in: *Berens, Wolfgang/Brauner, Hans U.* (Hrsg.), Due Diligence und Unternehmensakquisitionen, Schäffer-Poeschel, Stuttgart, S. 223–248.

Brücker, Herbert, 1995, Privatisierung in Ostdeutschland, eine institutionenökonomische Analyse, Verlag: Campus, Frankfurt a.M.

Budäus, Dietrich, 1993, Öffentliche Verwaltung, in: *Chmielewicz, Klaus/Schweizer, Marcell* (Hrsg.), Handwörterbuch des Rechnungswesens, Schäffer-Poeschel, Stuttgart, Sp. 1437–1447.

Budäus, Dietrich/Buchholtz, Klaus, 1997, Konzeptionelle Grundlagen des Controlling, in: DBW, S. 147–151.

Bull, Hans Peter, 1993, Allgemeines Verwaltungsrecht, C. F. Müller Juristischer Verlag, Heidelberg.

Bundes-Bodenschutz- und Altlastenverordnung (BBodSchV) i. d. F. vom 12. Juli 1999 (BGBl. 1556).

Bundesgesetzblatt 1997, I.ST

Bundesregierung, Beteiligungsbericht, Bonn, 1998.

Canepa, A., 1998, Die Due Diligence im M&A-Prozeß, Bern, München, Wien.

Clarke, Christopher J., 1987, Acquisitions – Techniques for Measuring Strategic Fit, in: Long Range Planning, 3, S. 12–18.

Clever, Holger, 1993, Fusion erfolgreich gestalten – Prozeß eines erfolgreichen Post-Merger-Management, in: *Frank, Gert/Stein, Ingo* (Hrsg.), Management von Unternehmensakquisitionen, Schäffer-Poeschel, Stuttgart.

DaimlerChrysler, 1999, Konzernbroschüre One Company – One Vision, Stuttgart.

Dordt, J. M./van de Griendt, Mark J.S., 1997, Quantifizierung des Objektrisikos durch Boden- und Bausubstanzverunreinigung bei der Wertermittlung, in: Grundstücksmarkt und Grundstückswert, 6, S. 357–361.

Drepper, Christian, 1992, Unternehmenskultur, Selbstbeobachtung und Selbstbeschreibung im Kommunikationssystem „Unternehmen“, Peter Lang, Frankfurt am Main.

Drukaczyk, Jochen, 1998, Unternehmensbewertung, 2. Auflage München.

Ehrhard, Manfred, 1989, Öffentliche Aufgaben, in: Handwörterbuch der öffentlichen Betriebswirtschaft, Schäffer-Poeschel, Stuttgart, Sp. 1003–1011.

Eife, Franz Ferdinand/Mölzer, Wolfgang, 1993, Mergers & Acquisitons, Service Fachverlag, Wien.

Engelau, D., 1999, Prelude to a Deal, in: Resources – The Magazine of Environmental Management, Volume 21, Number 2, Exton, PA, USA, April, S. 13–14.

Entwurf IDW Standard, 1999, Grundsätze zur Durchführung von Unternehmensbewertungen (IDW ES 1; Stand: 27. Januar 1999), Die Wirtschaftsprüfung, Heft 5, S. 200–216.

Eschenbruch, K., 1996, Konzernhaftung: Haftung der Unternehmen und der Manager, Düsseldorf.

Fischer, Manfred, 1999, Unter Druck läuft's meistens besser, in: Welt am Sonntag vom 2. Mai 1999.

Frank, Matthias, 1997, Ansatzpunkte für eine Abgrenzung des Begriffs Unternehmenskultur anhand der Betrachtung verschiedener Kulturebenen und Konzepte der Organisationstheorie, in: *Heinen, Edmund/Frank, Matthias* (Hrsg.), Unternehmenskultur, Oldenbourg, 2. Auflage, München, S. 239–263.

Freudenberg, Dierk, 1994, Das Elend mit der Kameralistik. Nichts neues seit Puechberg, in: VOP, S. 404–411.

Gabler Wirtschaftslexikon, 12. Auflage, Gabler, Wiesbaden 1988, S. 1968.

Ganzert, Siegfred/Kramer, Lutz, 1995, Due Diligence Review – eine Inhaltsbestimmung, in: Die Wirtschaftsprüfung, 17, S. 567–581.

GEFMA e. V. Deutscher Verband für Facility Management (Hrsg.), 1996, GEFMA 100: Facility Management. Begriff, Struktur, Inhalte (Vorentwurf), Oktober.

Gellert, Otto, 1990, Wirtschaftsprüfung und Akquisitionsrisiken – Ausgewählte Probleme, in: BfuP, S. 129–139.

Gern, Alfons, 1994, Deutsches Kommunalrecht, Nomos Verlagsgesellschaft, Baden-Baden.

Gomez, Peter/Weber, Bruno, 1989, Akquisitionsstrategie – Wertsteigerung durch Übernahme von Unternehmungen, Schäffer-Poeschel, Stuttgart.

Grunewald, Volker, 1997, Bewertungsrechtliche Grundlagen für die Wertermittlung von Grundstücken und kontaminationsverdächtigen Flächen, in: Grundstückmarkt und Grundstückswert, 5, S. 291–297.

Günther, Rolf, 1998, Unternehmensbewertung: Kapitalisierungszinssatz nach Einkommensteuer bei Risiko und Wachstum im Phasenmodell, in: BB, Heft 36, S. 1834–1842.

Gutenberg, Erich, 1926, Die Struktur der Bilanzwerte, in: ZfB, 3. Jg., S. 598–614.

Habersack, Mathias, 1996, Private Public Partnership: Gemeinschaftsunternehmen zwischen Privaten und der öffentlichen Hand, in: ZGR, S. 544–563.

Hahn, Dietger, 1987, Risiko-Management, in: zfo, 3, S. 137–150.

Hahn, Dietger, 1994, Planungs- und Kontrollrechnung, Gabler Verlag, Wiesbaden.

Harms, Jens, 1994, Wirtschaftlichkeit in der öffentlichen Verwaltung, in: VOP, S. 92–95.

Harrer, Herbert, 1993, Die Bedeutung der Due Diligence bei der Vorbereitung eines Unternehmenskaufs, in: Deutsches Steuerrecht (DStR), 45, S. 1673–1675.

Hein, Andreas, 1998, Privatisierung durch Ausschreibung: Ein effizientes Instrument zur Sicherung des öffentlichen Auftrags?, in: ZögU, Bd. 21, S. 397–412.

Herzig, Nobert, 1990, Steuerorientierte Grundmodelle des Unternehmenskaufs, DB, S. 133–138.

Hessisches Ministerium der Finanzen, 1998, Landesverwaltung Hessen 2000 – Methodenkonzept, Budgetierung und betriebswirtschaftliche Steuerungsinstrumente für die Landesverwaltung Hessen, Skript, Nürnberg.

Heurung, Rainer, 1997, Zur Anwendung und Angemessenheit verschiedener Unternehmenswertverfahren im Rahmen von Umwandlungsfällen, in: DB, S. 837–843.

HFA 1/1995, IDW Hauptfachausschuß, Die Kapitalflußrechnung als Ergänzung des Jahres- und Konzernabschlusses, in: Wpg, 1995.

Hill, Hermann, 1998, Die verkaufte Stadt, in: VM, S. 81–87.

Höfer, R./Küpper, P., 1997, Due Diligence für Verpflichtungen aus der betrieblichen Altersversorgung, in: Der Betrieb (DB), 26.

Holzapfel, Hans-Joachim/Pöllath, Reinhard, 1997, Unternehmenskauf in Recht und Praxis: rechtliche und steuerliche Aspekte, Verlag Kommunikationsforum Recht, Wirtschaft, Steuern, 8. Auflage, Köln.

Horn, Norbert, 1995, Die Durchführung der Privatisierungsverträge (I): Vertragsmanagement zwischen öffentlichem und privatem Recht, in: DB, S. 309–313.

IdW (Hrsg.), 1998, Fachausschuss Recht, Hinweise zur rechtlichen Gestaltung von due diligence-Aufträgen, in: IDW-Fachnachrichten, IdW Verlag, Düsseldorf.

IdW, Stellungnahme HFA 2/1983: Grundsätze zur Durchführung von Unternehmensbewertungen, in: Die Wirtschaftsprüfung, Heft 15/16/1983.

IdW-Fachausschuss Recht, 1998, Hinweise zur rechtlichen Gestaltung von Due Diligence Aufträgen.

Jacobs, K. J., 1990, Strategische Akquisitionen: von der Vision zur erfolgreichen Durchführung, in: *Siegwart, H./Mahari, J.I./Caytas, I.G./Rumpf, B.-M.* (Hrsg.), Meilensteine im Management, Mergers & Acquisitions, Bd. 1, Stuttgart.

Juesten, W., 1992, Cash-flow und Unternehmensbeurteilung: ermöglicht die Cash-flow-Rechnung eine Schnell-Analyse?, 6. Auflage, Berlin.

Kissin, W. D., 1990, International Mergers and Acquisitions, in: The Journal of Business Strategy, 4.

Kittner, M., 1997, „Human resources" in der Unternehmensbewertung, in: DB, 46.

Klein, Klaus-Günter/Jonas, Martin, 1998, Due Diligence und Unternehmensbewertung, in: *Berens, Wolfgang/Schmitting, Walter/Strauch, Joachim* (Hrsg.), Due Diligence bei Unternehmensakquisitionen, Schäffer-Poeschel, Stuttgart, S. 155–169.

Knast, Gerhard, 1991, Abwicklung einer Akquisition, in: *Baetge, Jörg* (Hrsg.), Akquisition und Unternehmensbewertung, S. 31–43.

Koch, Wolfgang/Wegmann, Jürgen (Hrsg.), 1998, Praktiker-Handbuch Due Diligence: Chancen-/Risiken-Analyse mittelständischer Unternehmen, Schäffer-Poeschel, Stuttgart, S. 3ff.

Koenen, Stefan/Gohr, Marion, 1993, Asset-Deal, Share-Deal oder Kombinationsmodell – Anwendungsvoraussetzungen und ertragsteuerliche Effekte der Übernahme von Kapitalgesellschaften, in: DB, S. 2541–2549.

Kolb, Uwe/Görtz, Birthe, 1998, Due Diligence Review gewinnt an Bedeutung: Einsatz von Expertenteams wird immer wichtiger für den Erfolg einer M&A-Transaktion, in: Börsen-Zeitung vom 31.01.1998.

König, Michael, 1999, Die Privatisierung im Landesorganisationsrecht – Umsetzung, Folgen, Alternativen, in: DÖV, S. 322–329.

König, T., 1998, Umwelt Due Diligence, ein „Muß" für jede Akquisition, in: Was kostet ein Unternehmen? 6. Handelsblatt-Jahrestagung zum Unternehmenskauf (M&A), 16. Oktober 1998.

König, T./Fink, P., 1999, Umwelt-Due-Diligence bei Unternehmenstransaktionen, in: Energiewirtschaftliche Tagesfragen, Zeitschrift für Energiewirtschaft, Recht, Technik und Umwelt, 49. Jg., Heft 8, August, S. 527–528.

König, T./Fink, P., 1999, Umwelt-Due-Diligence bei Unternehmenstransaktionen, in: CHEMManager, 7, S. 6.

Krüger, Dirk/Kalbfleisch, Eberhard, 1999, Due Diligence bei Kauf und Verkauf von Unternehmen, DStR 4, S. 174–180.

Landtag Schleswig-Holstein, Drucksache 14/973.

Lawrence, Gary. M., 1995, Due Diligence in Business Transactions, Law Journal Seminars-Press, New York.

Loges, Rainer, 1997, Der Einfluß der „Due Diligence" auf die Rechtsstellung des Käufers eines Unternehmens, in: DB 19.

Lüder, Klaus, 1998, Verpaßte Chance, in: DÖV, S. 285–287.

Lüder, Klaus/Hinzmann, Christiane/Kampmann, Brigitte/Otte, Ralph, 1991, Vergleichende Analyse öffentlicher Rechnungssysteme – Konzeptionelle Grundlagen für das staatliche Rechnungswesen mit besonderer Berücksichtigung der Bundesrepublik Deutschland, Speyerer Forschungsbericht Nr. 97, Forschungsinstitut für öffentliche Verwaltung, Speyer.

Lutter, Marcus, 1997, Due Diligence des Erwerbers beim Kauf einer Beteiligung, in: Zeitschrift für Wirtschaftsrecht, 15.

Lutter, Markus, 1998, Der Letter of Intent: zur rechtlichen Bedeutung von Absichtserklärungen, Heymanns, 3. Auflage, Köln/Berlin/Bonn/München.

Mandl, Gerwald/Rabel, Klaus, 1997, Unternehmensbewertung – Eine praxisorientierte Einführung, Ueberreuter, Wien, Frankfurt.

Merkt, Hanno, 1995, Due Diligence und Gewährleistung beim Unternehmenskauf, in: BB, Heft 2, S. 1041–1049.

Merkt, Hanno, 1995, Due Diligence und Gewährleistung beim Unternehmenskauf, in: BB, 21, S. S. 353–378.

Mertens, Kai, 1997, Die Information des Erwerbers einer wesentlichen Unternehmensbeteiligung an einer Aktiengesellschaft durch deren Vorstand, in: Die Aktien Gesellschaft (AG), 12, S. 541–547.

Meyer-Renschhausen, Martin, 1996, Die Auswirkungen der Privatisierung öffentlicher Dienstleistungen auf die Umwelt am Beispiel von Energiewirtschaft und Abwasserbeseitigung, in: ZögU, Bd. 19, S. 79–94.

Müller-Stewens, Günter/Spicker, Jürgen, 1994, Akquisitionsmanagement, in: DBWW 54, S. 663–678.

Muncke, Günter, 1996, Standort- und Marktanalyse in der Immobilienwirtschaft – Ziele, Gegenstand, methodische Grundlagen, Datenbasis und Informationslücken, in: *Schulte, Karl-Werner* (Hrsg.), Handbuch Immobilien-Projetkentwicklung, Verlagsgesellschaft Rudolf Müller, Köln, S. 101–164.

Nagel, Bernhard, 1998, Die Privatisierung im Unternehmens- und Konzernrecht, in: *Blanke, Thomas/Trümner, Ralf* (Hrsg.), Handbuch Privatisierung, Nomos Verlagsgesellschaft, Baden-Baden, S. 295–380.

Nieland, Marius, 1997, Betriebliche Steuergestaltung. Eine Einführung in die Unternehmensbesteuerung und ihre Einflußfaktoren, NWB, Herne, Berlin.

Pannenbecker, Olaf, 1998, Methoden zur Problemlösung, in: Projektmamagement Fachmann Bd. 2, Eschborn, S. 835–872.

Pausenberger, Ehrenfried, 1989, Akquisitionsplanung, in: *Szyperski, Norbert* (Hrsg.), Handwörterbuch der Planung, Poeschel, Stuttgart, Sp. 18–26.

Peemöller, Volker H./Bömelburg, Peter/Denkmann, Andreas, 1994, Unternehmensbewertung in Deutschland – Eine empirische Erhebung, in: WPg, S. 741–749.

Peemöller, Volker H./Meyer-Pries, Lars, 1995, Unternehmensbewertung in Deutschland, in: DStR, S. 1202–1208.

Peine, Franz-Joseph, 1997, Grenzen der Privatisierung – verwaltungsrechtliche Aspekte, in: DÖV, S. 353–365.

Platz, Jochen, Projektsteuerung richtig implementieren, GPM Gesellschaft für Forschung- und Entwicklungsmanagement mbH, München.

Pollanz, Manfred, 1997, Due Diligence als künftiges Instrument einer risikoorientierten Abschlußprüfung?, in: BB, 26, S. 1351–1356.

Pricewaterhouse/Cranfield Project, on International Strategic Human Resource Management, Report 1990, London.

Pümpin, C./Kobi, J.-M./Wülthrich, H. A., 1985, Unternehmenskultur: Basis strategischer Profilierung erfolgreicher Unternehmen, in: Die Orientierung, Nr. 85, Hrsg. Schweizer Volksbank, Bern.

Reinicke, R.D., 1989, Akkulturation von Auslandsakquisitionen: eine Untersuchung zur unternehmenskulturellen Anpassung, Wiesbaden.

Rödl, Bernd/Zinser, Thomas, 1999, Going Public, Der Gang mittelständischer Unternehmen an die Börse, in: Frankfurter Allgemeine Zeitung, Frankfurt am Main.

Rößler, Steffen/Risch, Wolfgang, 1998, Projektmanagement-Einführung, in: Projektmanagement Fachmann Bd. 1, Eschborn, S. 119–150.

Sanfleber-Decher, Monika, 1992, Unternehmensbewertung in den USA, in: Die Wirtschaftsprüfung, 45. Jg., Heft 20, S. 597–603.

Schade, Annette, 1997, Due Diligence und Integration beim Unternehmenskauf – Möglichkeiten der Koordination des „strategic audit" mit der strategischen Integration von Akquisitionsobjekten, Diplomarbeit Universität Münster.

Schaumburg, Herald (Hrsg.), 1997, Unternehmenskauf im Steuerrecht, Schäffer-Poeschel, Stuttgart.

Scheele, Ulrich, 1998, Privatisierung kommunaler Einrichtungen, in: *Blanke, Thomas/Trümner, Ralf* (Hrsg.), Handbuch Privatisierung, Nomos Verlagsgesellschaft, Baden-Baden, S. 1–97.

Schenk, Karl-Ernst/Klindt, Arne S., 1994, Sanierung durch Privatisierung in Ostdeutschland – Eine institutionenökonomische Analyse der Engpaßfaktoren, in: Jahrbuch für neue Politische Ökonomie, Bd. 13, Verlag: Mohr Siebeck, S. 72–103.

Schiffer, K. J./Starke, O., 1998, Unternehmenskauf: Erfolgsfaktoren und Praxishinweise, in: Buchführung, Bilanz, Kostenrechnung (BBK), 19.

Schims, S., 1999, Due Diligence im Rahmen von Unternehmensakquisitionen, Seminararbeit Universität Düsseldorf.

Schindler, Christoph, 1998, Due Diligence als Praxisaufgabe, in: Gablers Magazin 9, S. 30–33.

Schmidt, Ludwig, 1999, Einkommensteuergesetz, C.H. Beck, 18. Auflage, München.

Schmidt, Reiner, 1996, Der Übergang öffentlicher Aufgabenerfüllung in private Rechtsformen, in: ZGR, S. 345–363.

Schmidt, Reinhard H., 1981, Grundformen der Finanzierung. Eine Anwendung des neoinstitutionalsitischen Ansatzes der Finanzierungstheorie, in: Kredit und Kapital, 14. Jg., S. 181–221.

Schroeder, Ulrich, 1997, Darf der Vorstand der Aktiengesellschaft dem Aktienkäufer eine Due Diligence gestatten?, in: DB, 43.

Scott, Cornelia, 1997, Bilanzierung nach HGB und IAS – eine Synopse, in: Bilanz & Buchhaltung, 9, S. 344.

Sieben, Günter/Sielaf, Meinhard, 1989, Unternehmensakquisition: Bericht des Arbeitskreises Unternehmensakquisition der Schmalenbach Gesellschaft, Schäffer-Poeschel, Stuttgart.

Siepe, Günter, 1998, Kapitalisierungszinssatz und Unternehmensbewertung, in: Die Wirtschaftsprüfung Heft 7, S. 325–338.

Simon, Heinz-Wilhelm, 1994, Privatisieren rechnet sich, in: Entsorga Schriften, Berlin.

Spannowsky, Willy, 1996, Der Einfluß öffentlich-rechtlicher Zielsetzungen auf das Statut privatrechtlicher Eigengesellschaften in öffentlicher Hand, in: ZGR, S. 400–428

Spill, Joachim, 1999, Due Diligence – Praxishinweise zur Planung, Durchführung und Berichterstattung, in: DStR 43, S. 1786–1792.

Staehle, W.H., 1991, Management: eine verhaltenswissenschaftliche Perspektive, 6. Auflage, München.

Stegner, Eberhard, 1998, Entscheidungshilfen für die Immobilienentwicklung, in: Grundstück und Grundstückswert, 2, S. 92–95.

Steinheuer, Wilfried, 1991, Privatisierung kommunaler Leistungen – Theoretische Grundlagen und praktische Erfahrungen nordrhein-westfälischer Städte und Gemeinden, Finanazwissenschaftliches Forschungsinstitut an der Universität zu Köln, Schriftenreihe Nr. 17 des Bundes der Steuerzahler, Köln.

Stern, Leonard, 1993, The Crucial Role of Due Diligence, in: Mortgage Banking, December, S. 54–63.

Stober, Rolf, 1996, Kommunalrecht in der Bundesrepublik Deutschland, Verlag: Kohlhammer, Stuttgart.

Storck, Joachim, 1993, Mergers & Acquisitions: Marktentwicklung und bankpolitische Interessen, Gabler, Wiesbaden.

Streibl, Ulrich, 1996, Organisationsgestaltung in der Kommunalverwaltung, Wiesbaden.

Strunz, Herbert, 1993, Verwaltung: Einführung in das Management von Organisationen, München/Wien/Oldenbourg.

Trümner, Ralf, 1998, Personalvertretungsrecht und Privatisierung – Beteiligungsrechte und Handlungsmöglichkeiten der Beschäftigtenvertretungen, in: *Blanke, Thomas/Trümner, Ralf* (Hrsg.), Handbuch Privatisierung, Nomos Verlagsgesellschaft, Baden-Baden, S. 437–557.

Turiaux, André/Knigge, Dagmar, 1999, Umweltrisiken bei M&A-Transaktionen, in: Betriebsberater, 18, S. 913–920.

Vest, Peter, 1998, Die formelle Privatisierung öffentlicher Unternehmen - Eine Effizienzanalyse anhand betriebswirtschaftlicher Kriterien der Rechtsformwahl, in: ZögU, Bd. 21, S. 189–202.

Volkart, Rudolf, 1997, Umsetzungsaspekte von Discounted-Cash-flow-Analysen, in: ZfB Ergänzungsheft 2, S. 105–124.

Wirtschaftsprüfer-Handbuch für Rechnungslegung, 1998, Prüfung und Beratung, Bd. II, 11. Auflage, Hrsg.: Institut der Wirtschaftsprüfer in Deutschland e. V.

Wöhe, Günter, 1993, Einführung in die Allgemeine Betriebswirtschaftslehre, Vahlen, München.

Wöhe, Günter, 1994, Einführung in die Allgemeine Betriebswirtschaftslehre, Vahlen, 17. Auflage, München.

Wolf, H., 1996, Privatisierung in Flughäfen?, in: Die Weltwirtschaft, S. 190.

Wollny, Paul, 1994, Unternehmens- und Praxisübertragungen, Verlag Neue WirschaftsBriefe, Herne/Berlin.

Ziemske, Burkhardt, 1997, Öffentlicher Dienst zwischen Bewahrung und Umbruch, in: DÖV, S. 605–616.

Abkürzungsverzeichnis

AG	Aktiengesellschaft, auch: Die Aktiengesellschaft (Zeitschrift)
AktG	Aktiengesetz
AO	Abgabenordnung
BAT	Bundesangestelltentarif
BauGB	Baugesetzbuch
BB	Betriebs-Berater (Zeitschrift)
BBK	Buchführung, Bilanz, Kostenrechnung (Zeitschrift, Loseblattsammlung)
BFH	Bundesfinanzhof
BFuP	Betriebswirtschaftliche Forschung und Praxis (Zeitschrift)
BGB	Bürgerliches Gesetzbuch
BGBl.	Bundesgesetzblatt
BGH	Bundesgerichtshof
BGHZ	Entscheidungen des BGH in Zivilsachen
BHO/LHO	Bundeshaushaltsordnung/Landeshaushaltsordnung
BImSchG	Bundes-Immissionsschutzgesetz
BImSchV	Bundes-Immissionsschutzverordnung
BStBl.	Bundessteuerblatt (Zeitschrift)
DB	Der Betriebsberater (Zeitschrift)
DIN	Deutsche Industrienorm
DStR	Deutsches Steuerrecht (Zeitschrift)
EstG	Einkommensteuergesetz
FGO	Finanzgerichtsordnung
GefStoffV	Gefahrstoffverordnung
GG	Grundgesetz
GmbH	Gesellschaft mit beschränkter Haftung
GO NRW	Gemeindeordnung Nordrhein-Westfalen
GuV	Gewinn- und Verlustrechnung
HFA	Hauptfachausschuss des Instituts der Wirtschaftsprüfer in Deutschland
HGB	Handelsgesetzbuch
HGrG	Gesetz über die Grundsätze des Bundes und der Länder (Haushaltsgrundsätzegesetz)
IAS	International Accounting Standards
IDW-Fn.	Fachnachrichten des Instituts der Wirtschaftsprüfer in Deutschland e. V.

KG	Kommanditgesellschaft
KonTraG	Gesetz zur Kontrolle und Transparenz im Unternehmensbereich
KStG	Körperschaftsteuergesetz
OHG	Offene Handelsgesellschaft
R.	Registerziffer
RL	Richtlinie
Rz.	Randzeichen
Sp.	Spalte
SWOT	Strengths and Weaknesses, Opportunities and Threats
UmwG	Umwandlungsgesetz
UmwStG	Umwandlungssteuergesetz
US-GAAP	United States – General Accepted Accounting Principles
USD	US-Dollar
VbF	Verordnung über brennbare Flüssigkeiten
WHG	Wasserhaushaltsgesetz
WPg.	Die Wirtschaftsprüfung (Zeitschrift)
ZIP	Zeitschrift für Wirtschaftsrecht

Die Autoren

Annette Blöcher studierte Betriebswirtschaftslehre mit internationalem Schwerpunkt an der Justus-Liebig-Universität in Gießen sowie an der Université de Paris X, Paris. Sie promoviert an der University of Middlesex, London im Fachbereich Mergers & Acquisitions. Bis Ende 1998 arbeitete sie im Bereich Due Diligence und Unternehmensbewertung bei PricewaterhouseCoopers, Düsseldorf. Seit 1999 ist sie als Consultant im Bereich Corporate Finance der internationalen Unternehmsgruppe Deloitte & Touche, Düsseldorf, mit dem Schwerpunkt Unternehmensbewertung tätig.

Sabine Haustein arbeitete nach ihrem Studium der Architektur an der Universität Essen GHS bis 1996 als freiberufliche Architektin, zuletzt als Partnerin bei SHS-Architekten – Schwerk – Haustein – Sadlowski – BDA/DWB in Duisburg. Seit 1997 ist sie bei der WIBERA AG, Düsseldorf, als Gutachterin und Projektleiterin (Entwicklung von Funktions- und Raumprogrammen, projektbegleitende Entwurfs- und Gebäudeoptimierung sowie Qualitäts-, Kosten- und Terminmanagement bei Investitionsvorhaben) tätig.

Dieter Kecker ist Wirtschaftsprüfer und Steuerberater. Er ist Mitgesellschafter einer mittelständischen Wirtschaftsprüfungs- und Steuerberatungsgesellschaft, die sich hauptsächlich mit Unternehmensbewertungen und weiteren komplexen steuerrechtlichen und wirtschaftlichen Sonderaufgaben beschäftigt.

Thomas König studierte Wirtschafts- und Geowissenschaften an den Universitäten Trier und Winnipeg, Kanada. Seit 1990 ist er Mitarbeiter von ERM in Deutschland, seit 1991 Partner. Herr König ist seit 1991 für den Bereich Auditing & Environmental Due Diligence von ERM Deutschland zuständig. Seit 1999 ist er Mitglied der Geschäftsleitung der ERM Lahmeyer International GmbH. Thomas König hat Projekte für nationale und internationale Kunden in Verantwortung als Projektleiter oder Projektdirektor durchgeführt. Er ist Autor zahlreicher Fachpublikationen.

Marius Nieland, Diplom-Kaufmann, Jahrgang 1966, Manager bei PricewaterhouseCoopers in Düsseldorf, ist Buchautor und Autor zahlreicher Veröffentlichungen im Bereich Rechnungswesen/Steuern, Lehrbeauftragter an der Fachhochschule Mönchengladbach und Dozent der IHK Mittlerer Niederrhein Krefeld/Mönchengladbach/Neuss. Schwerpunkte seiner Beratungs-, Forschungs- und Ausbildungstätigkeiten sind Fragen der Wirtschaftsprüfung und der betrieblichen Steuergestaltung. Im Bereich Financial Due Diligence hat er insbesondere Führungsverantwortung im Gesamtprojektteam beim Zusammenschluss zweier großer deutscher Industrieunternehmen übernommen.

Cornelia Scott, Diplom-Kauffrau, ist Dozentin für Europäische Unternehmensführung an der privaten Fachhochschule für die Wirtschaft in Hannover und Vertretungsprofessorin für International Trade and Finance im MBA-Programm der Fachhochschule Anhalt. Zuvor war sie in einem Mitgliedsunternehmen von PwC Deutsche Revision tätig. Ihre Schwerpunkte waren Public Sector Accounting und internationale

Rechnungslegung. Außerdem ist Frau Scott Projektmanagerin für das German Accounting Standards Committee (GASC) in Berlin. Sie berät in Fragen der internationalen Rechnungslegung und arbeitet wissenschaftlich für verschiedene Fachverlage.

Dirk Sommer studierte Betriebs- und Volkswirtschaftslehre an der Universität Gesamthochschule Siegen. Nach den Abschlüssen zum Diplom-Kaufmann und Diplom-Volkswirt übernahm er Ende 1996 eine Stelle als wissenschaftlicher Mitarbeiter am Lehrstuhl für Unternehmensrechnung dieser Universität. Er promoviert zur Zeit am Lehrstuhl für Betriebliche Steuerlehre und Prüfungswesen der Universität Gesamthochschule Siegen.

Nils Zorn hat Bauingenieurwesen in Stuttgart und Hannover studiert und als Dissertation eine Risikostudic an der ZU München geschrieben. Er hatte ein Stipendium der Nato an der TH Delft und hat während Forschungsarbeiten auch in Brasilien gearbeitet. Nach der Leitung der Forschungsabteilung des Laboratoriums für Bodenmechanik Delft hat er 1991 als Partner die Geschäftsführung der deutschen ERM übernommen und die Akquisition der Umweltabteilung der Lahmeyer International initiiert. Inhaltlich berät Nils Zorn multinationale Konzerne auf dem Gebiet des Umweltschutzes/Umweltmanagements. Seit April 1999 ist er Sprecher der Geschäftsleitung der ERM Lahmeyer International GmbH.